臺灣歷史與文化 研究輯刊

十九編

第 22 冊

民謠歌王
——劉福助創作歌謠研究(下)

賴明澄 著

花木蘭文化事業有限公司

國家圖書館出版品預行編目資料

民謠歌王——劉福助創作歌謠研究（下）／賴明澄 著 -- 初版
-- 新北市：花木蘭文化事業有限公司，2021〔民110〕
目 2+208 面；19×26 公分
（臺灣歷史與文化研究輯刊十九編；第 22 冊）
ISBN 978-986-518-470-4（精裝）
1. 劉福助　2. 民謠　3. 樂評　4. 臺灣
733.08　　　　　　　　　　　　　　110000684

ISBN-978-986-518-470-4

9 789865 184704

臺灣歷史與文化研究輯刊
十九編　第二二冊　　　　　　　ISBN：978-986-518-470-4

民謠歌王
——劉福助創作歌謠研究（下）

作　　者　賴明澄
總 編 輯　杜潔祥
副總編輯　楊嘉樂
編　　輯　許郁翎、張雅淋　美術編輯　陳逸婷
出　　版　花木蘭文化事業有限公司
發 行 人　高小娟
聯絡地址　235　新北市中和區中安街七二號十三樓
　　　　　　電話：02-2923-1455／傳真：02-2923-1452
網　　址　http://www.huamulan.tw　信箱　service@huamulans.com
印　　刷　普羅文化出版廣告事業
初　　版　2021 年 3 月
全書字數　304069 字
定　　價　十九編 23 冊（精裝）台幣 60,000 元　　　版權所有‧請勿翻印

民謠歌王
——劉福助創作歌謠研究(下)

賴明澄 著

目 次

第六章　劉福助的事業與勵志作品

　　誰的心中沒有夢，離鄉背景也為能求有機會輝煌騰達，然而多數的人雖然無法達到頂尖，但總要活下去。一般的小市民為了能求溫飽，總要有工作，在工作上力求表現，以期能給家人過舒適的生活。台灣俗諺說：「功夫佇手，免論早慢（kang-hu tī tshiú，bián lūn tsá bān）」，所以只要有一技在身，早晚都能成功。又說：「毋驚人毋倩，只驚藝無精（m̄ kiann bô lâng tshiànn，tsí kiann gē bô tsing）」，更加明示擁有技藝的重要性，不用擔心沒工作，就怕你沒工夫。而窮人是沒有本可做老闆，但是技藝功夫就是錢財，所以俗諺也說：「散人無本，功夫是錢（sàn lâng bô pún，kang hu sī tsînn）」。

　　劉福助是個善於捕捉生活點滴的創作者，生活百態都是劉福助的創作題材，為鼓勵一般大眾有正當的工作職業，在這方面的歌曲創作也不少，劉福助慣例式的用其幽默的筆觸，輕鬆的語調，戲謔的言語道出了為求工作處處碰壁的窘相與無奈，到頭來才知是自己無專業技藝，所以奉勸年輕的你術業有專攻。古時候學習一門功夫至少要四十個月，非短短時間一蹴可就，固有俗諺：「三年四月日才會出師（sann nî sì guàh jit tsiah ē tshut sai）」、「功夫萬底深坑（kang hu bān té tshim khenn）」。古時候如此，雖說時代在變但精神骨髓不變，身上沒有準備兩把刷子，沒有任何技藝，又不努力認真學習，這下出社會找工作可真有如劉福助唱的〈一年換二十四個頭家〉囉！本文在這類歌曲將以其專輯主打歌曲代表作〈行行出狀元〉（見附件五，引用歌詞索引）、〈一年換二十四個頭家〉（見附件五，引用歌詞索引）、〈食頭路人〉（見附件五，引用歌詞索引）為敘述。

　　劉福助的創作取材方向，另一個重要元素是加入了當時所備受矚目的

社會事件，這樣與時俱進具有時代歷史記錄的意味，劉福助呈現了他的關懷，關懷人群、關懷環境、以及關懷社會，將社會現象融入創作成流行歌曲，添加不少趣味；也讓社會大眾從歌曲中了解到每首歌背後的人味性和故事性，以及當時社會所發生的發財夢想引起的不可思議、以及瘋狂特殊現象，讓歌曲加入了更多的社會脫序元素，豐富了歌曲傳唱趣味及詳細的事件記錄，更加顯現了他的創作靈敏度。這類的歌曲本文將以〈樂樂樂大家樂〉（見附件五，引用歌詞索引）、〈兩岸兩家艱苦 A〉（見附件五，引用歌詞索引）、〈股市大賺錢〉（見附件五，引用歌詞索引）為敘述。

第一節　〈行行出狀元〉

　　劉福助的〈行行出狀元〉有兩種版本，依歌詞中的內容地名，如表 3 第 6 句過來新加坡塊燒火炭，視為新加坡版。表 3 第 6 句過來臺灣燒火炭，視為台灣版。劉福助自己唱的是新加坡版，反而他的台灣版是方瑞娥所唱的。劉福助〈行行出狀元〉原版收錄在 1970 年出版的【1970 年臺灣民謠金唱片集：行行出狀元】專輯。先在台灣發行，後來長時期在海外演唱，休閒空檔仍會有創作，因為這樣的因素，所以歌詞內出現了新加坡的地名，倒也順勢記錄了創作的時與地。在新加坡灌錄時做了些修改，主要是考量當地的銷售，而調整為新加坡當地的地名〔註1〕。

　　方瑞娥唱的台灣版，全部歌詞共分為 73 句，而劉福助唱的新加坡版僅 71 句，現依據台灣版為主，與新加坡版比較，如下：

表三　〈行行出狀元〉對照表

順序	台灣版本（方瑞娥唱版）	新加坡版本（劉福助唱版）
1	近來事業閣滿滿是	近來的事業滿滿是
2	人人心肝想趁錢	人人的心肝攏想趁錢
3	工業社會大家敖反變	工業社會大家敖反變
4	目睭扒金就想趁錢	抑目睭扒金就想趁錢
5	我的祖公仔徛唐山	我的祖公仔徛塊唐山
6	過來**臺灣**燒火炭	過來**新加坡**塊燒火炭

〔註1〕24 見附錄二訪談紀錄 1001201。

7	嘛佇鶯歌燒碗盤	嘛塊碗店口塊賣碗盤
8	了後改塊賣豆干	了後改佇塊賣豆干
9	豆干毋食食豆腐	豆干毋食閣愛食豆腐
10	家己食倒煞塊予人倩看牛	家己食倒煞塊予人倩看牛
11	**現在佇塊市政府**	
12	**塊做大官辦公事**	
13	若欲講起阮外公	若欲講起著阮外公
14	出名童乩亂亂從	出名童乩閣亂亂從
15	從一咧稍雄煞半小死	從一咧稍雄半小死
16	事後改塊牽尪姨	事後改佇塊牽尪姨
17	嘛有塊做布袋戲	嘛有塊彼囉做布袋戲
18	順紲兼塊做西醫	順紲兼塊做西醫
19	透早佇塊賣豆奶	透早佇塊賣豆奶
20	暗時佇夜市仔賣大麵	暗時暝市仔塊賣大麵
21	大廳開店補喙齒	大廳開店塊補喙齒
22	厝後佇塊飼大豬	厝後佇塊飼大豬
23	飼大豬大趁錢	飼大豬閣大趁錢
25	發達現在佇塊賣番薯	發達現在佇塊賣番薯
26	上界骨力阮外媽	上界骨力是阮外媽
27	伊佇咧**城內**賣仙楂	伊塊**牛車水**塊賣仙楂
28	嘛有塊賣米粉炒	嘛有塊賣彼囉米粉炒
29	嘛有佇塊炕熬膠	嘛有佇塊炕熬膠
30	大囝佇鐵道部食頭路	大囝佇鐵路部食頭路
31	修理火車**面烏烏**	修理火車**真大箍**
32	了後升塊機關庫	了後升佇塊機關庫
33	專門佇塊顧火爐	專門佇塊顧火爐
34	細漢的**電台**食頭路	細漢的**板橋**塊食頭路
35	**塊講司機聽友俱樂部**	**塊顧痟人面烏烏**
36	兼塊拜神賣香爐	兼塊刻柴塊賣香爐
37	專門佇塊賣尼姑	專門佇塊賣尼姑
38	後生上濟是阮叔公	後生上濟是阮叔公
39	佇塊內山做番王	伊佇塊內山塊做番王

40	大叔仔佇塊賣水雞	大叔仔佇塊賣水雞
41	二叔仔佇塊撿田螺	二叔仔佇塊撿田螺
42	三叔佇塊做土水	三叔仔佇塊做土水
43	四叔仔會曉看風水	四叔仔會曉看風水
44	五叔仔佇塊噴雞圭	呀五叔仔佇塊噴雞圭
45	六叔仔專門塊舀肥	六叔仔專門塊舀肥
46	七叔仔佇咧顧墓仔埔	七叔仔佇塊顧墓仔埔
47	八叔仔佇咧塊賣麵線糊	八叔仔佇塊賣麵線糊
48	九叔仔佇塊賣酸醋	九叔仔佇塊賣酸醋
49	屘叔仔欠錢塊走路	屘叔仔欠錢塊走路
50	大姑佇塊賣麻糍	大姑佇塊賣麻糍
51	二姑仔五金拍鎖匙	呀二姑仔五金塊拍鎖匙
52	三姑仔雜貨賣茶米	三姑仔雜貨塊賣茶米
53	四姑仔掠龍噴嗒笛	四姑仔掠龍噴嗒笛
54	五姑仔**電器**賣電視	五姑仔**尹厝**塊賣電視
55	六姑仔市場賣**鹹魚**	六姑仔市場塊賣鹹魚
56	七姑仔粗勇塊做苦力	七姑仔粗勇佇塊做苦力
57	八姑仔伊厝塊車螺絲	八姑仔伊厝塊車螺絲
58	九姑仔佇塊賣雞管	九姑仔佇塊賣雞管
59	十姑仔佇塊賣圓仔湯	十姑仔佇塊賣圓仔湯
60	十一塊賣滷肉飯	十一仔塊賣滷肉飯
61	屘姑仔佇塊變猴損	屘姑仔佇塊著猴損
62	上界有錢是阮阿伯	上界有錢是阮阿伯
63	日時開店刺皮鞋	日時開店刺皮鞋
64	暗時佇塊掠水雞	暗時仔佇塊掠水雞
65	嘛有塊做**霆水雷**	嘛有塊賣**肉骨茶**
66	姆婆仔塊賣碗糕粿	姆婆仔**尹厝**塊賣碗糕粿
67	尹大囝塊酒店噴鼓吹	尹大囝塊酒店噴鼓吹
68	二子塊做番仔火	二子塊做番仔火
69	上細出名是七仔虧	上細出名是七仔虧
70	世界頭路是萬百款	世界的頭路萬百款
71	安份守己頭一層	安份守己頭一層

72	毋通這山看彼山懸	毋通這山看彼山懸
73	拍拼行行出狀元	拍拼行行出狀元
74	行行出狀元	行行出狀元

製表人：賴明澄

　　推論起來，這首歌是先有台灣版，再有新加坡版，除了下述的差異性外，以兩種版本內容調查看，細漢塊板橋食頭路，板橋這個地名就未調整到，及內山作番王，也未調整到新加坡地名。

　　由上表可看到兩種版本對照的差異據數多達 39 句有所差異，扣除口語的詞綴差異，真正影響到詞意差異的句數計有 13 句。分別討論如下：

　　從第 6 句、第 7 句及 26 句來看，可知道台灣版的內容，當然以台灣地名為主，祖先從唐山來到台灣，所以在鶯歌燒碗盤，及城內賣仙楂。而新加坡的版，祖先從唐山來到新加坡，所以在碗店口賣碗盤，及牛車水賣仙楂。

　　而 11 句及 12 句，就只有出現在台灣版，新加坡版就少了這兩句。而第 30 句，同樣描述大舅舅在鐵路局工作，台灣版大舅舅的臉上常常是黑黑的，而新加坡版則是形容大舅舅的身材是胖胖的。

　　台灣版的是小舅在電台工作，講有關司機聽友俱樂部的節目，除此之外還兼做膜拜神明及賣香爐；而新加坡版講的是小舅在板橋工作，工作的內容是在照顧精神病患，且工作沉重臉色黯淡，除此之外有空閒時也兼雕刻還賣香爐。

　　第 60 句，是小姑的形象，台灣版是用「變猴耍（pìnn-kâu-sńg）」，意思是耍猴戲，類似走江湖賣藝的行業。新加坡版是用「著猴損〔註2〕（tiȯh-kâu-sńg）」，是小孩的一種脾疳病，雖然只有一字之差，但語境感覺會有差異。

　　第 64 句，台灣版講的伯父有在兼職做「霆水雷〔註3〕（tân-tsuí-lê）」此工作是日治時代為了讓民眾準時，以響警報來提醒民眾，地點多為學校、港口等公共場所，是以鳴雷聲響以催處民眾準時的行業。新加坡版講的伯父有在兼職賣「肉骨茶〔註4〕（bah-kut-tê）」是一種以中藥燉排骨的小吃，流行於新

〔註2〕著猴損：讀音「tiȯh-kâu-sńg」，根據台日大字典解釋為：（1）囡仔患 tioh8 類似脾疳 e5 病。（2）主要指女人罵男人愚戇 e5 話。P.311。http://taigi.fhl.net/dict/search.php。

〔註3〕霆水雷：讀音「tân-tsuí-lê」，根據教育部閩南語常用詞典解釋為：1.指拉警報。2.以前正午報時也會「霆水螺」，目的在通知眾人某事，和拉警報的響法不同。http://twblg.dict.edu.tw/holodict_new/index.html。

〔註4〕肉骨茶：讀音「bah-kut-tê」，而「茶」字則是源自創始人的名字「林文地」

加坡、馬來西亞等東南亞一帶。

若以新加坡版做觀察，〈行行出狀元〉這首歌共有九段。第一段敘述著工作機會的增加，也因社會的型態改變，在工業社會的時代，每個人心中就只有想到如何增加自己的財富。第二段描述著祖先來自唐山，千里迢迢來到了新加坡定居，且從事著燒木炭的工作做起，同時為了能多賺些錢也兼職。爾後改行再從事賣豆乾行業，竟然因自己喜歡食用而倒店，終得在去找其他工作。第三段描述外公的行業，到改行以及身兼數職，從演布袋戲還能兼西醫，從早到晚從事各種不工作。更是善用自家場所，從客廳到屋後，皆能生財有道，以致賺大錢後仍在賣地瓜。

第四段敘述有著世界最努力打拼工作的外婆，不只在牛車水〔註5〕賣仙楂，還兼做其他數種生意，真是了得。第五段描述外婆的大兒子工作的順遂及升官，小兒子工作的辛苦與兼差。第六段說起生作多兒子的叔公，叔公本身的工作，以及大叔到小叔共十個人的工作行業，各自有所不同。

第七段敘述著叔公的女兒，從大姑到小姑共一打，整整十二個人的工作各自不一，而最可憐的小姑卻患病沒工作。第八段敘述親戚中最富裕的是伯父，指出伯父的工作及兼差，加上伯母努力的賺錢，以及家中小孩的打拼工作。第九段即是終段，在最耗一段以勸說工作的機會不少，不管工作的內容性質如何，安分守己是最重要的，不用羨慕他人行業，任何工作，只要努力打拼終有出頭的一天。

這首曲子最有趣的地方在於歌詞的數字排序，共有十個叔叔、十二個姑姑：

> 大叔仔佇塊賣水雞〔註6〕（tuā tsik tī lê bē tsuí ke）
>
> 二叔仔佇塊撿田螺〔註7〕（jī tsik tī lê khioh tshân lê）
>
> 三叔仔佇塊做土水（Sann tsik tī lê tsò thôo tsuí）
>
> 四叔仔會曉看風水（sì tsik ē hiáu khuànn hong suí）

因為賣肉骨湯而被顧客稱作「肉骨地」，福建話中的「地」與「茶」音近，故後來被稱為「肉骨茶」。小吃本身並不含茶葉。其中又以馬來西亞巴生之肉骨茶最為著名。http://zh.wikipedia.org/wiki/%E8%82%89%E9%AA%A8%E8%8C%B6?guid=ON。

〔註5〕牛車水：讀音「gû-tshia-tsuí」，新加坡的地名。資料劉福助提供。

〔註6〕水雞：讀音「tsuí ke / tsuí kue」。根據台日大辭典詞解為「（動）食用蛙。」P.755。

〔註7〕田螺：讀音「tshân lê」。根據台日大辭典詞解為「（動）田裡ê螺。」P616。

呼五叔仔佇塊噴雞圭〔註8〕（Gōo tsik tī teh pûn ke kui）

六叔仔專門塊舀肥〔註9〕（Làk tsik tsuan bûn tī iúnn puî）

七叔仔佇塊顧墓仔埔〔註10〕（Tshit tsik tī teh kòo bōng á poo）

八叔仔佇塊賣麵線糊（Peh tsik tī teh bē mī suànn gôo）

九叔仔佇塊賣酸醋（Káu tsik tī teh tè bē sng tshòo）

屘叔〔註11〕仔欠錢塊走路〔註12〕（Ban tsik khiam tsînn teh tsáu lōo）

　　說起兒子生最多的親戚，就屬叔公了，叔公自己在內山當起番王，叔公的大兒子也就是大叔，他是在賣青蛙，二叔是在撿田螺並賣田螺。三叔的工作是在做水泥工，四叔因為通曉風水，他的工作是個風水師傅，而五叔是在做氣球的行業，六叔的工作則是在幫人家清理水肥。第七個叔叔的工作是在管理墓園，八叔的工作則是在賣麵線糊，第九個叔叔是在賣醋，最小的叔叔則是滿身債務，正在躲債。

　　此段的歌詞特色，看到了順序性的數字排列，總共有十個叔叔，台語的慣用法最小的叔叔，通常不直呼「十叔」，而會用「屘叔」來表示最小的那一個。而且每一個叔叔的工作職業都不一樣。

大姑佇塊賣麻糬（tuā koo tī teh bē buâ tsî）

呀二姑仔五金塊拍鎖匙（jī koo ángóo kim teh phah só sî）

三姑仔雜貨塊賣茶米（Sann koo tsáp huè teh bē tê bí）

四姑仔掠龍〔註13〕噴嗒笛（sì koo á liàh lîng pûn tàh ti）

五姑仔尹厝塊賣電視（Gōo koo á īn tshù teh bē tiān sī）

六姑仔市場塊賣鹹魚（Làk koo á tshī tiûnn bē kiâm hî）

七姑仔粗勇佇塊做苦力〔註14〕（Tshit koo á tshoo íong teh tsò ku lí）

八姑仔伊厝塊車螺絲（Peh koo á in tshù teh tshia lôo si）

〔註8〕雞管：讀音「ke kui」。根據台日大辭典詞解為「（1）雞 ê 胃袋。（2）電火球。（3）氣球。（4）戲）講白賊；膨風。」此處解為（3）氣球。P.408。

〔註9〕舀肥：讀音「iúnn puî」。根據台日大辭典詞解為「舀水肥。」P.67。

〔註10〕墓仔埔：讀音「bōng á poo」。根據台日大辭典詞解為「墓場。」P.864。

〔註11〕屘叔：讀音「ban tsik」。根據台日大辭典詞解為「（漳）老父 ê siōng 細漢 ê 小弟。」／[屘]：「（漳）尾 á kiáⁿ。」P.551。

〔註12〕走路：讀音「tsáu lōo」。根據台日大辭典詞解為「（1）行路，跑走。（2）飛腳。（3）逃亡。」此處為（3）逃亡。P.606。

〔註13〕掠龍：讀音「liàh lîng」。根據台日大辭典詞解為「按摩。」P.959。

〔註14〕苦力：讀音「khu lìk」。根據台日大辭典詞解為「勞動者，運搬工。」P.480。

九姑仔佇塊賣雞管〔註15〕（Káu koo teh lê bē ke kńg）

十姑仔佇塊賣圓仔湯（Tảp koo tī teh bē înn á thng）

十一仔塊賣滷肉飯（Tảp ịt koo tī teh bē lóo bah pñg）

屘姑仔佇塊著猴損〔註16〕（Ban koo tī teh tiỏh kâu sńg）

　　叔公的大女兒，就大姑媽，她是在做賣麻糬的小生意，二姑媽是在開五金店生意，也有為客人服務打備份鑰匙；三姑媽則是開雜貨店，店內並有在賣茶葉的物品；四姑媽則是到處吹著笛子好招攬幫客人按摩做生意；五姑媽則是在賣電視等電器產品；第六個姑媽是在市場內賣鹹魚；而七姑媽身體健壯孔武有力，是在幫人家搬運物品的搬運工；八姑媽的家裡是在幫人家車螺絲。第九個姑媽是在賣雞管；第十個姑媽是在賣湯圓；十一姑媽則是賣滷肉飯；最小的姑媽則是從小就患了脾疳之病，至今尚未治癒。

　　劉福助藉著叔公一家共兩打人，整整二十四個人，描述說著不止二十四種的工作內容。一來顯現出工業社會下的工作機會確實不少，二來見到了只要在自己的工作崗位努力，職業不分貴賤，一定能溫飽三餐。

　　俗諺說：「草地，發靈芝（tsháu tē，huat lîng-tsi）」、「瓠仔出世成葫蘆，幼柴浸水發香菇（pû-á tshut sì sing hôo-lôo，iù tshâ tsìm tsuí huat hiunn-koo）」，出身不是一切，所以說：「英雄，無論出身低（ing-hiông，bô lūn tshut sin kē）」，這樣的一些話，在在都勉勵著，要出人頭地，不用在乎出身的環境高低、優劣，只要努力不懈怠，終將有讓人眼睛為之一亮的非凡成就表現，這樣的說法更適合現代多元的時代，多元及適性的表現。吳寶春〔註17〕是個做麵包師傅，但憑著對喜愛做麵包的熱誠與研發的毅力，也拿到世界冠軍。劉福助〈行行出狀元〉這首歌，想必不只鼓勵著當時代的一般民眾，也能更加鼓勵現代的人，事業的成就，在於專業不在於出身，所以劉福助藉著〈行行出狀元〉鼓勵著大家，不能毫無專業知識和能力，否則「文無成童生，武無成鐵兵（bûn

---

〔註15〕雞管：讀音「ke kńg」。根據台日大辭典詞解為「（1）雞 ê 領頸。（2）（料理 ê 名）豬肉切幼摻香菇、蔥、筍、胡椒、麵粉等，用[網紗油]包起來長形落去炸（chìⁿ）。」P.459。

〔註16〕著猴損：讀音「tiỏh kâu sńg」。根據台日大辭典詞解為「（1）囡仔患 tiỏh 類似脾疳 ê 病。（2）主要指女人罵男人愚戇 ê 話。」在此解為（1）囡仔患 tiỏh 類似脾疳 ê 病。P.311。

〔註17〕吳寶春：二〇〇八與二〇一〇年兩度勇奪世界大賽冠軍。自由時報 2011／01／16　04：11 記者楊宜敏／頭城報導 http://tw.news.yahoo.com/article/url/d/a/110116/78/2kwhi.html。

bô sîng tông sing，bú bô sîng thih ping）」，最後更語重心長道出安份守己為第一，千萬不要三心兩意顧此失彼，只要努力充實自己，行行出狀元。

第二節　〈一年換二十四個頭家〉

根據台灣俗諺：「百般武藝，毋值鋤頭落地（pah puann bú gē，m̄ tát tī thâu lóh tē）」這句話，我們知道在臺灣早期農業時代，學習任何技藝，不如有土地可耕做農事。如今時代改變，今日的社會，講究專業，每人都要擁有自己專業技藝，而且還要有證照來證明自己專業技藝。想要擁有專精技藝，可不能樣樣通樣樣鬆，這樣的結果就是學藝不精。台灣俗諺也說：「十藝，九袂成（tȧp gē káu bē sîng）」、「十巧，無通食（tȧp kiáu bô thang tsiȧh）」、「多藝多師多不精，專精一藝可成名（to gē to sai to put tsing，tsuan tsing it gē khó sîng bîng）」。

學習技藝首重親自動手練習，若只是用看的可是無法擁有技藝的。在這方面的敘說台灣俗諺有：「看花容易繡花難（khuànn hue iông ì siù hue lân）」、「目看千遍，毋值親手做一遍（bȧk khuànn tshian piàn，m̄ tát tshin tshiú tsò it piàn）」、「三日無餾就爬上樹（sann jȧt bô liū tiȯh peh tsiūnn tshiū）」、「三日無唸喙頭生，三日無寫手頭硬（sann jȧt bô liām tshuì thâu tshenn，sann jȧt bô siá tshiú thâu ngē）」、「捷講喙會順，捷做手袂鈍（tsiȧp kóng tshuì ē sūn，tsiȧp tsò tshiú bē tūn）」、「捷落水著知深淺，捷煮食著知鹹洘（tsiȧp lȯh tsuí tiȯh tsai tshim tshián，tsiȧp tsú tsiȧh tiȯh tsai kiâm tsiánn）」、「刀無磨生鉎，路無行發草（to bô buâ senn sian，lōo bô kiânn huat tsháu）」，在在都顯示練習、複習、再複習的重要性，以達到至高無上的目牛全無技藝超能的境界。

〈一年換二十四個頭家〉這首歌的歌詞，在網路歌曲資料或是其他歌本上，會將作詞者寫上葉俊麟，只是筆者怎樣看都有劉福助式的幽默詼諧充滿在字裡行間，對於不是由劉福助作詞感到疑問，經與劉福助深談後，證實筆者的了解感覺沒錯，這樣的幽默方式似已成為其註冊商標一般。根據劉福助的解說，此首歌詞乃他與葉俊麟兩人共同完成，但發表時在作詞上僅以葉俊麟的名字出現，最大的原因乃是尊重歌壇老大哥的一顆心，況且當時的葉俊麟是台語歌壇的重要領導者之一，能與他的名字並列，實在大大沾上了光彩。劉福助尊重倫理輩分這樣的一份心意，實在也值得後起歌壇人士學習。故在

附件的歌詞作者，筆者只顯示出葉俊麟一人。

〈一年換二十四個頭家〉這首歌共有十一段。第一段敘述著自己的運氣怎麼總不如他人順遂，老是惡運連連，從訴說滿懷壯志發誓著不成功就不回家門，在繁華的台北市找工作說起，以及對台北這個大都市的失望，找了十多天的工作，竟一無所獲。第二段訴說著還有碰到了遠房親戚的介紹，才有了第一份工作，雖然不嫌薪水的多少，但卻耐不住老闆的囉唆而離職，另尋他就。第三段描述離職後隨意做個小工人，也不計較工作是否粗重，那意料做沒多久，竟被老闆以身材不夠健壯而被辭職。

第四段敘述新工作的內容，是在餐廳送菜的職務，在餐廳裡碰到了不可思議的顧客，誤解了客人的心思而被投訴，又失去了工作。第五段描述著終於找到合意的工作，在工廠工作的狀況，以及老闆的欣賞讚美，正在心滿意足時，工廠卻倒閉，又得重新找工作。第六段描述著心灰意冷下仍須再努力工作，而新工作下須整天的站著，哪知偶一坐下歇腳，竟被老闆看到，又再度被炒魷魚。

第七段描述新工作為學習到教的儀式唸誦經文符咒內容，哪知學習不來，隨意唱到劉福助的落下頦，終究還是被趕回家吃自己。第八段再度敘述走入理髮新工作的過程，學藝不精的把客人的眉毛剃掉、頭髮燒焦，自然又是沒了工作。第九段描述自己的一事無成，乃決定轉行當計程車司機，又奈何路程的不熟悉，常搞烏龍，只好再轉行。第十段述說新工作是電視台的武行，哪知體弱又沒技巧下，一出手就被打昏，在被送醫後自然又沒了工作。第十一段描述樣樣工作都不通，只好回家種田吃自己才實在。

從〈一年換二十四個頭家〉中，可以看到劉福助筆下的甘草人物，滿懷的鬥志來到繁華的大都市拼工作，卻不如意的樣樣失敗不順遂，最後還是落得回家吃自己，實在無奈。一首歌曲見到了九種的工作，從送貨、小工、走桌、烏手、摸由湯、學司公、理髮業、司機、武行等。其中還見到了理髮業的專用術語〔註18〕，這些術語一般人通常是不知所指，但在該行業人才都知道

〔註18〕相關理髮業的專用術語：〈理髮〉luî-san〈洗頭〉tsang-san 或 tsang-tshâu〈掏耳〉thàm-tsénn〈理髮師〉ㄅ V ㄟ〈女人〉kí-ê〈男人〉lóo-ê〈老闆〉ta-ḿ-ê〈老闆娘〉ta-ḿ-kí-ê〈客人〉sóo〈錢〉khênn-á〈收錢〉pang-khênn-á〈1〉tsi〈2〉sin〈3〉kok〈4〉iân〈5〉tshiâng〈6〉ong〈7〉tsû〈8〉po〈9〉khiau〈10〉tshùn〈11〉tshùn-ki-á〈12〉tshùn- sin-á〈百〉kòk〈師父〉khiâ-tsha〈吃〉sit〈吃飯〉sit-à。資料理髮業者林玉英提供。n-tsiâng〈油〉iû-si〈奧客〉bái-lô-

泛指何事。

〈一年換二十四個頭家〉綱要：每個人都說，福氣不會來一雙，而禍害卻也不會單獨來到，只要一想到我所碰到的事，簡直就透不過氣來，整顆心都糾在一起，假若要比起倒楣運氣壞，想必沒人像我如此一般噩運連連，簡直是屋漏偏逢連夜雨。初生之犢不怕虎，一腳雖說初踏入社會，卻也滿懷壯志，發誓不成功就不回家鄉。期待、慎重的進入繁榮熱鬧的台北市，想必在這工商市集、燈紅酒綠的不夜城，要找份工作應該是不會有問題的。

哪知道一開始找工作已十多天，卻毫無著落，白白浪費了好多時間，仍未找到一個像樣的好工作。就在這期間，很幸運的碰到了姨丈的叔公的岳父，說可以有工作。於是他就介紹去一家貨運店，幫人家送貨物，薪水多少我就不會去計較，還是要先有工作可做。只可惜老板對員工實在過於吝嗇小氣，不只如此，還會整天的嘮叨不停，不停的唸來唸去，讓人受不了。

老板簡直是從一大早就開始唸，沒唸到天黑下班是不會停止下來，光這一點氣都要差點氣死，實在是百般忍耐、忍無可忍，如同俗諺講的「瘊疴袂忍得嗽（he-ku bē jín tit sàu）」，一時氣到無法忍耐時，決定狠下心來一了百了的辭職。爾後就跑去當個小工人，即使是不得志做辛苦的粗活工作，都心甘情願。怎無奈的哪知道做不到一星期，老闆看看體格並非是個壯漢，竟然直接就炒魷魚，就說明天不用再來上班工作。

這樣的工作實在是一點保障都沒有，於是就跑去餐廳幫人端料理送菜，沒想到又碰到了一個行為怪異又不愛說話的客人，想要做什麼事或要什麼東西，就是不說清楚講明白，行為一直如此的怪異，在他身旁服務站了老半天，就是沒出過半點聲響，如此的相對看實在不是滋味，且感到相當彆扭，心想難道客人是個瘖啞人士嗎？於是自作聰明的與他比手畫腳來溝通，萬萬沒料到此刻的他，竟然用及不堪入耳的粗言粗語來辱罵，指責是個沒禮貌的服務生，轉頭跑向去跟老板控訴不是。

　　害我頭路〔註19〕煞烏有〔註20〕（Hāi guá thâu lōo suah oo iú）
　　看破工廠做烏手〔註21〕（Khuànn phuà kang tiûnn tsò oo tshiú）

---

　　　só〈燙髮〉sio-san。
〔註19〕頭路：讀音「thâu lōo」。根據台日大辭典詞解為「（1）職業，家業，營業。
　　　（2）tāi-chì。」P39.
〔註20〕烏有：讀音「oo iú」。根據台日大辭典詞解為「（文）空無去。」P.128。
〔註21〕烏手：讀音「oo tshiú」。根據教育部臺灣閩南語常用辭典解釋為「1. 黑手。

烏手師傅人蓋好（oo tshiú sai hū lâng kài hó）

聲聲句句佮我呵咾（Siann siann kù kù kah guá o ló）

講我ê～人老實又認真（Kóng guá ê～ lâng láu si̍t iū jīn tsin）

聽著心頭輕（Thiann tio̍h sim thâu khin）

按算這擺讚（Àn sǹg tsi̍t pái tsán）

頭路一定安（Thâu lōo i̍t tīng an）

無疑工廠煞破產（Bô gî kang tiûnn suah phò sán）

煞破產（suah phò sán）

　　就因為這樣，被害得又沒了工作，只好看破一切到工廠去做工了，工廠的師傅為人非常和善，動不動就誇言三兩句，被誇說為人實在又做事認真，聽到了心中實在是暗自歡喜，做起事來也感覺輕鬆無比，心中也盤算著，這次的工作真是棒極了，沒意外的話就應該是穩當了，心裡一直慶幸也歡喜著。無奈啊無奈！哪知工廠怎會破產倒閉？就這樣關門倒閉了！在這段描述難得碰到的好運，找到了適合的工作，又有好相處、欣賞自己的老闆，任誰都想就此安定下來，哪知屋漏偏逢連夜雨，工廠竟然無預警的倒閉。

　　想到這樣的遭遇，人都懶了，心也涼了一半，所有為工作的好處都還沒嚐到，心頭就心酸了起來。想想甘願去做小吃店工作，或許會感覺比較油膩以及湯湯水水的，但總要先有個工作可做。沒想到這樣的小吃生意仍然很難處理不好賺，從早是要站到晚，這樣整日站下來，雙腳時在酸又痛甚至都要腫了起來。終日就這樣的茫茫然，等待著客人上門，若沒客人時就趁機會坐下椅子好休息一下，倒楣的事總會被老闆看到，沒想到老板開口就罵如此的壞模樣，馬上就被炒了魷魚，又被趕回去吃自己，就這樣又沒有了工作。

　　接著就跑去學做葬儀式的主持者，也就是大家所週知的道士。一開始就把作法的道士帽給戴了起來，接著道士的專用衣衫及鞋子也趕緊穿上，跟著師父把司公鈴，不斷的鈴鈴響，搖啊搖鈴響著，怎無奈又不會唸咒語，拿起牛角用力一吹又吹不出聲響，咒語也唸不出來，只好硬著頭皮唸出劉福助的〈落下頦〉。這樣的下場當然是惹得事主氣得七竅生煙，氣得牙癢癢嘴

從事機械方面工作的人。做烏手的 2. 背後的操弄者。例：背後有一支烏手。Puē-āu ū tsi̍t ki oo-tshiú.（背後有一黑手在操弄。）」http://twblg.dict.edu.tw/holodict/index.htm。

歪眼斜，眉毛都豎立起來了，當然拿起了掃把被當場掃地出門，這樣的又沒了工作。

做來做來攏吃虧（tsò lâi tsò khì lóng tsiàh khui）

煞落去剃頭做斜 lui〔註22〕（Suah lóh khì thì thâu tsò tshiâ lui）

斜 lui 叫我燒山〔註23〕兼 làu lîng〔註24〕（tshiâ lui kiò guá sio san kiam làulîng）

làu lîng 無 làu lîng（làu ling bô làu lîng）

目眉佮人剃一爿（Bak bâi kah lâng thì tsit pîng）

人客啊罵我這酷刑〔註25〕（Lâng kheh ah mā guá tsiah khok hîng）

我著好喙佮求情（giá tiòh hó tshuì kah kiû tsîng）

叫我頭鬃吹予伊焦（kiò guá thâu tsang tshue hōo ta）

我佮伊吹到臭火焦（guá kah ī tshue kàu tshàu hué ta）

人客受氣請閣辭（Lâng kheh siū khì tshiánn koh sî）

我就存了無欲佮提錢（guá tiòh tshûn liáu bô beh kah thê tsînn）

人客笑嘻嘻（Lâng kheh tshiò bi bi）

頭殼摸摸行出去（Thâu khak bong bong kiânn tshut khì）

才知頭鬃剃到偆兩支（Tsiah tsai thâu tsang thì kàu tshun nñg ki）

理髮廳長直搖頭（lí huat thiann tiúnn tit iô thâu）

講我人無效（Kóng guá lâng bô hāu）

一聲叫我走（Tsit siann kiò guá tsáu）

想著強欲號（Siūnn tiòh kiông beh háu），強欲號（kiông beh háu）

怎麼搞得怎麼做怎麼壞，怎都無法做好一件事，於是再找個理髮業來做，跟著有固定客人的師傅來學習技術總比較好，就學起幫手做助理。師傅喚新來的幫手幫客人刮鬍子，沒想到竟然刮著刮著，鬍子沒把客人刮乾淨，倒把客人的眉毛給剃掉了一邊，這下可慘了，客人不斷的指責新幫手、罵新幫手手藝如此的不堪、惡整、暴虐，自然新幫手理當低聲下氣的央求原諒，

〔註22〕斜 lui：為理髮業的專用術語行話，是只有固定客人的理髮師父。資料劉福助提供。

〔註23〕燒山：sio san 為理髮業的專用術語行話，幫客人燙髮。資料劉福助提供。

〔註24〕làu lîng：為理髮業的專用術語行話，幫客人刮鬍子。資料劉福助提供。

〔註25〕酷刑：讀音「khok hîng」。根據台日大辭典詞解為「無講人情義理，暴虐，橫霸。」P.494。

於是客人要新幫手幫他把頭吹乾，哪知新幫手又把客人的頭髮吹到燒焦。客人實在火冒三丈、氣到不行，新幫手自然趕緊請求消消氣，心中暗自盤算，大不了不要向客人拿錢，只要客人不怪罪就好，沒想到這樣花錢消災竟然奏效了，客人終於笑著走出店門，邊走著手還往頭上摸摸，這下才知道頭髮怎被剃到剩下三兩支。理髮廳的老闆實在氣到無話可說的直搖頭，責怪一無用處，一聲令下，又得回家吃自己沒了工作。悲哀啊！悲哀！想到這樣不堪的艱辛過程，眼淚就只能往肚子吞，難過悲哀啊！

> 逐項我著做袂成（Tak hāng guá tiòh tsò bē sîng）
> 氣著走去駛計程（khì tiòh tsáu khì sái kheh thîng）
> 駛計程欲識路草（sái kheh thing ài pat lōo tsháu）
> 人客講欲去大橋頭（Lâng kheh kóng beh khù tuā kiô thâu）
> 我佮駛去到北投（guá kah sái khì kàu pak tâu）
> 人叫我欲去迪化街（Lâng kiò guá beh khì tik huà ke）
> 我佮伊駛去外雙溪（guá kah ī sái khì guā siang khe）
> 想著駛車也無軟（Siūnn tiòh sái tshia iā bô nńg）
> 看破敢著來去轉（Khuànn phuà khan tiòh lâi khì tńg）

細想著從頭到尾所做過的事，每一樣都做不好、做不成，心中雖有氣仍要工作，於是去開計程車。計程車司機一定要多識路，才能快速將客人送達目的地。今天戴到的客人坐上車說要去大橋頭，竟然把他戴到了北投；另外客人要把他戴到迪化街，沒想到又把他戴到外雙溪。連開計程車也老是出差錯，想想做司機也不是很輕鬆的行業，要認識路名又要知道路的位置及路程，難啊！看來還是回去再想想該如何？

> 越想越會憂愁（jú siūnn jú ē iu tshiû）
> 就綴人學拍手〔註26〕（Tiòh tuè lâng òh phah tshiú）
> 是欲演彼個電視劇（sī beh ián hit loh tiān sī kiok）
> 欲做拍手人軟弱（Beh tsò phah tshiú lâng luán jiòk）
> 錄影開始（Lòk iánn khai sí）
> 拍倒 peh 袂起（Phah tó peh bē khí）
> 昏倒半小時（Hun tó puiànn sió sî）

〔註26〕拍手：讀音「phah tshiú」。根據台日大辭典詞解為「（1）拍手。（2）雜兵，保護好額人 ê 壯丁。」P.566。在此延伸為影視界的武行打者。

公司著了彼落醫藥錢（Kong si tiȯh liáu hit loh i iȯh tsînn）

導演仙算閣算袂合台（Tō ián sian sǹg koh sǹg bē hah tâi）

叫我轉去保養才閣來（kiò guá tńg khì pó ióng tsiah koh lâi）

想到前途茫茫，越想就越憂愁起來，還是跟隨高人學著點事情來做吧！於是就跟著到電視界的武行當打者，電視劇開拍的時候，是要演與人開打的武者，無奈做武行打者再度因身體不夠強壯，在錄影開拍時，被對手打倒，竟然一倒下就昏了過去，一昏倒下去一躺就是半個小時，公司趕緊送醫，繳付了醫藥費用，導演核算一下成本，怎麼算都划不來，竟然吩咐還是回家先好養好身子後再說吧！

想著--ê 面著烏（Siūnn tiȯh--ê bīn tiȯh oo）

看破轉來去（Khuànn phuà tńg lâi khì）

食彼落蕃薯箍（Tsiȧh hit loh han tsî khoo）

轉來去食彼落蕃薯箍（tńg lâi khì tsiȧh hit loh han tsî khoo）

靜心想一想，心都涼半截了，怎樣看都無法做好一樣工作，真是難過到家。看破一切吧！回到家裡吃地瓜吧！就這樣子吧！回家裡吃地瓜吧！

劉福助藉著〈一年換二十四個頭家〉勸說人沒有定性，不安於職位，經常更換工作；或者是沒有學得一技之長，沒有培養專業，這樣的人，自然無法駕馭一份職業。這首〈一年換二十四個頭家〉藉著以一個尋找工作的人，以及他對工作的態度及機運的過程，總是用著無可奈何的處世態度，經過各式各樣的工作歷程，仍然沒找到看待工作的要領，自然在工作的成果上仍然沒有一點成績，更遑論有亮麗的前程。以這樣的一個尋求工作過程，我們可以很清楚知道歌詞中的主角，在工作上最大的敗筆在於沒有專業性，一樣工作換過一樣，樣樣失敗樣樣從頭來，從運送店、做小工、做走桌、做烏手、摸油湯、學司公、做斜 lui、駛計程、學拍手，到回家吃自己。經過這麼多的經驗，卻沒有在失敗中記取教訓，實在不應該。盡管如此，我們仍可看到辛苦的小市民，不怕失敗的一個工作換過一個，如此的辛勞也只為能溫飽。

台灣俗諺說：「乞食，有你份（khit-tsiȧh ū lí hūn）」，乃是罵人懶惰，罵人這麼懶惰，終有一天會當乞丐！我們看到歌詞中主角，雖然失敗在樣樣的工作上，但其勤勞的精神是值得我們學習。工作失去一樣馬上接著找下一樣，假若主角因找工作困難，或因工作不輕鬆就不願去做事，那就真的等著做乞

丐了！在歌詞當中我們仍然看到了在失敗中的努力！值得喝采，也難怪劉福助頂著「勸世歌王」稱號。

第三節　〈吃頭路人〉

民以食為天，工作就為了要能溫飽，故從學習能力角度來看，教導小孩就要秉著「送伊食魚，毋值得教伊掠魚（sàng i tsia̍h hî，m̄ ta̍t tit kà i lia̍h hî）」，足見學習技藝的重要；另一方面也千萬不能「予伊食，予伊穿，予伊用，予伊大漢無路用（hōo i tsia̍h，hōo i tshīng，hōo i tuā hàn bô lōo īng）」。長大入社會就是要面對求職找工作，工作的最高精神就在「甘願作牛，毋驚無田通犁（kam guān tsò gû，m̄ kiann bô tshân thang lê）」；有了工作就要能有所表現，配合著「面笑、喙甜、腰軟（bīn tshiò、tshuì tinn、io nńg）」、「溜溜湫湫食兩蕊目睭（liu liu tshiu tshiu tsia̍h nn̄g luí ba̍k tsiu）」這樣就可避免〈一年換二十四個頭家〉的窘境。工作順利，收入自然無虞，求職若處處碰壁，可就會「有錢就三頓，無錢就當衫（ū tsînn tio̍h sann tǹg，bô tsînn tio̍h tǹg sann）」，劉福助的苦口婆心相勸，期待每個都是快樂的〈食頭路人〉。

〈食頭路人〉這首歌曲共有四段。第一段述說領薪水工作的人，實在辛苦，月薪微薄，靠著月薪過活養家，還要支付一切費用，實在難熬。第二大段描述當員工的心聲，總希望老板能體諒將薪水提高點，不管如何老板的名聲也會好些。第三段描述著領月薪工作的工時長，一個月下來又沒放假幾天，老板何不將薪水提高點呢？而老板的對應態度，希望員工要多領錢就自動加夜班吧！第四段描述當員工的人不管如何，都希望多領些薪水。

食人的頭路〔註27〕（Tsia̍h lâng ê thâu lōo）

真正艱苦（tsin tsiànn kan khóo）

一月日攏總趁（Tsi̍t gue̍h ji̍t lóng tsóng thàn）

才有幾拾箍（Tsiah ū kuí tsa̍p khoo）

也著飼某囝（iā tio̍h tshī bóo kiánn）

也著還厝租（iā tio̍h hîng tshù tsoo）

若搪著辛苦病痛（nā tú tio̍h sin khóo pīnn thiànn）

〔註27〕頭路：讀音「thâu lōo」。根據台日大辭典詞解為「（1）職業，家業，營業。（2）tāi-chì。」P.39。

真真無法度（Tsin tsin bô huat tōo）

〈食頭路人〉歌詞指引：領固定月俸薪水的員工，實在是辛苦的一群，辛苦工作整整一個月，才能領得微薄的薪資，算算總金額也不過數十元，如何能舒適過日子？這些微量的薪水，卻是要度過整家人一個月的生活支用，包括一家數口妻子小孩家人的伙食、還得付房東房租，基本的開銷外，就要祈求一家大小不能有個身體病痛，否則就真的是無法養活一家人！

頭家喔～頭家娘～（Thâu-ke oo~ thâu-ke niû）

考慮看覓（khó lū khuànn māi）

拜託你好心（Pài thok lí hó sim）

佮我升淡薄（Kah guá sing tām póh）

你若是按呢好額〔註28〕（lí nā sī án ni hó giáh）

毋通來鹹澀〔註29〕（M̄ thang lâi kiâm siap）

活踮佇世間也是無外久（Uáh tiàm tī sè kan iáh sī bô guā kú）

你若是學較慷慨（lí nā sī óh khah khóng khài）

名聲會較好（Miâ siann ē khah hó）

敬重的老闆啊！以及親愛的老闆娘啊！請您千萬多替我們思量一下，薪水對員工言，可是生活的泉源，請老闆將心比心、真心祈求拜託老闆發揮一下愛心，體貼員工辛苦付出，薪水方面就請升一點吧！如此一來員工也才能改善一下生活。當老闆的，總是生活較富裕、經濟較寬鬆，這樣的富裕人家，千萬不要對員工吝嗇小氣。做人活在世間也只不過數十載，若能有雪中送炭的心胸肚量、助人為樂，想必名聲必良好，或能被後世流傳為美談。

食人的頭路（Tsiáh lâng ê thâu lōo）

真正艱苦（tsin tsiànn kan khó）

一月日攏總長（Tsi̍t gue̍h ji̍t lóng tsóng tiông）

歇睏無幾擺（Hioh khùn bô kuí pái）

予頭家講阮（Hōo thâu ke kóng gún）

若月給欲升，（nā gue̍h kip beh sing）

愛認真毋通歇睏（Ài jīn tsin m̄ thang hioh khùn）

〔註28〕好額：讀音「hó giáh」。根據台日大辭典詞解為「富裕，有錢。」P.823。

〔註29〕鹹澀：讀音「kiâm siap」。根據台日大辭典詞解為「（1）鹹 koh 澀。（2）m̄ 甘用錢，凍霜。」P.253。

暝工〔註30〕加減做（mê kang ke kiám tsò）

　　領月俸薪水的員工們，實在是辛苦無比的一群，辛苦工作下來，領了月薪後，扣除該有的生活費用，想要能有多餘的剩款，也實在不多了，整整一個月工作下來，休息的日子也沒幾天。然而老板卻告訴員工，若想要領多一點薪水，就要認真工作，減少休息的天數，要不然就算是夜晚加班也要多做些時日吧。

　　頭家喔～頭家娘～（Thâu-ke oo~ thâu-ke niu~）

　　歇睏免啦（Hioh khùn bián là~）

　　多謝你好心（To siā lí hó sim）

　　佮我升淡薄〔註31〕（Kah guá sing tām póh）

　　將來我若成功（Tsiong lâi guá nā sing kong）

　　你若來失敗（lí nā lâi sit pāi）

　　換我作頭家（Uānn guá tsò thâu ke）

　　換你食頭路（Uānn lí tsiáh thâu lōo）

　　彼時陣月給加倍（Hit sî tsūn guéh kip ka puē）

　　謝你的好意（siā lí ê hó ì）

　　敬重的老板啊！以及親愛的老板娘啊！放假休息就免了，真心誠意的感謝你善良對待員工的好心腸，薪水多少幫我調升一些吧！俗諺說：「有時星光（Ū sî tshinn kng），有時月光（Ū sî guéh kng）」、「三年一閏好歹照輪（sann nî tsit lūn hó pháinn tsiàu lûn）」，「人無百日好（lâng bô pah jit hó），花無千日紅（hue bô tshian jit âng）」，假若將來的有一天，員工成功發達之日時，若老板失敗了，角色互換，到時老板淪為與員工一般的領薪水階級時，當員工成為老板時，那時候曾經是員工的老板將給你雙倍的月薪，以示不忘老板曾經對員工真心誠意相對待，感謝老板當時的好心意。

　　在高失業率〔註32〕下的今天，有著一份工作實在是重要。劉福助的一首〈食頭路人〉說出了當員工的最大希望點，也看到了員工最無奈的吶喊，勞資雙方永遠相對立的角度，彼此都在向對方索求更大的需求與回報。員工為

〔註30〕暝工：讀音「mê kang」。根據台日大辭典詞解為「暗時加班。」P.923。

〔註31〕淡薄：讀音「tām póh」。根據台日大辭典詞解為「一屑仔，小可。」P.54。

〔註32〕根據中華民國行政院主計處99年12月份發表失業率為4.67%。ttp://www.
　　　　stat.gov.tw/point.asp?index=3。

了能有多一點的薪資，不惜日以繼夜的加工，且不願休息以求能多溫飽些。這樣的努力工作態度，也奠定當時台灣的經濟快速的成長。反觀現代七年級生被笑談找工作要：「事少、薪多、離家近」才肯就業，對工作態度言實有天壤之別。然而因從事職業工作所領的薪資，乃是一般人三餐溫飽的基本來源，俗諺說「罔罔仔趁較袂散（bóng bóng á thàn khah bē sàn）」、「貧憚吞瀾（pîn-tuānn thun nuā）」，千萬不要懶於勞動就成了「有錢就三頓，無錢就當衫（ū tsînn tio̍h sann tǹg，bô tsînn tio̍h tǹg sann）」。

第四節　〈兩岸二家艱苦 A〉

　　〈兩岸兩家艱苦 A〉這首歌曲展現了劉福助的生活敏感力道，在台灣政府未正式宣布與中國通商前，民間的地下商業往來頻繁，台灣與中國兩岸近在咫尺，私下商業往來頻繁下的社會現象，民間多出了一個生活用語『包二奶〔註33〕』。台灣於 2002 年（民國九十一年）1 月 1 日正式成為 WTO〔註34〕的會員，政府第一階段大三通將先開放兩岸直接通商，『包二奶』的現象更加擴大，擾亂了中國的台商在台灣家庭生活，原本在台灣單純的幸福家庭，莫名奇妙的與人共享一個男主人，在台灣的元配莫不憂心如焚的看緊在中國的丈夫舉動，就怕在對岸的中國包起了『包二奶』，一時之間『包二奶』成為當時社會的飯後茶餘的閒聊話題。而嗅覺靈敏的劉福助自然不會放過台灣當時發燒的話題，自然也記錄了『包二奶』現象。

　　〈兩岸兩家艱苦 A〉這首歌曲共分為四段。第一段描述台灣與中國往來做生意的商人，台商們是努力拼經濟的一群。第二段敘述台商們作生意交際場合下的年輕貌美女子，為了錢也是有備而來。而老婆在家裡耳提面命的交代，也不敢忘記。第三段描述商場交際場合下的女子沒真情，多數為錢對台商要手段，而台商少有堅持身邊無歡場女子的人，因此台商的老婆多半一同來中國陪伴。第四段描寫著台灣中國兩地的遙遠，在為了拼經濟交際下而有了長期女伴，又不能公開，成了兩岸兩個家庭，自然添加亂源。

〔註33〕包二奶：現今兩岸民間交流頻繁，國人至大陸投資經商者眾，在大陸地區發展婚姻以外之男女關係，或於婚姻關係存續中與當地女子結婚（俗稱包二奶）。

〔註34〕WTO：世界貿易組織（World Trade Organization，簡稱 WTO）是現今最重要的國際經貿組織。

兩岸三地（Lióng huānn sann tē）

自由市場大家拼經濟（tsū iû tshī tiûnn tak ê piànn king tsè）

咱的台商佇拍拼認真做頭家（Lán ê tâi-siong tī phah piànn jīn tsin tsò thâu ke）

天時地利國際商機機會無外濟（Thian sî tē lī kok tsè siong ki ki huē bô guā tsē）

世界財團拼第一上大是咱的（sè kài tsâi thuân piànn tē it siōng tuā sī lán ê）

兩岸三地到底是指哪裏？兩岸自然是台灣海峽的兩邊，台灣和中國，而三地則是稱台灣、中國和香港。以經濟發展言，香港自然不能缺席，這個亞洲四小龍〔註35〕之一、以及號稱東方珍珠的「香港」，可是台灣商業眼中的財源集散地。自從台灣在 2002 年（民國九十一年）成為 WTO 的會員國，經濟的市場自然更為自由蓬勃發展，台灣的商人個個摩拳擦掌，準備在這更自由的商業環境下賺取累積財富，然而佔盡天時地利的好商機總不會天天來，商人財團努力打拼創造共榮，才是壯大、鞏固彼此經濟的好方式。

交際應酬幼齒〔註36〕的『辣妹』（Kau tsè ìng siû iù khí ê 『辣妹』）

歸陣合倚來（Kui tīn hȧh uá lâi）

出外俺某有交待（Tshut guā án bóo ū kau tài）

『外面不要買』（『外面不要買』）

『悶燒鍋裡跑出來』（『悶燒鍋裡跑出來』）

零散的也欲愛（Lân san--ê iā beh ài）

歸隻牽去無人知（Kui tsiah khan khì bô lâng tsai）

『談情又說愛』（『談情又說愛』）

在談生意交際應酬的場合，總少不了年輕裝扮時髦的辣妹，辣妹一個總嫌少，全部一起來也不嫌多，只要能談得成交易，自然多多益善。只是在外出前家中的老婆可有千交待萬交待，外面的女人不能認真對待，所謂逢場作戲即可。可是這外面的女人，有如從悶燒鍋裡放了出來般的熱情無比，盡使

〔註35〕亞洲四小龍：包括南韓、香港、新加坡和台灣的四個經濟體，被譽為「亞洲四小龍」的亞洲經濟奇蹟創造者。

〔註36〕幼齒：讀音「iù khí」。根據教育部國語會的台灣閩南語常用詞辭典試用版解釋為 1. 幼小、剛長出來的乳牙。2. 用來稱呼年幼的人、少女或是生手。3. 形容年紀小或是技能生疏的人。

一切騷勁，就為了能從客戶的身上撈到錢財，零散的小額也不嫌，在被她的迷湯灌得茫酥酥時，連整個人被她牽著走都渾然不知，尚且正與自己說著情談著愛，讓自己陷入一個溫柔的情網。

你無去伊著走（lí bô khì I tiòh tsáu）

你若去『她就到』（lí nā khì 『她就到』）

有時笑有時哭（Ū sî tshiò ū sî khàu）

有時奶〔註37〕有時鬧（Ū sî nai ū sî nāu）

台胞想袂曉（Tâi pau siūnn bē hiáu）

那會攏著吊〔註38〕（nà--ê long tiòh tiàu）

一半個仔無著吊（Tsit puànn ê á bô tiòh tiàu）

有某跟牢牢（啊）（Ū bóo tuè tiâu tiâu（ah））

年輕貌美的辣妹真是厲害，人不在的時候，她就不在原地等候；一旦到達了定點，她且又在那出現並談心，圍繞著說說笑笑、傷心難過，有時撒撒嬌、有時也撒野，佔據了整顆心。台灣去的生意人怎都沒想通，是如何落入她人所撒的情網，用力爬也爬不出！當時台灣去的生意人，也只有少數人能避開此現象，想必這些人自律性極強，要不就是在台灣的元配跟著一起過去生活。

兩岸兩地二個家（Lióng huānn nñg tē nñg ê ke）

亂亂也花花（Luān luān iā hue hue）

為著幼齒走千里空中飛啊飛（Ū tiòh iù khí tsáu tshian lí khong tiong pue ah pue）

你若無來飛咧飛咧～（lí nā bô lâi pue--lê pue--lê）

緊緊換人--e（Kuánn kín uānn lâng--ê）

飛過來飛過去瓠仔〔註39〕換菜瓜（Pue kuè lâi pue kuè khì pû-á uānn tshài-kue）

晃過來晃過去瓠仔換菜瓜（Hàinn kuè lâi hàinn kuè khì pû-á uānn tshài-kue）

〔註37〕奶：司奶讀音「sai-nai」。根據台日大辭典詞解為「用愛嬌ê方法來要求物件。」P.550。

〔註38〕著吊：讀音「tiòh tiàu」。根據台日大辭典詞解為「tiòh 圈套。」P.313。

〔註39〕瓠仔：讀音「iù khí」。根據台日大辭典詞解為「（植）葫蘆科，蔬菜ê一種。」P730.

在台灣與做生意的對岸所在，竟然組織著兩個家庭，台灣一個，中國一個，這樣的生活亂了秩序亂了心緒。人在台灣時久未見到年輕貌美的辣妹，心若有所思，為了她，不辭辛勞再坐飛機當起空中飛人，就為了要能就近一親芳澤。可是啊！台商若沒有常常當空中飛人飛來看她，她也現實個半死，身邊隨時換了個伴侶。長時間的當台商，真是兩岸飛來飛去，一下老婆一下辣妹；兩岸飛來飛去，老婆與辣妹，感情搞曖昧。

『包二奶』的現象在台灣，足實讓到中國從商的台胞元配們，各個心驚膽跳、心生憂慮。讓丈夫去不去中國從商都兩難，這種魚與熊掌不可兼得的取捨，為難著元配。同意去了怕丈夫在中國包二奶，反對讓丈夫去從商，又怕失去了商機賺不到錢。劉福助以〈兩岸兩家艱苦 Ａ〉也道出了在中國從商的台胞的心酸苦楚，也順勢以歌曲記錄了台灣的社會寫真。

第五節　〈樂樂樂（大家樂）〉

說起〈大家樂〉在台灣，曾被號稱全民運動，是一種怪誕亂象奇蹟，盛行於 1980 年代（民國六十九年）民間式的非法賭博方式。最瘋行的時候，無論士農工商、販夫走卒，甚至企業家、政治人物、公務人員、菜籃族皆投入簽賭。一般民眾為求一夜致富，便瘋狂似的大力投入這樣的地下經濟活動。簽賭的民眾們深深相信中獎號碼會存在於各種現象來做對有緣人的暗示，有緣人或幸運之人則可見到神力般賜予的中獎號碼，於是參與簽賭的民眾紛紛湧入各類廟宇、有應公、萬善堂，或向神佛靈異求明牌[註40]，越是怪誕行徑越是有著神奇力量般的牽引，一時之間求明牌風怪誕行徑不時出現，嬰幼兒無預警小便的尿漬形狀、或騎車摔倒的姿勢、不經意摔破碗盤的貌樣等，都可以當作是解明牌的有緣賜予奇蹟來解讀，甚至膜拜各種物體，依不同種類號稱樹頭公、石頭公等，其號稱都顯示出對物體的極為尊敬，並在膜拜的物體如樹幹、大石頭綁上大紅布條，以示喜氣及降臨幸運尊敬至極，在膜拜的過程中，由香枝燃燒過程掉落所形成的形狀、或香爐灰所浮現呈現狀態，以個人幸運度及有緣度不同，各自體會以解讀明牌。

〈樂樂樂（大家樂）〉在這樣的賭博風氣橫行，造成許多人在偶然的幸運中獎後食髓知味，無法節制、自律，以致於傾家蕩產，有的人甚至鋌而走險

〔註40〕當時簽大家樂，民眾在開獎前用各種形式所祈求的號碼，當時稱為求明牌。

覬覦他人不勞而獲的錢財，因而觸犯法網陷入犯罪。「大家樂」的前身，台灣的社會民眾簡而易懂的戲稱為「第八獎」〔註41〕，是社會民眾的一種簽賭遊戲。由於民間賭風的迅速擴大與瘋狂程度，出現脫序的行為時常擾亂社會安危，這樣的狀況下，在1987年（民國七十六年）12月27日，臺灣政府於是停辦愛國獎券，想藉以斬斷民間的瘋狂賭風，賭性堅強的民眾並未因此停止此歪風，使得大家樂漸漸演變為六合彩〔註42〕，而起頭組成被參予簽賭下注號碼的人就稱呼他為「組頭（tsoo-thâu）」，這樣的賭風也煙漫在台灣一陣相當久的時日，當時以此賭風為主題的電影〔註43〕也被開拍不少，足見此賭風對台灣社會確實影響深遠。2002年（民國九十一年），臺灣政府開辦公益彩券，民間簽賭的風氣仍未消弭。

　　劉福助靈敏的創作嗅覺，眼見此社會瘋狂怪誕亂象，將民眾瘋狂近似無知的行為，也都記錄在歌詞內，在創作發表前還因開獎號碼與作詞的巧合，讓某些明牌效應、靈感乍現或願意相信的民眾因而中獎。劉福助回憶起當時說：

　　　　在製作〈樂樂樂大家樂〉時，從製作到發行往往需要三至五個月時
　　　　間，當時發行公司是藍天唱片公司，發行時製作唱片的地點是在台
　　　　中，歌詞的第二句是『00到99百面開……』。爾後他到台中作秀
　　　　時，就有民眾向他提到，因為聽了這首歌而簽了大家樂號碼00與
　　　　99，開獎結果中了大獎，也留下極為巧合的明牌預言〔註44〕。

〔註41〕第八獎：民國76年前的愛國獎券，每個月開獎3次，有些人嫌愛國獎券中獎機率不高，尤其80年代以後，獎金成長幅度更是趕不上民間財富的快速累積，於是就私下自己組成小團體，大家從「00」到「99」的號碼中自由選號，選出的號碼以當期的愛國獎券第八獎的中獎號碼為對獎標準。所有的簽賭金由組頭抽一成之後，其餘的就由對中的人平分。

〔註42〕六合彩：香港的一種簽賭方法，每星期二、四下午開出中獎號碼，供簽賭民眾對獎。台灣大家樂當時轉移形式依賴香港開出號碼對獎，參加簽賭的台灣民眾們急於知道中獎號碼，以及通知賭友們對獎，紛紛以電話連絡彼此相告中獎號碼，每當開獎日台灣電信局還因此常造成電話線路大當機。資料由劉福助訪談口述提供991104。

〔註43〕電影：以大家為賭風的電影有1984年，龍祥電影公司出版（華語版）《他損龜　我發財》。1986年，龍介有限公司出版，（台語版）《瘋狂大家樂》，導演：林清介。1988年，學冠有限公司出版（台語版）《天下一大樂》，導演：朱延平。1989年，龍祥電影公司出版，導演：方耀德，（台語版）片名《0099大發財》。

〔註44〕劉福助於991104訪談敘述。

〈樂！樂！樂！（大家樂）〉，是劉福助一個與時俱進的靈敏嗅覺創作，以一個善於從身邊生活找創作元素的創作者，自然不會放過有著閃光燈的事件為題材，人人為著發財夢想，好能一夜致富，什麼怪異行為都能做出，只求財源滾滾來。

〈樂！樂！樂！（大家樂）〉共有八段。第一段描述簽賭大家樂的人瘋狂的情形，與開獎後無法支付賭金的窘境。第二段描寫簽賭的人為找明牌的瘋狂。第三段描寫瘋狂簽賭的人不只是台灣人而已，也不分宗教類別。第四段敘述因開獎後，沒中獎下的懊惱。第五段述說為了中獎不惜豐富祭拜各種神明，且許下各種大願。也不忘請出自己的祖先，就為了要中獎。第六段描述在開獎之前，勤跑各地看明牌的過程。第七段祈求將家產的押注，各神明一定要保祐簽中。第八段乃以勸誡作結尾，勿再沉迷簽賭大家樂。

> 三六九問神（Sann la̍k káu mn̄g sîn）
>
> 00 到九九百面開（Khòng-khòng kàu kiú-kiú pah-bīn khai）
>
> 信徒跪佇塗跤一直拜（Sìn-tôo kuī tī thôo-kha it ti̍t pài）
>
> 神杯那博是汗那流（Sîn-pue ná pua̍h sī kuānn ná lâu）
>
> 這擺一定會出五頭（Tsit pái it tīng ē tshut ngóo thâu）
>
> 所有組頭叫伊攏總留（Sóo ū tsoo-thâu kiò i lóng tsóng lâu）
>
> 開獎了後伊煞共人吊猴〔註45〕（Khui tsíong liáu āu i suah kāng lang tiàu kâu）

簽賭的日子若碰到了三六九就趕緊去問各路財神，懇求賜予幸運降臨，好取得數字明牌。然而 00 與 99 這兩支牌枝，幾乎是每場開出，百分比實在是高，堅信不移信者恆信賭意堅強的信徒，極度尊敬跪在地上使勁的膜拜，各個手中小心翼翼的捧著神杯，不斷的向空中骰著，每每拋出一次，一顆心亦跟隨著神杯往上拋，緊張、期待、慎戒的一顆心拋上往下，汗滴也直流，就為了懇求賜予得到明牌。經過一翻懇求後，與各路財神的溝通，似乎得到了靈驗，信徒們篤定這次的開牌，一定會出現各路財神所指引的明牌，想必只

〔註45〕吊猴：讀音「tiàu kâu」。根據台日大辭典詞解為「（1）用三粒挵豆 ê poa̍h-kiáu。（2）下入去有安裝吊燈 ê 房間。」P.241。根據教育部閩南語常用詞典解釋「1. 買東西的時候沒錢可付，會像猴子一樣被吊起來，被人留難。例：錢開了了，去予人吊猴。Tsînn khai liáu-liáu, khì hōo lâng tiàu-kâu.（錢花光了，被人留難。）2. 姦夫被抓而被吊起來。」此處解釋當以教育部第 1 解為適當。因為簽賭組數過多，無法付足賭金。http://twblg.dict.edu.tw/holodict/index.htm。

要是與「5」字頭有相關的號碼，一定會簽中。趕緊通知組頭將所有 5 字頭的號碼都簽賭下注，喜孜孜的等到開獎日，卻無錢付給賭金。

明明是 88 是一條路（Bîng bîng sī pat-pat sī it tiâu lōo）

答謝香香插落爐（Tap siā phang hiunn tshah lóh lôo）

開獎那會來變 55（Khui tsióng ná ē lâi piàn ngóo ngóo）

予我傷心來面齊烏（Hōo guá siong sim lâi bīn tsiâu oo）

真是奇怪的很，求明牌時明明就指示是 88 的牌號，看得極為仔細與清楚，膜拜時香灰一路往下掉時，那香灰掉落在香爐時就顯示著 88，怎麼開獎時會出現 55 呢？55 與 88 下場截然不同，開出 55 可會整顆心往下掉，一切化為烏有了。

外位教徒嘛來拜童乩〔註46〕（guā uī kàu tôo mā lâi pài tâng -ki）

伊的號碼是買 31（I ê hō-má sī bué sam-it）

毋知佛教是有天機（M tsai pút-kàu sī ū thian ki）

輸到無皮才『回巴西』（Su kàu bô phuê tsiah『回巴西』）

這期號碼得地利好天出 22（Tsit kî hō-má tit tē lī hó thinn tshut jī-jī）

初六、十四攏無代誌（Tshue lák tsáp-sì long bô tāi tsì）

探牌溜溜去（Thàm pâi liù liù khì）

能一夜致富是大家的夢，你有瞧見嗎？連外國來的異教徒為了發財夢也來求乩童賜予明牌，偷瞧瞧那個外國人，原來他的明牌號碼是 31，不知佛教是否比較有通天本領，假若那外國人簽輸了，可是會連本都沒有了，就只好回他的故鄉巴西了。想必這期的明牌號碼一定是天時地利的好牌枝，22 這個迷人即將使人大富的號碼就在手上。趁尚未開獎前，初六及十四這兩天沒事，一定要到處再仔細打聽探明牌。

到甲十五彼下晡（Kàu kah tsáp-gōo hit ē poo）

天頂煞落雨（Thinn tíng suah lóh hōo）

朋友講我無照步（Pîng-iú kóng guá bô tsiàu pōo）

〔註46〕童乩：讀音「tâng -ki」。根據台日大辭典詞解為「（民間宗教）神降臨附身
ê 人。求神降臨 ê 方法有兩種：1）祭拜神，tī 神桌點燈燒香，神桌等鋪砂
或糠，[童乩]tī 神桌前等神來附身；邊仔是行法術 hōo 神降臨 ê[khiā 桌頭]，
伊沿路燒[金紙]沿路念咒語來求神降臨，這叫做[關童]；chit 時陣[童乩]漸
漸失神、發囈語起童。2）mā 有[童乩]扛[輦轎]。P.58。

摃龜〔註47〕土土土（kòng-ku thôo-thôo-thôo）

等到了十五號那天下午，終於要開獎了，滿心期待這次一定會中大獎。十五日的那天，天空突然下起一陣雨，好似在為摃龜者悲哀哭泣，這次的下注又全空，祈求又失效，全然的摃龜。身旁的友人都說，不知道是否在求明牌時，漏掉了些步驟，祈求下次不會有任何疏失。

濟公活佛這擺若有順（Tsè-kong uáh-pút tsit pái ná ū sūn）

雞腿、hàinn 頭隨在你食（Ke-thuí hàinn-thâu suî-tsāi lí sút）

哪吒太子爺（lí-lōo-tshia thài tsú iânn）

這擺我若贏（Tsit pái guá ná iânn）

你免騎風火輪，風吹日曝（lí bián khiânn hong-hué-lián hong tshue jit pák）

我買一台四輪的予你駛佇行（guá bué tsit tâi sì lián--ê hōo lí sái tī kiânn）

先向濟顛和尚活佛祈求予中獎的明牌，濟公活佛假如這次能簽中得獎，那一定奉上雞腿米酒讓濟公神明吃到滿意。要不三太子李哪吒天神，也請多家保佑這次簽中大獎，若中了大獎，一定不讓天神風吹日曬的騎著風火輪，到時候一定買有四輪的驕車奉上，就可以風光的在天上開車。

釋迦佛、眾眾大佛（Sik-ka-pút、tsiòng tsiòng tuā pút）

觀世音佛祖（Kuan-sè-im pút tsóo）

我無錢真艱苦（guá bô tsînn tsin kan khóo）

眾仙姑眾先祖（Tsiòng sian-koo tsiòng sian-tsóo）

若予我獨得（ná hōo guá tók tit）

金身甲你粧（Kim sin kah lí tsng）

破廟甲你補（Phuà biō kah lí póo）

為了能簽中大獎，釋迦摩尼佛、天上眾神明大佛、觀世音菩薩，此刻的簽賭者，因為缺錢真是痛苦啊！眾仙姑眾先祖啊！保佑能獨得中一次大獎，到時一定重新把佛祖安金身，連現在棲身的破廟，也不吝嗇補建寺廟。

祖公祖媽（Tsóo kong tsóo má）

〔註47〕摃龜：讀音「tâng-ki」。根據教育部閩南語常用詞典解釋「希望落空或是彩頭沒中。源自日語。例：伊昨昏買的彩券攏摃龜。I tsa-hng bé ê tshái-kìg lóng kòng-ku.（他昨天買的彩券都沒中。）」

我即馬真乏〔註48〕（guá tsit-má tsin ha̍t）

我是你的囝孫仔（guá sī lí ê kiánn-sun-á）

保庇我中獎（Póo-pì guá tiòng-tsióng）

號碼我總簽（hō-má guá tsóng tshiam）

　　祖先們，天上有知嗎？子孫現在窮極了，太需要錢財了，是後代子孫啊！怎可以不保佑子孫呢？祖先們，一定要保佑子孫簽中大獎，讓子孫一定要簽中，子孫也一定把會把中獎的號碼都簽上，無論如何就是記得、一定、千萬要保佑子孫會簽中。

走去山頂悟號碼浮佇土（Tsáu khì suann ting ngōo hō-má phû tī thôo）

香煙颺颺飛（Hiunn-ian iānn-iānn pue）

浮字浮字飛來飛去（Phû-jī Phû-jī pue lâi pue khì）

寫字寫字香點袂通化（siá-jī siá jī hiunn tiám bē thong huà）

香麩落落沙浮字浮字（Hiunn-hu la̍h lo̍h sua phû jī phû jī）

正爿〔註49〕看倒爿看（Tsiànn pîng khuànn tò pîng khuànn）

懸看低看（Kuân khuànn kē khuànn）

橫看直看（Huâinn khuànn ti̍t khuànn）

　　為了要能簽中號碼，走到山上人煙稀少，看看是否能頓悟出中獎明牌，仔細的瞧著努力的看著泥土上，斟酌的要有所頓悟，再細細看著香煙裊裊飛散在空中，這些飛煙成字半浮在空中，五路財神請速化點明牌數字，香灰不斷掉落在地上，這些神字就得仔細研判，左看看右瞧瞧，再從上方鳥瞰，也從下方低視著，盤旋著掉落的神蹟，橫看縱看就要看出些端倪，這掉落的神蹟顯現，可是保佑重大獎的機會。

82、82 毋是（Pat-ji Pat-ji m̄ sī）

毋是 02、02（m̄ sī kòng-jī kòng-jī）

拜託恁遮眾神指示指示（Pài thok lín tsia tsiòng sîn tsí sī tsí sī）

萬一若無準著害來害去（Bān it nā bô tsún Tio̍h hāi lâi hāi khì）

阮厝的傢伙著總去總去（Gún tshù ê ke-hué tio̍h tsóng khì tsóng khì）

─────────────

〔註48〕乏：讀音「ha̍t」。根據台日大辭典詞解為「（1）缺乏。（2）限制生活 ê 資源等。」P.526。

〔註49〕正爿：讀音「Tsiànn pîng」。根據台日大辭典詞解為「右側。相對：[倒爿]。」P.84。

　　神蹟的顯字一看像 82，又不像是 82，莫非是 02，轉向一看也不是 02，拜託啊！拜託！拜請眾神明來指示清楚，萬一又如同上次一樣沒個準，可是會害死人的，眾神明啊！為了這次能中獎，信徒可是把家中所有的家當財產全都寄望於眾神明啊！

　　　　毋通閣糊塗（M thang koh hôo-tôo）

　　　　執迷閣不悟（Tsit-bê koh put ngōo）

　　　　趕緊來退步（Kuánn kín lâi thè pōo）

　　　　拍拼做頭路（Phah piànn tsuè thâu lōo）

　　　　田園某囝才是咱永遠的前途（Tshân hn̂g bóo kiánn tsiah sī lán íng uán ê tsiân-tôo）

　　醒醒啊！不要再糊塗了，怎麼可以如此的執迷不悟？趕快回神過來，不要再沉迷簽牌枝，要富有是要靠努力打拼，勤於工作才是正途，沒有一夜致富的迷失，把時間花在正途的努力工作才是，如此也才能累積財富，家庭和樂圓滿幸福。

　　這首〈樂！樂！樂！（大家樂）〉內容所示的情形，沒經歷過當時期的台灣社會的人是無法想像的，這些行為看似無知的舉動，近似瘋狂的行為，怎會有人如此？筆者不禁回想起在 1988 年（民國七十七年）間，嘉義的親戚友人曾經到家裡借錢，一問之下才知道，原來是濟公活佛告訴這個親戚友人數支明牌，且信誓旦旦說了這次濟公活佛給的明牌一定中，請求筆者家人借給他五萬元，他好簽中後就能鹹魚翻身，解救家庭困境，妻小也能從此安頓好。筆者當時曾問這個親戚友人濟公活佛如何告訴他？這個親戚友人且說一來燒香顯示字跡非常清楚無疑問，二來在睡夢間又夢見濟公活佛來托夢，說這是他翻身的機會，夢中給他看的號碼就是燒香後所顯示的號碼，所以這次一定簽賭。筆者家人還是借了他五萬元，不是鼓勵他繼續簽牌，而是本著一顆讓他家人能有脫離困境的機會，借款的當中自然對他有規勸，但也明知無效果，此刻這個親戚友人的整顆心，只有裝滿了濟公活佛給的明牌，錢一拿到手自然飛奔前往下注簽賭。真的有簽中了嗎？他摃龜（kòng-ku）了！

　　劉福助依然用其慣例式的在歌曲的結尾做勸說，勸告瘋賭的人必須清醒過來，想要擁有財富，是要靠努力打拼，而非神明告示或不勞而獲，天下沒有白吃的午餐，努力打拼才是維護家庭圓滿的不二法門。劉福助由於創作不忘勸誡，也難怪被封為「勸世歌王」！

第六節　〈股市大賺錢〉

　　台灣創造另一個全民運動的奇蹟，就是台灣股市，民眾對股市的投資近似瘋狂，對股票市場的技術走向、專業分析預測，對當時的台灣股市全然不適用。全民瘋狂投資股市運動盛行於 1980 年（民國七十年）代後期，瘋狂的程度並不亞於大家樂時期的簽賭。劉福助自然嗅到了生活上鎂光燈事件的創作的好題材。

　　〈股市大賺錢〉這首歌曲共有三段外加一大段的口白。第一段敘述股迷們不分彼此的都想在股市裡撈到賺錢機會，在漲停板與跌停板的心態，以及散戶的無奈。第二段敘述看旁人在股市賺錢的容易，自己也盲目加入，自然是血本無歸。第三段描寫為了一定贏，全部家當買了績優股，無奈隔天他人皆贏唯有自己獨輸，買股票的經驗，總是輸多贏少。第四段以口白方式四唱四說的道出，買股票的眼光與先機，以及在號子盲目的進出。投入股市的風險，任何風吹草動都能影響到股市，以及無預警的崩盤，以及投入股市需懂得收，設停損點，才不致全盤皆輸。

　　〈股市大賺錢〉這首歌曲的趣味點，乃在多數人的共同經驗，道出在股市進出的心情時起彼落的交叉著。享受漲停板的喜悅，挨著跌停板的心酸。而一般的散戶都清楚，在股市的輸贏，正如歌詞般的敘述「贏是贏田嬰，輸的輸飛機」。此首歌曲的另一特點也在劉福助使用了語言混合，華語與台語的交互使用，也提高歌曲的精彩度。

　　　　『每天』透早（『每天』thàu tsá）

　　　　『股市同胞大家一條心』（『股市同胞大家一條心』）

　　　　『匆匆忙忙』真拍拼（『匆匆忙忙』tsin phah piànn）

　　　　『都是為了金』（『都是為了金』）

　　　　『狂飆漲停〔註50〕開香檳』（『狂飆漲停開香檳』）

　　　　『重挫人抽筋』（『重挫人抽筋』）

　　　　『跌停下滑』膏膏輪（『跌停下滑』kô-kô-lìn）

〔註50〕漲停：依證卷交易營業細則第 63 條有關升降幅度規定，股票以漲至或跌至前一日收盤價格百分之七為限，故當日漲、跌停價格係以前一營業日收盤價格為計算之基準，基準價乘以百分之一〇七為漲停價格，基準價乘以百分之九十三為跌停價格，惟依同法第 62 條有關申報買賣價格之升降單位規定，依上述方式計算所得之漲、跌停價格仍須符合其升降單位之規定。

『散戶』予人食點心（『散戶』hōo lâng tsiáh tiám sim）

　　每天一大早眼睛一睜開，打理好一切，準備前往號子，一進入號子你就會輕而易舉的看到，在號子裡的每一個投資者，大家彼此不相識也不是親朋好友，可是一旦進來了號子裡面，每個人卻都是以同一個目標出發，買股票投資就會賺大錢。每天週而復始如此的匆匆忙忙的打拼，一切目標就是向「錢」看。股市從早上九點整一開盤，假若所買到的股票交易價格是一路上升，甚至於漲到漲停板，這樣的好手氣好幸運，真值得開香檳來慶祝一番。假若倒霉到沒有抓準投資標的，買到的股票竟一路下滑，這時的投資者可是心中隱隱作痛，擔心受害怕金錢的大損失，若是到了跌停板，這可就慘兮兮，所投入的金錢可就不知如何回本了。個體的小額投資者，跳入股海茫茫中，毫無投資經驗理念，自然被大戶賺來當點心。

看人股市大趁錢（Khuànn lâng kóo tshī tuā thàn tsînn）

這途我嘛有趣味（Tsit tôo guá mā ū tshù bī）

厝內現金攏總 khîng（tshù lāi hiān kim lóng tsóng khîng）

舞無寡久減一粒『零』（bú bô guā kú kiám tsît liáp『零』）

　　眼看著股市中投資的人都賺大錢，這樣的工作實在是吸引著人投資，看著他人賺錢如此容易，自己怎可以空手等待呢？還是趕緊將家中所有的現金投入股市中，好跟人家一樣等待享受賺大錢的滋味。哪裡知道？算算投資股市也沒投入多長的時間，怎麼現金就少了大大一截，這樣的損失不只是斷腰，簡直就是斷腳根了。

　　細思量想想要如何才能在股市賺到錢？誰都想贏不想輸，聽大家說買績優股就可以穩賺不賠了，想想這麼好的事情，當然一次就要成功，來個鹹魚翻身，好做個富翁。眼看機不可失，家中田地、房屋全部換成現金投入股市，就看這一次，孤注一擲，等待漲停做富翁。

昨日歸片紅吱吱〔註51〕（Tsóh--jìt kui phīnn âng kì kì）

我著雄雄跳落去（guá tiòh hiông hiông thiàu lóh khì）

實在予我真無疑（Sit tsāsi hōo guá tsin bô gî）

逐家攏紅我的青（Tak ê lóng âng guá ê tshinn）

〔註51〕紅吱吱：台灣的股市交易，盤中所示該股票其價格上漲則以紅字顯出價位，反之，若該股票其價格下跌則以綠字顯出價位。

　　贏是贏田嬰〔註52〕（Iânn--ê sī iânn tshân inn）

　　輸的輸飛機（Su--ê sī su hue ki）

　　昨天的股市一片紅通通，每支股票交易價都在上漲，前景看好，想必是極佳投資時機，眼看機不可失稍縱即逝，乾脆盡全力投資進股市。實在是意想不到的悲哀，股市中為何別人買的股票都在漲，怎麼唯獨自己買的股票慘綠綠得下跌，想想每次的股市投資，每次賺的時候都只是蠅頭小利，而每次賠的時候就有如失掉一架飛機的龐大，這樣的賺賠總不成比例。

　　想要在股市賺大錢，投資眼光以及動作就要比別人準，下單的動作也要比人快，在股價一路往上飆的時候，快、狠、準也是賺錢的要件，但可千萬別忘了要下車，會買股票也要會賣票，有賺頭時就應該獲利了結，別貪念還要等待更多的漲停板。若碰到一路下滑，想逃走也沒人接手買，或是碰到了一些突來對股市不利的訊息狀況，買股票的人碰到了股災，心糾在一起，到時可要送醫院。仔細想一想，散戶的股票投資戶，買來買去，贏的少輸的多，到終來還都給這些國際外資大戶給賺走。想在股市投資的人，真心祝福大家投資股市大賺錢。

　　歌詞口白：在號子裡來來回回走來走去，到處逛來逛去，輸贏還不小，想想還真困擾煩心，真不簡單的賺到 A 股，買的 B 股卻賠了錢，買的股票中，只要出現賠本的股票就趕緊換手，期待新買的股票能賺到錢。如此頻繁的更換購買股票，次數一多下來，連自己都感到亂七八糟理不清。

　　在股海裡不斷的載浮載沉著，浪裡白滔翻攪著，不斷的來來回回千百轉，體力那堪？雄厚的本錢正在消失無蹤。想想要能在股海中賺到大把把的金錢，善於觀察股市的變化、公司資金的走向、公司體制的本質優劣等，一點一滴的在在影響著。

　　第一次興沖沖的投入股市，不知道股市充滿了未知性及多變性，想不到的事情、不可能出現的事件，在股海裡卻都可能出現，例如：天下起紅雨啦、溪魚全翻肚死亡、母雞彼此咬來咬去、母鴨踩來踩去，一切不可能的事情，可會引起股市的大崩盤。

　　投身在股海中，漫無目標的載浮載沉著，生死全靠自己，成敗全掌握在自己手中，股票買賣有賺就趕快賣，捨得出手才能有賺頭，千萬不要等到賺

〔註52〕田嬰：讀音「tshân inn」。根據台日大辭典詞解為「（動）華語ê「蜻蜓」。」P.613。

足了才想要賣，這樣恐怕等來的是大殺盤，到時賺的沒拿到又等到賠大本，一切都來不及。投資股市要懂得買更要懂得收，買賣之間的眼光要準手腳要快，若一昧的只想在股海裡賺大錢成為股市大戶，恐怕要先預設好失敗的負擔，投資在股市裡賺錢，大利來的快去的也快，股市投資失利多半是經驗欠缺的投資者，或是急功近利的投機者。總之，祝福所有在股市的投資者，都能順利賺大錢。

劉福助的〈股市大賺錢〉，以其親身經歷的社會現象，記錄了時代的意義，更寫下了當時的小市民初初投入資本市場，一股腦的以為有著大賺頭，紛紛投身入股海，因此而致富的自有其人，然而多數人因沉醉在如此輕鬆賺錢下，突然碰到了股市的大崩盤，一切財富歸零的甚至反而負債累累的人也不在少數。台灣在 1980 年（民國六十九年）的小市民還不知道什麼是股票，到 1990 年（民國七十九年）灣玩股票的人口佔全台人口的一半，這段時期台灣島內掀起「全民炒股熱」。1985 年（民國七十四年）股價指數〔註53〕僅 746 點，但到 1990 年（民國七十九年）竟衝至 12600 點，五年上漲 17 倍。從 1985 年到 1990 年，島內開戶數由 40 萬戶爆增到 503 萬戶，平均以每年翻一番的速度增加，足見瘋狂的程度。

第七節　小　結

本章節討論了劉福助對於拼經濟的創作為主題，分成類別來為經濟的打拼，一是努力工作型，在這方面的創作舉例有〈行行出狀元〉、〈一年換二十四個頭家〉、〈食頭路人〉、〈兩岸兩家艱苦Ａ〉；一個是夢想一夜致富型，在這方面的創作舉例有〈樂！樂！樂！（大家樂）〉、〈股市大賺錢〉。

努力工作型：穩定的工作，能帶來安定的生活經濟，腳踏實地努力的工作，雖然辛苦，然而血汗錢才是扎實，因為是辛苦換得來的酬勞，所以也不會隨意浪費。職業無貴賤，只要努力工作，當把工作訓練到專業時，則在每個行業，都是能出人頭地的，所以說三百六十五行，行行出狀元。倘若一年換二十四個頭家，一看便知每個工作的維持是短暫的，這樣的狀況或許是對工作性質的不適應，或是無法勝任該工作內容，但不管如何，沒有讓自己閒著，努力要找到自己能勝任且適應的工作，都該被歸為努力工作吧！

〔註53〕台灣股價指數：歷年股價指數數據來自台灣證券交易所資料。

在〈行行出狀元〉討論到小市民為生活的打拼，善用時間的身兼數職，例如外祖父，早上賣豆漿早點，晚上賣陽春麵。也看到小市民擅用地點從事不同工作，例如外祖父，家中的大廳幫人補牙，屋後就飼養起豬隻。純粹以娛樂角度看，就不會在意衛生條件。能為生活如此的打拼，想必不富也難。另外在此首歌曲尚可看到親戚的台語稱謂，如外公（guā-kong）、外媽（guā-má）、叔公（tsik-kong）、阿伯（a-peh）、姆婆（ḿ-pô）、大叔（tuā-tsik）到屘叔（ban-tsik）、大姑（tuā-koo）到屘姑（ban-koo）。此首歌曲的另一大特色，還可以看到一些消失的老行業，例如刺皮鞋（tshiah-phuê-ê）、賣麵茶（buē-mī-tê）、炕猴膠（khòng-kâu-ka）、舀肥（iúnn-puî）等。

〈一年換二十四個頭家〉給予求職重要的觀念，一技之長與工作態度是重要的。在這小結討論到若有心工作卻無一技之長，總要事倍功半的從頭學習，或者有了工作卻沒有了態度，都是無法擁有工作。這首歌曲充滿了趣味，以一個希望找到工作打拼的外地人，來到繁華的大都市台北，嘗試各種工作，也因經驗不足，鬧出不少笑話，最終仍然回到原點。在這首歌曲中劉福助引用了一些行話，作為歌曲創作的元素，也是此首歌曲的一大特色。

〈食頭路人〉討論到以求職者的角度，道出心中的期許，不怕辛苦的工作，但求多加些薪資，這是所有當員工的心聲。此首歌曲的一大特色，乃在劉福助用了央求呼叫的口吻，融入歌曲的表達。例如頭家哦！頭家娘，拜託你好心。員工用盡心思或表現，但求加薪的一首歌，或能給予現代的人求職另一種的思考。

〈兩岸兩家艱苦 A〉討論到同樣在為經濟打拼的一群人，為了開創更大的經濟利益，商人不惜遠赴中國，而留在台灣的老婆自然就擔憂起丈夫的外遇問題。這首歌曲的一大特色，點出了台商初來乍到中國從商，因為語言相通的便利，兩地生生活方式的大不同，台商出手大方對中國女子們的吸引力，以及年輕貌美又熱情的女子相款待，同樣也吸引著台商，以致在當時台灣社會引發了「包二奶」的家庭糾紛時有出現。整首歌曲創作的趣味性十足，除了以社會現象為主題外，該首歌曲仍見到語言的混用，也就是華語台語的交互使用。在華語例如『辣妹』、『外面不要買』、『悶燒鍋裡跑出來』、『談情又說愛』、『她就到』等。

夢想一夜致富型：劉福助將小市民為了追求財富，期能一夜致富的心態，在〈樂！樂！樂！（大家樂）〉、〈股市大賺錢〉中發揮的淋漓盡致。為了能擁

有快速致富的機會，任何不可思議、看似無俚頭、脫序無章的怪誕行為，都不惜去做，目的就只有一個，一夜致富。用放棄努力工作，而想達成一夜致富，自然是不加以鼓勵，劉福助也用一貫詼諧幽默的口氣，來勸告大家，一步一腳印，努力工作才是正道。

〈樂！樂！樂！（大家樂）〉是一首極有趣的一首歌，討論到台灣當時瘋狂於大家樂簽賭的過程，瘋狂的心態及行為，以歌曲表達出來，娛樂效果十足。現代的人回頭看，似乎是不可思議的事，不小心的行為都可解讀為明牌指示，任何巧合現象也可以被穿鑿附會，簽賭的人對數字的聯想力可以說是豐富十足，簽賭大家樂的人生活重心全在找明牌。歌曲的另一種趣味是使用到語言的混合，例如『回巴西』，因為簽賭者是位外國人，如果沒簽中了只好回國去了。此曲的另一種趣味，就熱熱鬧滾滾的眾神、祖先全出現了，包括了濟公、三太子、釋迦佛，觀世音菩薩等，道佛不分的教徒，都請來保佑能簽中大家樂，假如不夠，家中的祖先們也要保祐。

〈股市大賺錢〉討論到台灣另一種為拼經濟而瘋狂行為的趣味歌曲，該首歌曲熱鬧十足的使用語言的混合，為數不少的華語出現在創作的一開頭，例如『每天』、『股市同胞大家一條心』、『匆匆忙忙』、『都是為了金』、『狂飆漲停開香檳』、『重挫人抽筋』、『跌停下滑』、『散戶』等。該歌曲的另一特色，即是將股市的專有名詞融入歌曲中，例如『號子』、『散戶』『漲停』、『跌停』、『績優股』等。整首創作的另一種趣味，在於劉扶助用著入木三分的譬喻，道出散戶投資進出股市，賺賠總是「贏的贏田嬰，輸的輸飛機。」

第七章　劉福助的台灣習俗作品

　　劉福助的作品特色之一，就是與生活結合，所以在台灣的節慶習俗，也成為他的創作元素之一，這樣性質的創作，總自然而然、毫無刻意矯情的留下民眾的生活點滴，民眾過節日的方式與內容；換句話講就在其歌曲中保留下生活文化。在教學應用上，若用歌曲來引出習俗文化，遠比用教科書的方式教學習俗文化來得容易，且更加能引起學習動機。

　　台語流行歌壇上，以唱這方面的歌曲，人人都會想到是劉福助，劉福助不只是唱，且在這方面也有其創作作品。本章將列舉〈頭牙〉、〈十二月送神、尾牙、推做堆〉、〈五月端午節〉、〈七月普渡大拜拜〉、〈烏面祖師公〉等有關習俗歌曲。

第一節　〈二月頭牙〉、〈十二月送神、尾牙、揀做堆〉

　　臺灣的習俗節慶是以農曆為基準，若以國曆去看節日則就會有牛頭不對馬嘴的產生模糊及困擾。而這些習俗節慶又伴隨廿四節氣相依偎，節慶節氣彼此相依附。本節之探討將以〈二月頭牙〉（見附件五，引用歌詞索引）和〈十二月尾牙、送神、推做堆〉（見附件五，引用歌詞索引）為例，如此有頭牙有尾牙，看出一年的開頭，到一年的結尾各有何種重要活動；而其他的節日，筆者將註記其台語拼音，放置附錄六歌詞索引處，以利他人有檢索之需求。

　　台語俚俗語有句：「田頭田尾土地公（tshân-thâu tshân-bé thóo-tī-kong）」，早期的農人是在田裡工作，所以在自家的田園邊，各人簡單起一間仔土地公廟祈求保佑。若是無宗教信仰的民眾，一般也會被告知若是「得失土地公是

飼無雞（tit-sit thóo-tī-kong sī tshī-bô-ke）」！所以過年過節或者是開公司做生理的人，不管有無信仰神，或是無信仰神的民眾，都會去朝拜土地公來求取心靈的平安，這句「得失土地公是飼無雞」不一定是針對雞農，乃是泛指所有的行業，可能會因此事倍功半的含意。

　　農曆每個月的初二和十六，是供拜土地公做牙的日子，不管是經營生意或是沒做生意的人家都會供奉，這樣的供拜土地公是跨越族群的分隔，不論是閩南或是客家族群，或有外省族群的新住民，都入境隨俗的供奉土地公，原因無他，共同目標朝向生意順利事業賺大錢。

　　　土地公像─〉土地公又稱「福德正神」，客家族群稱為「伯公」，在
　　　所有神像之中是形式和數量比較多的一類。究其原因，可能是因為
　　　土地公的神格比較低，製造可以不必太講究之故。土地公為地方和
　　　家庭的守護神，和民眾之間的關係最為密切。臺灣有「田頭田尾土
　　　地公」的俗語，到處都有土地公廟，使祂的需求量很大。此外，土
　　　地公在民間也是一尊財神，許多做生意的人都要祭拜土地公，農曆
　　　每個月初二和十六都要「做牙」，以土地公為祭祀的對象，所以土地
　　　公成為臺灣最普遍的神祇。一般看到的土地公大多為家庭或地方的
　　　土地公，手上大多著金元寶，象徵著招財進寶。另有一類土地公為
　　　手拄枴杖者，據說是職司守墳的。陶製土地公大多為家庭或鄉間小
　　　土地廟所供奉，形制較，但製作也相當精美，不致於草率〔註1〕。

　　我們從對土地公神像的解釋，或可更加對土地公的認識，從神像造型的差異，可以知道土地公仍有司職的不同，造型各異。一般經營生意或家庭供拜的土地公，手上大多拿著金元寶，象徵著招財進寶；而手拄枴杖者，據說是司職守墳的。所以生意人不會和錢過不去，若能準時供拜而能事業順利進而賺大錢，小事一樁何樂不為呢！〈二月頭牙〉是在台灣從事生意的人重要的日子。

　　〈二月頭牙〉這首歌曲創作共有四段，每段有四句。第一段描述春雷一響，萬物甦醒的日子。第二段敘說農曆的二月初二是土地公的生日，為土地公祝賀生日快樂，是家家戶戶重要的事情，也勸說勿殺生來祝賀。第三段描述春雷響時，萬物逢春，農人也開始耕作。第四段描述春雷響後，綠草如茵、

〔註1〕陳新上，《阿嬤碗仔思想起──館藏臺灣民用陶瓷》，〈信仰陶瓷〉，台北縣立
　　　文化中心編印 1999，10 月。頁 189。

春花當開，且在春分這天，日夜的時間是等長的。

　　春雷一響囉驚蟄〔註2〕起哩（Tshun luî tsit hiáng lôo~ Kenn tit khí li~）

　　冬眠的蟲啊總叫醒啊也（Tong biân ê thâng ah！Tsóng kiò tshínn a~e~）

　　萬物逢春重出世（Bān bu̍t hông tshun tîng tshut sì）

　　龜囉鱉趖啊土地起啊 e（Ku lo~ pih sô a~ thóo tē khí a~e~）

　　二月初二囉做頭牙〔註3〕哩（jī gue̍h tshue jī lo~tsò thâu gê li~）

　　拜土地公啊每一宅啊 e（Pài thóo tī kong a~muí tsit the̍h a~e~）

　　雞鴨魚肉做牲禮（Ke ah hî bah tsò sing lé）

　　土地公佮牲禮結冤家哩（thóo tī kong kah sing lé kiat uan ke li~）

　　當國曆三月五日或六日，氣溫上升春雷乍響時，花朵也將要綻放，蟄伏過冬的鳥獸昆蟲都被春雷驚醒了過來，準備伸展筋骨來活動，春天來了，萬物全都甦醒，鳥兒叫花兒開，烏龜和鱉也都慢慢的爬到地面來。農曆的二月初二是生意人在新的來年做第一次的祭拜土地公和孤魂的頭牙，做生意的大小商家都會在當做做頭牙，祭拜的牲禮雞鴨魚肉等也都備齊全，奉獻給土地公；只是這樣一來，為了祭拜土地公而殺生，卻把被殺死的雞鴨魚等生物與土地公結下殺生冤仇了。

　　大地閃電會霆雷（Tāi tē siám tiān ē tân luî）

　　蟄蟲這時門拍開（ti̍t thâng tsit sî mn̂g phah khui）

　　挲草沃肥稻草青翠（So tsháu ak puî tsháu tshenn tshuì）

　　稻草人顧園手開開（tiū tsháu lâng kòo hn̂g tshiú khui khui）

　　荒郊野外綠綿綿（Hong kau iá guā li̍k mî mî）

　　春花當開的時期（Tshun hue tng khui ê sî kî）

　　春分這日太陽正東起（Tshun hun tsit ji̍t tài iông tsiànn tang khí）

　　日夜平長的日子（Ji̍t iā pênn tn̂g ê ji̍t tsí）

〔註2〕驚蟄：讀音「Kiann tit」。根據台日大辭典解釋為「二十四節氣之一。」P.272。國曆三月五日或六日，氣溫不斷上升，大地陸續解凍，桃花快開了，樹上的小鳥開始鳴叫，春雷乍響，把蟄伏過冬的各種動物與昆蟲驚醒出來活動，因此，此刻節氣稱之為驚蟄。

〔註3〕頭牙：讀音「thâu gê」。根據 1. 台日大辭典解釋為「做牙＝舊曆每月初二 kap 十六日祭拜[土地公]kap 孤魂；頭牙＝舊曆正月初二，尾牙＝舊曆十二月十六日。」P.423。根據 2. 教育部閩南語常用詞典解釋為「土地公生日。漢族傳統民俗節日之一。農曆二月初二。這天是土地公生日，也是農曆年後第一次祭祀土地公，所以該次的祭祀土地公稱做「頭牙」。

咿～啊～（i~a~）

驚蟄的雷聲隆隆閃電也特別多，冬眠的蟲兒也開使翻鬆擾動著土壤，這時農夫也忙著除雜草、插種秧苗、施肥。稻田裡的稻草人伸開雙手，努力的揮趕鳥蟲，照顧稻田好有豐富的收成，驚蟄這一天假如打雷的話，當年收成會特別好，因此台灣俚俗諺說：「驚蟄聞雷，米麵如泥（kenn-tit bûn luî, bí mī jū nî）」的農諺。這樣的驚蟄日起，即使是荒郊野外無人照料的田野，也因春雨綿綿，大地甦醒，綠草如茵呢！節氣到了春分時，是國曆三月二十或二十一日，春分節氣當天，太陽從正東方緩緩上升照耀大地，春分的這一天，白天的時間與夜晚的時間是一樣長的，所以台灣俚俗諺也說著此種現象：「春分秋分日夜平分（tshun-hun tshiu-hun jit iā pênn pun）」。

立春（國曆二月四或五日）：立是開始的意思，春是蠢動，表示萬物開始有了生氣，這一天是春天開始。雨水（國曆二月十八日或十九日）：春雨開始降臨，雨水將漸多。驚蟄（國曆三月五日或六日）：春雷一聲響，驚動蟄伏地下冬眠的生物，它們將開始甦醒出土活動。春分（國曆三月二十或二十一日）：這是春季九十天的中分點，這一天晝夜相等長。清明（國曆四月四日或五日）：晴朗，氣候溫暖，草木開始萌發繁茂。穀雨（國曆四月二十日或二十一日）：雨水生百穀，雨水開始增多，適時的降雨對穀物生長極為有利。

立夏（國曆五月五或六日）：夏天開始，萬物漸將隨溫暖的氣候而生長。小滿（國曆五月二十一或二十二日）：滿指穀物籽粒飽滿，麥類等夏熟作物這時開始結籽灌漿，即將飽滿。芒種（國曆六月五或六日）：有芒作物開始成熟，此時也是秋季作物播種的最繁忙時節。夏至（國曆六月二十一或二十二日）：白天最長，黑夜最短。小暑（國曆七月七日或八日）：暑是炎熱，此時還未到達最熱時節。大暑（國曆七月二十二日或二十三日）：酷熱的程度到達高峰。

立秋（國曆八月七或八日）：秋天開始，植物即將成熟了。處暑（國曆八月二十三或二十四日）：處是止的意思，表示暑氣到此為止。白露（國曆九月七日或八日）：地面水氣凝結為露，色白，是天氣開始轉涼了。秋分（國曆九月二十三日或二十四日）：秋季九十天的中間，這一天晝夜相等，同春分一樣，太陽從正東升起正西落下。寒露（國曆十月八日或九日）：水露先白而後寒，是氣候將逐漸轉冷的意思。霜降（國曆十月二十三日或二十四日）：

氣候寒冷見霜。

立冬（國曆十一月七日或八日）：冬是終了，作物收割後要收藏起來的意思，這一天起是冬天開始。小雪（國曆十一月二十二日或二十三日）：開始降雪，但還不多。大雪（國曆十二月七日或八日）：雪量由小增大。冬至（國曆十二月二十一日或二十二日）：這一天中午太陽在天空中的位置最低，日影最長，白天最短，黑夜最長。小寒（國曆一月五或六日）：冷氣積久而寒，但尚未冷到頂點。大寒（國曆一月二十或二十一日）：就氣溫來講寒冷到最高點，也是一年最後的一個節氣。

〈十二月尾牙、送神、揀做堆〉這首歌曲分為五段。第一段敘述二十四節氣中的小寒，天氣開始進入寒冷，人與動物的禦寒情形。第二段敘述農曆十二月十日尾牙日的情形，以及老板與員工在當天所顯現的習俗。第三段描寫送神的日子，當天也叫做「筅黗（tshíng-thûn）」，農曆的十二月二十四日該做的事情。第四段敘述「二九暝（ji-káu-mê）」台灣人的習俗，如「揀做堆（sak-tsò-tui）」。第五段誇獎祖先對節氣的分野清楚。

　　小寒〔註4〕雀鳥來做巢（siáu hân tshik tsiáu lâi tsò siū）

　　路頂的人煞勼勼（Lōo tíng ê lâng suah kiu kiu）

　　穿衫穿袍穿棉襖（Tshīng sann tshīng phâu tshīng mî hiû）

　　穿甲變形無人樣（Tshīng kah piàn hîng bô lâng iūnn）

在國曆一月五或六日式為二十四節氣中的小寒，是農曆十二月的頭一個節氣，天氣開始進入寒冷，雀鳥也都築巢準備過冬，這樣寒冷的氣候，連走在路上的行人也冷得都縮成一團，人人開始穿起厚重的大棉襖，包得緊緊的，因為穿了很多厚重的外裘，以致看不出原來的身形。

　　十二月十六日做尾牙〔註5〕（Tsåp jī guėh tsåp låk jit tsò bué gê）

　　欲請辛勞是舊例（Beh tshiánn sin lô sī kū lē）

　　雞頭向對叨一個（Ke thâu hiòng tuì to tsit ê）

〔註4〕小寒：讀音「siáu hân」。根據1.台日大辭典解釋為「二十四節氣之一，舊曆十二月ê節氣。」P.639。

〔註5〕尾牙：讀音「bué gê」。根據1.台日大辭典解釋為「尾牙＝舊曆十二月十六日。」P.423。根據2.教育部閩南語常用詞典解釋為「每逢初二、十六祭拜土地公稱做「做牙」；農曆十二月十六日為一年當中最後一次做牙，稱為「尾牙」。商家與公司行號通常會在這一天聚餐以犒賞員工。（吃尾牙的時候，員工可能被辭退，所以人心惶惶；吃頭牙的時候，員工不會有被辭退的擔心，所以人心安穩。）

叫伊攢攢〔註6〕明年換頭家咿～（kiò i tshuân tshuân mua nî uān thâu ke i~）

農曆的十二月十六日做生意的老板頭家要做尾牙，順便宴請員工，老板依照慣例於當天，感謝員工一年來為公司的付出辛勞，相反的若有表現不好的員工，老板也不明講出來，而是安排尾牙吃飯時，讓該員工坐在雞頭的向位，準備叫他明年換工作，不用繼續呆在公司。所以台灣俚俗諺就說：「食尾牙面憂憂，食頭牙撚喙鬚（Tsiȧh bué-gê bīn iu-iu，　tsiȧh thâu-gê lián tshuì-tshiu）」，說明了吃尾牙的當晚，就要決定員工來年是否能繼續工作，當員工的人自然心情無法輕鬆。

二四送神就祭拜（jī sì sàng sîn tiȯh tsè pài）

好話報玉皇上帝知（hó uē pò Giȯk hông siōng tè tsai）

阮這家仔攏袂歹（Gún tsit ke á lóng bē pháinn）

保庇阮明年會發財（pó pì gún mê nî ē huat tsâi）

眾神返了大拚掃（Tsiòng sînTńg liáu tuā piànn sàu）

壁櫥桌櫃拚床頭（pià tû toh kuī piànn tshńg thâu）

拚內拚外佮拚灶（piànn lāi piànn guā kah piànn tsàu）

雞狗羊鴨豬鵝佮牛稠咿（Ke káu iûnn ah ti gô kah gû tiâu i~）

農曆的十二月二十四日是送神日，當天並要以甜湯圓或糖果祭拜灶神，並央求灶神回到了天庭，能向玉皇大帝說些好話，以求家中來年好運連連，財源廣進。當天眾神回到天庭後，民間就是要進行大掃除，也就是所謂的「筅黗（tshíng-thûn）」，這一天不僅開始準備過年的物品外，大掃除時家中的每個角落都不要放過，各個櫥櫃連床頭，連拜拜的神桌也要清掃一番，裡裡外外從屋內到陽台，以及畜養家禽家畜的雞寮、鴨寮、豬稠、牛稠等處都要清掃一番。

門甕缸灶啊春聯 kuè（Mn̂g àng kng tsàu a~ tshun liân kuè）

石磨仔清洗愛挨粿（Tsiȯh bô á tshing sé ài e kué）

籠床柑膜仔毋免揣（Lâng sn̂g kám bô á m̄ bián tshuē）

甜粿過年（Tinn kué kuè nî）

發粿發錢（Huat kué huat tsînn）

包仔包金（Pau á pau kim）

〔註6〕拴：讀音「tshuân」。根據1.台日大辭典解釋為「（1）準備。（2）選擇。」P.838。

菜頭粿食點心（Tshài thâu kué tsiáh tiám sim）

門內外的大甕、水缸、爐火等也要清洗掃除一番，打掃的乾淨，過年時好換上春聯迎接新年。當天的清掃還要記得將石磨以及其他用具洗乾淨，過年前準備要蒸年糕好來年高升、作發糕更要祈求發大財、做包子好貯金子、做菜頭粿等一一要備妥。

這代的少年仔攏真巧（Tsit tāi ê siàu liân á lóng tsin khiáu）

毋過做粿啊攏袂曉啊也（M̄ kò tsò kué ah lóng bē hiáu a~e~）

廿九彼暝〔註7〕～真古錐〔註8〕哩（jī káu hit mê tsin kóo tsui li~）

後生新婦仔〔註9〕坐對腳〔註10〕啊（Hāu senn sin pū á tsē tuì kha a~）

按爾做簡單佮袂浪費（Án ne tsò kán tan kah bē lōng huì）

娶房內捒做堆〔註11〕（Tshuā jit pâng lāi sak tsò tui）

咿～咿～啊～（i~ i~a~）

現代的小孩都極為聰明，只是在做各種年糕方面都不會，也不用學了。說起早期的除夕夜還真有趣可愛，要是有童養媳的家庭，等孩子長大了，在除夕夜二九暝當晚，就會安排將兒子和童養媳二人相配對。這樣做儀式簡單又不會浪費，當晚就將兒子和童養媳揀作堆結成夫婦，啊！真是一舉兩得。

咱的祖先囉真知情哩（Lán ê tsóo sian lô tsin tsai tsîng li~）

一年四季啊分甲清清清哩也（Tsit nî sù kuì ah hun kah tshing tshing tshing li~e~）

廿四節氣明明明（jī sì tseh khuì bîng bîng bîng）

清清楚楚啊照農曆啊也（tshing tshing tshóo tshóo ah tsiàu lông lik a~e~）

千萬年來攏用這（Tshian bān nî lâi lóng iōng tse）

代代相傳啊一直迄啊也（Tāi tāi siong thuân ah it tit séh a~e~）

說起我們的祖先真是聰明又有才智，一年分春夏秋冬四季，又將氣候分成廿四節氣，清楚又明白讓後人能在適當的時機作適當的農務，而不會耽誤，

〔註7〕廿九暝：讀音「jī káu mê」。根據台日大辭典解釋為「除夕；年末二十九日 ê暗時。」P.736。

〔註8〕古錐：讀音「kóo tsui」。根據台日大辭典解釋為「súi koh 可愛。」P.476。

〔註9〕新婦仔：讀音「sim-pū-á」。根據台日大辭典解釋為「買來 ê 養女 thang 以後配 hō͘ 家己 ê kíⁿ 或轉賣 hō͘ 別人。」P.732。

〔註10〕對腳：讀音「tuì kha」。根據台日大辭典解釋為「兩人搭配。」P.374。

〔註11〕捒做堆：讀音「sak tsò tui」。根據台日大辭典解釋為「hō͘[新婦仔]kap kiáⁿ 合房成做夫婦。」P.553。

並做最有利的按步。長久下來一代傳一代，代代都依此來傳用，不間斷循環著。

　　　大寒〔註12〕過了過年節（Tāi hân kuè liáu kuè nî tseh）

　　　盤古開天以來直輪迴咿～啊（Phuân kóo khai thian í lâi tît lûn huê i~a~）

　　　大寒過了過年節（Tāi hân kuè liáu kuè nî tseh）

　　　盤古開天以來直輪迴咿～啊（Phuân kóo khai thian í lâi tît lûn huê i~a~）

　　在國曆一月二十或二十一日，廿四節氣是大寒，大寒是二十四節氣中的最後一個，過完了這個節氣就準備過舊曆新年，自古皆然至今不變不斷循環著。

　　〈十二月尾牙、送神、推做堆〉，在這首歌曲內看到了不少台灣早期百姓的過年前準備的忙碌，送神、大掃除、準備著為過年的一切冗雜事務，而這些事物都要在過年前的一個禮拜，也就是農曆的十二月二十四日就開始張羅一切。另一方面作生意當老板的人情味的活動儀式，辦尾牙慰勞員工的辛勞，當老板的人帶著感恩員工的付出，讓生意有利頭；另一方面又以雞頭的向位，做最有警惕的效果，取代與員工爭吵責罵，想必坐在此座位的員工，在來年一定加倍努力工作，以免被革職。而在除夕夜，我們看到台灣現在幾乎不存在的現象「揀做堆」，這種對女性不公平的對待，童養媳的風氣，有童養媳的家庭多了一個女童工，而在該童養媳長大時，又不用鋪張浪費宴請賓客，只要在除夕夜將與兒子送作堆結成夫婦，自然又多了一個媳婦。

　　有些習俗經過時代的不同而有所變化，有的習俗加重的氣氛，如尾牙這個習俗，現在有賺錢的企業，莫不在年底尾牙辦得風光盛大，員工老闆們賓主盡歡，準備過著快樂的新年。另一方面有的習俗正在鬆動中，久了就會消失不存在，如送神日，農曆的十二月廿四日，多少現代的婦女已無法在當日作祭拜，及大掃除的工作，甚至已忘卻此日子的代表意義；而家家戶戶自己備料備物蒸年糕、蒸發粿的情景，更加不存在，取而代之的是專業的製造買賣。台灣的習俗文化不斷的因時間、家庭人口、社會結構、時代的不同在鬆動而改變，所幸我們尚能在歌曲內，記錄到台灣過去的習俗，而在此方面言，劉福助的保存文化與傳承實功不可沒。

〔註12〕大寒：讀音「Tāi hân」。根據台日大辭典解釋為「二十四季節之一。」P.20。
　　　　國曆一月二十或二十一日，廿四節氣是大寒，大寒是二十四節氣中的最後一個，大寒當天要寒冷，否則預測來年要人畜不平安。

第二節　〈五月端午節〉

　　在台灣端午節是個重要的節日，是台灣的三大節日之一，一般民眾也稱此節日為「五月節（gōo-guéh-tseh）」、「五日節（gōo-jit-tseh）」、或「肉粽節（bah-tsàng-tseh）」，由民眾的稱呼可知端午節就在農曆的五月五日，所以有稱五月節、五日節，更可由「肉粽節」稱呼，直接明瞭在節日當天是要吃肉粽的。端午節在一般民眾眼裡，是個氣候變換的重要指標日，台灣俗諺說：「無食五月粽，破裘毋甘放（bô tsiàh gōo-guéh-tsàng，phuà-hiû m̄-kam pàng）。」是說在端午節前的氣候常常會變化，不因三五連日的高溫熱天氣，從此就一直熱下去，反而是在未到端午節日前的氣候，不管有多炎熱，仍要防止氣候隨時變冷，而要穿長袖的大外衣來保暖。除此之外，因炎熱的氣候，會帶來傳染疾病，也在此當天做了一些行為以祈求的心態來防止染上疾病，所以俗諺也說：「插艾較勇健，插榕較勇龍（tshah hiānn khah ióng kiānn，tshah tshîng khah ióng lîng）」。因為是重要節，故在端午節日相關習俗的台語童謠有「午時水」、「肉粽芳」等。

　　　　五月初五午時水（Gōo-guéh tshue-gōo gōo-sî-tsuí）
　　　　跤桶面桶緊承水（kha-tháng bīn-tháng kín sîn-tsuí）
　　　　洗手洗面洗跤腿（sé-tshiú sé-bīn sé kha-thuí）
　　　　捾水沃花沃稻穗（kuānn-tsuí ak-hue ak tiū-suī）
　　　　花開大蕊色水嫷（hue khui tuā-luí sik-tsuí suí）
　　　　稻穗飽填粒粒肥（tiū-suī pá-tīnn liáp-liáp-puî）
　　　　大喙啉落午時水（tuā-tshuì lim lòh gōo-sî-tsuí）
　　　　咦～（î～）
　　　　心涼脾土開開開〔註13〕（sim-liâng pî-thóo khui-khui-khui）

　　而劉福助慣於為習俗做紀錄的人，也唱出了進入夏季的〈五月端午節（Gōo guéh Tuan ngóo tseh）〉（見附件五，引用歌詞索引），從歌曲裡我們看到了，在端午節的習俗，吃肉粽、划龍舟、插艾草等習俗。這首歌曲不只記錄了端午節的習俗，從中更可見到保留的台語語音的重要功能。「菖蒲」這個名詞在現代的年輕一輩已忘記如何發出台語語音，多數就直接翻譯出來為「菖蒲（tshiong-pôo）」，但若聽到劉福助的語音則為「香蒲（hiong-pôo）」。

〔註13〕「午時水」台語童謠，見 1000614 慈濟大愛台「生活講台語」的節目「Fomosar 台語明澄講義」。

〈五月端午節〉這首歌曲分為四段。第一段敘述端午節的習俗，人們如何過端午。第二段接續二十四節氣的「夏至（hā-tsì）」，說明夏至這天，是白天最長的一天。第三段再續說二十四節氣的「芒種（bông-tsìng）」，梅雨期的季節。第四段敘述此時的動物不斷的鳴叫，連蚯蚓都會大聲叫。

五月肉粽囉端午節哩（Gōo guẻh bah tsàng lo~ Tuan ngóo tseh li~）

艾〔註14〕草香蒲〔註15〕啊門斗〔註16〕塞〔註17〕啊（hiānn tsháu hiong pôo ah mn̂g táu seh ah）

農曆五月五日是端午節，這天是台灣人的重要節日之一，家家戶戶張羅著綁肉粽，除了祭拜祖先外，在端午節當天，每戶人家還要在大門邊縫插上艾草及菖蒲，祈求能去邪氣及夏季的穢氣，而不被傳染疾病，並在黃昏時候，將插在大門口已近乾枯的艾草及菖蒲，拿去煮成熱水，並用此艾草水來洗澡擦拭身體，防止蚊蟲叮咬。

鑼聲鼓聲龍船划（Lô siann kóo siann liông tsûn kò）

紀念屈原啊（kì liām Khut-guân ah）

伊一個啊喂（I tsı̂t ê a~ueh！）

人山人海囉若街市哩（Jîn san jîn hái lo~ ná ke tshī li~）

看扒〔註18〕龍船啊到河邊啊也（Khuànn pê liông tsûn ah kàu hô pinn a~e~）

划龍船為著冠軍旗（Pê liông tsûn uī tiỏh kuān kun kî）

肉粽代替屈原死（Bah tsàng tāi thè Khut-guân sí）

咿～咿～啊～（I~i~a~）

也藉著在當日熱鬧非凡鑼鼓響天的划龍舟比賽，來紀念屈原這位愛國詩人。端午划龍舟比賽，熱鬧十足，看熱鬧的人總是人擠人，到處人山人海；要

〔註14〕艾：讀音「hiānn」。根據台日大辭典解釋為「（植）菊科，嫩葉做草á粿ê原料。」P607。

〔註15〕香蒲：讀音「hiong pôo」。即「菖蒲」讀音「chhiong-pô」根據台日大辭典解釋為「（植）天南星科。」p625。

〔註16〕門斗：讀音「mn̂g táu」。根據台日大辭典解釋為「門楣。」、「（同）門ê插栓。」P921。

〔註17〕塞：讀音「seh」。根據台日大辭典解釋為「（1）thiap 物件來固定器物。（2）tī 缺隙或孔縫塞（seh）物件。」另讀音為「塞：siap」P641。

〔註18〕扒：讀音「pê」。根據台日大辭典解釋為「（1）用爪抓（jiàu）。（2）用耙等集oá 來。（3）伏 teh 移動。（4）用短槳划（kò）。」此處解為（4）。P769。

看划龍船當然要到河邊，身強體壯的參賽者，汗如雨滴的用力往前划，個個卯足了勁，一切的努力就為了拿到冠軍旗。唉！想到了屈原啊！早先的民眾不捨，還在當天用肉粽投下江，以祈魚兒不要吃了屈原的屍體。

　　夏至這工囉（Hā-tsì tsit kang lo~）

　　日上長哩（Jit siōng tńg li~）

　　睏無寡久啊著天光啊也（Khùn bô guā kú ah tióh thinn kng ah e）

　　尿桶倒好提去囥〔註19〕（Jiō tháng tò hó thê khì khàg）

　　囥佇房間啊倚〔註20〕眠床啊也（Khàg tī pâng king ah uá bîn tshńg ah e~）

　　二十四節氣進入夏至這一天，這天是白天時間最長的一天，自然黑夜的時間就短少了，在人們日出而作日落而息的生活方式，自然在夏至當天會有沒睡多久就天亮的感覺，所以說沒睡多久就要起床了。一起床就要開始工作，自然第一件事就是將昨晚的尿桶拿出去倒，並將尿桶再歸原位，那尿桶該放哪裡呢？就放在房間裡靠近床邊的地方。

　　芒種毒月（Bông-tsìng tók guéh）

　　梅雨期蟑螂蠓蟲一直生啊也（Muî ú khî ka tsuā báng thâng it tit sinn ah e~）

　　田嬰〔註21〕去來閣飛去（Tshân enn khì lâi koh pue khì）

　　杜伯仔〔註22〕噴土跳草枝（Tōo peh á bùn thôo thiàu tsháu ki）

　　咿～咿～啊～（I~i~a~）

　　二十四節氣進入了芒種，農諺說：「四月芒種雨五月無焦土（sì-guéh bông-tsìng hōo，gōo-guéh bô ta thôo）。」由於芒種期間前後也正值梅雨季節，久雨不停的梅雨季節，讓一切東西物品，似乎都要發霉了，而此時蚊蟲更是滋生季節。蜻蜓也飛來飛去，台灣俗諺也說：「田嬰結歸堆，出門紮棕蓑

〔註19〕囥：讀音「khàg」。根據台日大辭典解釋為「(1) 收拾。(2) 藏。(3) 下（hē）物件。」P390。

〔註20〕倚：讀音「uá」。根據台日大辭典解釋為「(1)（姓）。(2) 倚靠，依賴。(3) 接近。(4) 委託。(5) 友好。」此處解為 (3)。P.140。

〔註21〕田嬰：讀音「Tshân enn」。根據台日大辭典解釋為「(動) 華語 ê「蜻蜓」。」P.613。

〔註22〕杜伯仔：讀音「Tōo peh á」。根據台日大辭典解釋為「土扒仔：(同) 螻蛄（直翅目 e5 昆蟲。身長約 3 公分。身圓柱狀，褐色。前足幅闊、適合掘土）e5 一種。」P.459。

（tshân-enn kiat kui tui，tshut mng tsah tsang-sui）。」因為不斷下著雨的關係，躲在地底的蟋蟀也都要避雨而跳出地面，在草地上跳來跳去。

　　庚庚閂閂啊 suāinn-suāinn 叫哩（Kinn-kinn kuāinn-kuāinn ah suāinn-suāinn kiò li~）

　　吱吱糾糾啊叫無歇啊（Ki-ki kiū-kiū ah kiò bô hioh ah）

　　半暝仔蟲聲嘎嘎叫（siah siah kiò）

　　胡蠅〔註23〕蠓仔〔註24〕聲啊真歪腰啊（Hôo sîn báng-á siann ah tsin uai io ah）

　　在這樣氣候的季節裡，到了夜深人靜、三更半夜的時候，你就會聽到蟲兒的叫聲，時起彼落的叫不停，各種蟲聲各不同，Kinn-kinn kuāinn-kuāinn 呀！suāinn-suāinn 的叫聲，Ki-ki kiū-kiū 呀！叫不停止；蒼蠅、蚊子嗡嗡的叫聲，更是讓人受不了。

　　田蛙仔〔註25〕水雞囉聲袂煩哩（Tshân kap á tsuí ke lo~ Siann bē huân li~）

　　杜蚓〔註26〕啊聲大啊又閣懸啊也（Tōo kún ah siann tuā a~ iū koh kuân ah e~）

　　懸聲低聲和聲亂（Kuân siann kē sainn háp siann luān）

　　真像一陣失調的交響樂團（Tsin tshiūnn tsìt tīn sit tiāu ê kau hióng gák thuân）

　　咿～啊～（I~a~）

　　聽群蟲亂叫，青蛙的叫聲就不感覺會煩悶，加上蚯蚓的聲音，在雨後更是來的大聲又高音，這樣子的合聲，雖然沒有樂理章法，時而高音的蚯蚓聲，時而低音的青蛙叫，大自然的合唱團，任誰也不用去指揮，自有不成章法的天然樂團鳴唱著。

　　這樣的端午節歌曲，很清楚的知道時間點是在五月份，更從歌曲內明瞭

〔註23〕胡蠅：讀音「Hôo sîn」。根據台日大辭典解釋為「（動）華語 e5 [蒼蠅]。」P.814。

〔註24〕蠓仔：讀音「báng-á」。根據台日大辭典解釋為「（1）（動）蚊子。（2）計謀。」P.555。

〔註25〕田蛙仔：讀音「Tshân kap á」。青蛙的別名。根據台日大辭典解釋為「（動）水雞。」P.613。

〔註26〕杜蚓：讀音「Tōo kún」。根據台日大辭典解釋為「（動）華語 e5「蚯蚓」。」P.459。

端午節當天，家家戶戶的習俗，在大門縫插上艾草菖蒲等植物，每戶人家並忙著綁肉粽好祭拜，肉粽香味四溢；大人們忙著的同時，小孩子也有活動，那就是立雞蛋，上尖下圓的雞蛋，要找好重心好直立起來，也確實要費一番細心與耐力；同時還有午時水的承接貯放，人們都信在當天的午時水具有高能量的靈力，不管用喝的或擦拭身體、或澆花，都能讓人、植物更美好，所以台灣俗諺語：「啉午時水，無肥嘛會媠（lim gōo-sî-tsuí，bô puî mā ē suí）」、「午時水飲一嘴（ngóo-sî-tsuí lim lsit-tshuì），較好補藥吃三年（khah-hó póo-ióh tsiáh sann-nî）」、「午時洗目睭（gōo-sî sé bák-tsiu），金較若烏鶖（kim khah ná oo-tshiu）」。同時在當天還要食用午時菜，台灣俗諺語也說「食菜豆食到老老（tsiáh tshài-tāu tsiáh kàu lāu-lāu），食茄人較會鵤趒（tsiáh kiô lâng khah ē tshio-tiô）」，是說端午節民間習俗菜餚必有菜豆與茄子。還有划龍舟的比賽，忙完了祭拜就到河邊去看精采刺激的比賽，也是當天重要的內容之一。時進炎熱的季節，故在忙完一天，汗流浹背後，就用掛在大門上的艾草與昌蒲煮熱水來洗澡，一來清潔、二來避邪。

第三節　〈七月中元大普渡〉

農曆的七月十五日，在台灣也是個重要的日子，這是一個對生命結束的亡魂做禮敬的習俗，在這天除了對自家祖先的祭拜，民眾們也表示對孤魂野鬼的和善，在當天總是準備各式各樣豐富的祭品，擺放在自家的門口，供孤魂野鬼們自行享用，不僅如此，民眾們往往不加吝嗇的準備大量的冥紙錢，在他們享用完後燃燒給他們使用；更加禮貌周全的招待，總在供桌下陰涼處，備放著一盆水，及一條毛巾，或更周全的還備有一張小椅凳，總為這些孤魂野鬼們的亡魂，在享用完畢後洗洗手擦擦臉，帶走上路的盤纏，好安心的離去。

劉福助總特別的注意到這樣的生活習俗，也沒有放過為中元大普渡，譜下一首歌曲，從歌詞中看到了民眾過中元節，而不吝使出豐富的祭拜貢品，各地不約而同，所同中有異的是各地的祭典活動不一，有的搶孤、有的放水燈等，不管如何，都希望孤魂野鬼們能早日超生，投胎做人。農曆的七月份也是台灣颱風來襲的高峰期，所以從歌詞中，也看到了這樣的節日，與氣候的聯結。

　　〈七月中元大普渡〉共有五段。第一段從二十四節氣的「立秋」說起，
農人擔心當日若無雨則農作物將會欠收。第二段敘述在這段時間也正逢是颱
風來襲的季節，颱風往往帶來淹水，讓民眾不知所措。第三段敘說中元普渡
的習俗，在天地水三元大地生日時都會拜拜誦經。第四段描寫農曆七月初一
鬼門開，七月十五中元普渡殺豬公比賽。第五段勸戒民眾祭拜好兄弟勿殺生，
而改用素果。

　　　　立秋無雨哩上擔憂（Lı̍p-tshiu bô hōo li~ siōng tam iu）

　　　　古早人講農物啊一半收啊也（Kóo tsá lâng kóng Lông bu̍t ah ı̍t puànn
　　　　siu a~e~）

　　　　水稻仔割了種雜糧（tsuí tiū á kuah liáu tsìng tsa̍p niû）

　　　　查某人啊做甲啊發喙鬚〔註27〕啊也（Tsa bóo lâng ah tsò kah ah huat
　　　　tshuì tshiu a~e~）

　　二十四節氣中的立秋是農人們須關注的時節，在立秋節氣最怕、最擔心
的就是天空不下雨，倘若在立秋沒下雨，農人的冬收就欠收了，話雖如此說
立秋的節氣不能不下雨，但在立秋當天卻怕一件事出現，那就是打雷，台灣
俗諺都說了：「雷打立秋，冬一半收（luî phah Lı̍p-tshiu，tang tsı̍t puànn siu）」，
意思是說立秋當日如有打雷現象，則晚冬的二期稻作收成就不好。農人們對
農地要懂得利用，在水稻收割完後，不能直接再播種水稻，而是要改種其他
農作物，好讓土地有休息，也沒讓土地沒用途；然而在這段時間，卻是農婦
們最忙的時期，這一忙下來，做到都沒空閒時間可打理容貌。

　　　　風颱季節囉（Hong thai kuì tseh lo~）

　　　　做水淹大路（tsò tsuí im tuā lōo）

　　　　水火無情啊無變步〔註28〕啊（tsuí hué bô tsîng ah bô piàn pōo ah）

　　台灣的農曆七月是颱風來襲的高逢期，台灣俗諺也說：「七月風颱母
（tshit-gua̍h hong-thai bú）」，颱風一來襲，往往到處淹水，釀成嚴重災害，
損失慘重。人的力量總抵不過天災，台灣俗諺也說：「人飼人肥朒朒，天飼
人一支骨（lâng tshī lâng puî-lut-lut，thinn tshī lâng tsı̍t ki kut）。」足見天災
的力量，讓人無法抵擋。

〔註27〕喙鬚：讀音「tshuì tshiu」。根據台日大辭典解釋為「嘴 e5 毛鬚。」P.328。
〔註28〕變步：讀音「piàn pōo」。根據台日大辭典解釋為「（1）改變方法。（2）新 e5
　　　　步數。（3）＝[變通]。」P.685。

中元節氣大普渡〔註29〕（Tiong guân tseh khuì tuā phóo tōo）

大家搭棚〔註30〕來搶孤〔註31〕（Ta ke tah pênn lâi tshiún koo）

咿～咿～啊～（I~i~a~）

過中元節那天是大普渡，對無人祭拜的孤魂野鬼的祭拜日，各地方有各地不同的祭拜活動，而搭竹棚搶孤活動最有名氣的就是宜蘭這個地區，每當中元節前夕，大家總要合力搭起高高的竹竿棚架，好讓各地好手來搶孤比賽，也帶起中元節大普渡活動的高潮。

七月普渡啊放水燈〔註32〕（Tshit gueh phóo tōo ah pàng tsuí ting）

佮水底交替啊相求情啊也（Kah tsuí té kau thè ah siong kiû tsîng a~e~）

誦經唸咒真好用（Siōng king liām tsiù tsin hó iōng）

大家無事啊心頭清啊也（Ta ke bô sū ah sim thâu tshing a~e~）

在中元節普渡的活動，有是以放水燈而聞名，例如基隆的中元節大普渡活動的高潮，就是放水燈。而放水燈乃是將點上燭火的燭台或燈籠，放置水面隨水而流去，以祈求亡魂平安早投胎，不要隨意抓替死鬼。這樣安鬼魂的另一個很好的方式，就是唸誦經文，阿彌陀佛、阿彌陀佛，人類鬼類各自相安無事，總是最好的結局。

天地水帝囉稱三元（Thian tē tsuí tè lo~ tshing sam guân）

正月十五七月十五十月十五（Tsiann gueh tsap gōo tshit gueh tsap gōo tsap gueh tsap gōo）

天地水三官大帝誕辰（Thian tē tsuí sam kuan tāi tè tàn sîn）

上元也就是天官大帝誕辰，以農曆的一月、七月、十月的十五日，分稱上元、中元、下元；上元是祭天官，中元是祭地官，下元是祭水官，各地奉祀這三官大帝的寺廟，在這三個日子，都會舉辦盛大的慶賀活動。

七月初一開鬼門關（tshit gueh tshue it khui kuí mn̂g kuan）

七月半鴨仔毋知漩（tshit gueh puànn ah á m̄ tsai suan）

〔註29〕普渡：讀音「phóo tōo」。根據台日大辭典解釋為「七月半 e5 祭拜好兄弟（餓鬼）。」P.892。

〔註30〕搭棚：讀音「tah pênn」。根據台日大辭典解釋為「起造戲棚，造厝台。」P.9。

〔註31〕搶孤：讀音「tshiún koo」。根據台日大辭典解釋為「超渡眾生 e5 式後分配供物。」P.139。

〔註32〕放水燈：讀音「pàng tsuí ting」。根據台日大辭典解釋為「（1）ka7 燈籠放落水流。（2）舊曆七月[普度]e5 時提燈行列。」P.603。

比賽的豬公歸排豎〔註33〕懸懸（pí sài ê ti kong kui pâi khiā kuân kuân）

咿～啊～（i~a~）

農曆七月俗稱鬼月，自七月一日起就開鬼門，也就是鬼魂能快樂出遊的日子，為期足足一個月份，也因人鬼疏途，所以在這個月份，人們做起事來，總要特別的小心翼翼，不要偏向危險行，如同「七月半鴨仔，毋知死活（tshit guéh puànn ah，m̄ tsai sí uah）。而此月的活動還不止搶孤、放水燈等，有的地方還會有殺豬公比賽，比賽的豬公排整排，裝飾的莊嚴又美觀，每隻豬公都豎著高高的，顯得無比壯觀。

拜好兄弟來殺生（Pài hó hiann tī lâi sat sing）

加添遊魂的罪孽（Ka thiam iû hûn ê tsuē gi̍k）

殺生的罪障為尹種（sat sing ê tsuē tsiòng uī i tsìng）

好兄弟啊袂當去超生（hó hiann tī ah bē tàng khì tshiau sing）

中元節為了祭拜孤魂野鬼好兄弟，不惜殺生當供品祭拜，也因為要祭拜而來殺生，這種我不殺伯仁，伯仁卻因我而死之罪，說來也增加了好兄弟的罪孽，因為要祭拜他們，而殺死了其他動物，諸如雞、鴨、魚，或豬、羊、牛等的生命，好兄弟卻又罪加一等，無法超生了！

祭拜最好用素果（tsè pài tsuè hó iōng sòo kó）

刣歸山坪（Thâi kui suann phiânn）

麥閣予因果循環（Mài koh hōo in kó sûn khuân）

會相報莫閣結冤仇（Ē sio pò mài koh kiat uan siû）

大家攏總好咿（tā ke lóng tsóng hó i~）

勸說大家啊！祭拜鬼神最好使用素果，這樣無關殺生，為了祭拜，無關犧牲一堆生物性命，勸說大家啊！不要再讓好兄弟們因果循環，動物冤魂大家冤冤相報又何時了呢？無論如何，祭拜不殺生，使用素果，大家都沒壞處啊！

被號稱「勸世歌王」的劉福助，總不忘在歌詞的結尾，不厭其煩的再勸說一番，不要因為祭拜的名義，而任意殺生，生命總是寶貴的，好兄弟要祭拜，並不是一定要用肉類當供品，素果類、餅乾類一切以不殺生為原則。中

〔註33〕豎：讀音「khiā」。根據台日大辭典解釋為「（1）Khia7 立。（2）Tua3（住）。（3）經營。（3）下料。（5）縱線。（6）記錄。（7）數量合計。（8）股票 e5 持股。」此處解為（1）。P.236。

元節一向是台灣民眾，向陰界表達善意的一個重要日子，家家戶戶不吝嗇的準備豐富祭品，總希望能賓主盡歡，常常忽略的尊重生命這件事，而劉福助在這點創作上，除了記載祭拜方式，還不忘勸說，宅心仁厚的劉福助就不枉被封此封號。

第四節　〈烏面祖師公〉

〈黑面祖師公〉，一首人人悉知的童謠，似乎不與習俗相關，從童謠裡嗅不到民眾膜拜的過程、或形式內容，或特殊習俗方式。然而若知道「黑面祖師公」，指的就是清水祖師爺，那就很清楚不過。台灣的祖師爺廟不下百來間，淡水的福佑宮、艋舺的清水巖，以及三峽的祖師廟等都極富盛名。祖師廟供奉清水祖師，因其臉黑，民眾多稱黑面祖師公，因其顯現神蹟的方式，每逢天災巨變，常以掉落鼻子方式來向民眾示警，掉落的鼻子只要沾上香輝又可黏回去，不會掉落。民眾對其神跡靈驗深信不疑，誠心膜拜。拿祖師公神明當童謠的主題倒有趣，以孩童的角度，把祖師公掉落鼻子用來示警的狀況加以誇張，童謠中的祖師公沒有掉鼻子，反倒因為摔倒掉了更加嚴重，而嚴重的程度也只讓這個黑面祖師公唉唉叫而已，想必也只有神明才有此能耐，可以沒有痛楚。

根據《黑面祖師公／六月田水》這張專輯中主打歌〈黑面祖師公〉為例，〈黑面祖師公（oo bīn tsóo-su-kong）〉是一首傳統民謠，李坤城在公共電視晚間新聞接受採訪說出：「第一版的黑面祖師公〔註34〕，同樣只有短短幾句，經過民謠歌手劉福助的翻唱，加了更多的詞。」〔註35〕；而吳瀛濤在《臺灣諺語》中「黑面祖師公」所列出內容為：

> 黑面祖師公，白目眉，無人把你請，自己來，一個面是笑孩孩，笑到一個嘴仔離西西，到底笑啥事，舉椅頭仔看目眉，椅頭仔踏無好，跌落來，跌一個有嘴無下顎，真厲害。大聲小聲哀，無講無人知。
> 〔註36〕

〔註34〕第一版的黑面祖師公：指林福裕，《臺灣民謠》，幸福唱片出版，1965。

〔註35〕2010-07-16　20：00 公視晚間新聞 http://news.pts.org.tw/detail.php?NEENO=154072。

〔註36〕吳瀛濤，《台灣諺語》，台灣英文出版社印行，〔民〕五十六年五月十三版，p.485～486。

　　與吳瀛濤的版本較下，簡上仁的版本顯然與吳瀛濤不一樣，詞句較多，但其內容並未改變，多了一些語詞的重複，唱起來就顯得趣味活撥。簡上仁在民國八十一年《臺灣民謠》版本黑面祖師公內容如下：

　　烏面祖師公，白目眉，無人給你請，自己來自己來，烏面祖師公，
　　白目眉，無人給你請，自己來自己來，一個面格笑咳咳，笑甲一個
　　喙仔離西西，到底為啥代，為啥代，舉椅頭仔看目眉，看目眉，椅
　　頭踏無好，削落來，削一個有嘴齒擱無下頦，真厲害，大聲小聲哀，
　　無講無人知，無講無人知，無人知。〔註37〕

　　1966 年（民國五十五年）劉福助發行的《黑面祖師公／六月田水》專輯，發行年代比簡上仁版本早了二十六年之久，其內容詞句也比晚出版的簡上仁版又多出，甚至加入了笑聲在歌唱裡面，這是在吳瀛濤版本及簡上仁版本內未曾見到過的。劉福助〈黑面祖師公〉的內容如下：

　　烏面祖師公，白目眉，無人共你請，自己來，嘿！自己來，
　　烏面祖師公，白目眉，無人共你請，自己來，嘿！自己來，
　　一個面閣笑哈哈，笑佮一個喙仔離 sai sai，到底為啥代，
　　為啥代，夯椅頭仔看目眉，椅頭踏無好，摔落來，
　　摔一個有嘴無下頦，真厲害，大聲細聲哎，無講無人知，
　　無講無人知，無人知（哈哈哈）
　　烏面祖師公，白目眉，無人共你請，自己來，嘿！自己來。

　　這樣看來彼此的內容差異，就在內容的重複點位置，及重複次數不一，內容裡頭的主角沒有差別，都是指黑面祖師公，其敘事的內容也都一致，用著童趣的語意，述說著一個不請自來的黑面祖師公，為了看到自己又白又長的眉毛，拿起的椅凳，一躍爬上椅凳上，正想準備看清楚自己的模樣，哪裡知道，就這麼一不小心，硬是從椅凳上摔了下來，這樣一摔可無法想像，竟然一摔嚴重到下巴都掉了，活生生的只剩到牙齒，如此的摔法自然痛到無法冷靜，當然大聲小聲不斷的哀號著，嚴重無比啊！一個不請自來的黑面祖師公！

　　一首如此童趣的民謠，竟有著這樣嚴重的摔法，想必任何一家的小孩子，學會唸了此民謠後，背後所給予潛移默化的學會做事態度才是重要的，誰都

〔註37〕簡上仁，《臺灣民謠》，眾文圖書公司印行，八十九年六月，二版五刷，P.50～
　　　51。

不想因為不經意、草率、輕忽，而讓自己釀成不可收拾的傷痛；也正如台灣俗諺語說的：「目瞤看仔粿，跤踏仔火（ba̍k-tsiu khuànn tī kué，kha tā tī hué）」，假若執意不去學習注意自己的做事態度，以至於釀成自己的傷痛，那可要「目瞤金金，人傷重（ba̍k tsiu kim kim，lâng siong tiōng）」。

〈黑面祖師公〉就是以台灣常見的廟宇神明為主角，這個主角就是祖師廟的清水祖師爺，黑黝黝的臉，有著白色的眉毛。純真的孩童硬是沒把它當萬能的神明，詞句中不只沒有刻意的盡力討好，也絲毫無大人世界的人情世故與關係攀附；反是對他毫無距離的視為一個做事粗心大意、不知環顧周圍環境，以致讓自己一不小心就把自己摔到極其痛苦，並且哀聲大叫，真是充滿著孩童天真活潑的生活天地。而劉福助也譜唱出民謠中童趣的純真、俏皮、幻想、樂趣。而讓孩童能喜歡、能愛唱，就確實發揮了傳承的功能。

第五節　小　結

在本章討論的是劉福助的節日習俗創作，並舉以〈頭牙〉、〈十二月送神、尾牙、揀做堆〉、〈五月端午節〉、〈七月普渡大拜拜〉、〈烏面祖師公〉做討論。從些創作內容，我們都知道劉福助向來極重視各地方習俗，他自有個慣性，即是每到一個地方，總會細膩到去記錄當地的人文民俗風情，自然這些習俗採錄也成為他的創作來源。而能將台灣的習俗節慶活動作一系列的歌曲創作，劉福助是臺語流行歌壇第一人。

這樣的創作不只是娛樂性質，其更深層的意義在於傳承，語言面的傳承、習俗文化面的傳承。根據〈二月頭牙〉我們經討論而了解田頭、田尾土地公的意境，以及生意人尊敬土地公，以期能為自己的生意更加興隆。而在每年農曆二月二日土地公的生日，俗稱頭牙，民眾更是備牲體加以祝賀。

〈十二月尾牙、送神、推做堆〉，從頭牙到尾牙，看到了台灣生意人對土地公的尊敬，並深信生意的枯榮與土地公的庇祐有著極大的相關聯；同時農曆的十二月份，也是台灣人民忙碌的一個月，生意人更不會忘記辦尾牙，好為來年生意祈求榮景。另一方面家家戶戶也要忙著在送神日，恭送眾神明回天庭放年假，尤其對灶神，一年當中選在農曆十二月二十四日以糖果、甜湯圓供拜，好祈求灶神為自家向玉皇大帝美言幾句。另一個重要事情也選在此月份完成，那是將家中的童養媳，在兒子長大可成家時，就在除夕夜，自家

人聚在一堂熱鬧慶祝，讓他們圓房即成為夫妻，就是省時省力的揀做堆。

　　而在〈五月端午節〉討論到端午節是台灣的三大節日之一，以及台灣人過端午節的習俗，從家家戶戶綁肉粽祭拜祖先、孩童在午時立雞蛋、以及貯用午時水，在當天還要食用午時菜。並且家家戶戶門口插上艾草、榕葉及菖蒲，除了辟邪也去除溽熱的天氣所帶來的穢氣。當天各地還有划龍舟競賽等活動，雖是為時一天的節日，活動內容卻不少。

　　〈七月中元大普渡〉，討論到台灣民眾敬鬼善待鬼魂的習俗，足見台灣民俗的善意鬼味，也添加習俗的趣味性。談鬼人人怕，人人忌諱，平日不加以多談，但在農曆的七月一到，台灣民眾則以謹慎、尊重的心來看待祭拜鬼魂。每到農曆七月十五日，台灣民眾家家戶戶門口備妥豐盛的祭品，冥紙等來祭拜。各地廟宇除了一般的普渡外，豎起了高高的燈篙，掛上「慶讚中元」燈籠，也舉辦不同的活動，例如宜蘭有名的搶孤活動、基隆的放水燈活動、新竹義民廟的神豬大賽。在農曆的七月最後一天就要關鬼門，孤魂野鬼們也要在這天回去，有些民眾也會準備些供品，送其回家，忙了一個月，鬼月結束。

　　〈烏面祖師公〉討論到天真的小孩，以無比的童趣道出靈驗無比的祖師公的童謠。小孩的純真，將祖師公的落鼻預警，硬說是從椅子上摔了下來，把鼻子都摔斷了，如此不小心的神明，也只有烏面祖師公被拿來開玩笑。而同樣是烏面的神明，「烏面媽祖」就沒有如此的童味童謠，或許是孩童們沒聽過「烏面媽祖」曾有掉落鼻子的神蹟。

第八章　劉福助的台灣地景書寫作品

　　劉福助因演唱機會,踏遍不少地方,也因為藉著到各地演唱而創作出地景書寫歌曲,這是劉福助的另一面的努力,對於地景的書寫,他不僅於對美麗的風光描述,最難能可貴的是,在對地景書寫時,總適時加入當地的歷史、文化等。劉福助是勤於對土地作紀錄的藝人,他每到一個地方,總細心採錄當地特殊人文習俗,故在書寫地景創作時,地景已不再是單純的地景描述,而是加入了在地的習俗,與有歷史印記的舊地名。〈念念少年——中和市〉(見附件五,引用歌詞索引)寫出了道地的中和市景點,由歌詞中的舊地名中,彷彿就上了一堂中和市的地理史巡禮。另一首地景書寫歌曲〈美麗海岸——宜蘭〉(見附件五,引用歌詞索引),同樣不單是宜蘭的美麗風光,更是有了宜蘭的當地舊地名的理史淵源,不只讓人遊玩,還能沉浸歷史的神遊。〈輝煌古都——台南縣〉(見附件五,引用歌詞索引),就更加引人入勝,神遊古都再現古都風華、再度對當地的歷史洗禮一番。

第一節　〈念念少年——中和市〉

　　劉福助的創作中,〈念念少年——中和市〉(見附件五,引用歌詞索引)可說是他所獨享的創作,用著自己的成長故事,以及對土地的情感,獨創出屬於自己的〈念念少年——中和市〉,任誰也無法將之挪用。從主題即可讓人清楚感受到,一個自小生活在新北市中和區的小孩,經過了時間的焠鍊,從天真無邪的小孩到古稀之年依然老驥伏櫪,歲月有了厚度的人生經驗累積,而今回首,反璞歸真的回憶說著過去,一一浮現字裡行間。

　　劉福助目前仍居住於新北市的中和區，其努力的過程也在娛樂界歌壇大放光彩，一輩子貢獻在歌壇上，至今也仍活耀舞台發光，在〈念念少年——中和市〉創作中，我們仍可見到劉氏的專有特色，用著擅長「似唱似說」的表達出其內容。也因擅長這「似唱似說」，劉福助出席在永和市公所與永和市民代表會所舉辦的仲夏夜藝文系列活動〔註1〕，懷念老歌演唱會『最好時光』。市公所的新聞稿就讚稱劉福助為台語 Rap 的始祖及台語念歌王〔註2〕

　　〈念念少年——中和市〉共有四段。第一段敘述自己是中和通，回首兒時事，到處亂竄、不努力讀書、偷摘水果，而今卻已白首。第二段敘述中和區地點的位置及舊地名，幾乎是把中和市的地點、景點都提到，分段點不易區分，但討論時以數句為段落。第三段描寫自己的母校中和國小，以及小時候常去的廟宇，為一小時後亂竄的地方，連溪河都跳下去抓過魚的回憶。第四段描述小時候看戲、聽故事、央人帶入戲院的趣味回憶，並以自己小時候住的地方為結束。

走遍若欲中和內底玲瓏踅（Tsáu phiàn nā beh tiong hô lāi té ling long sėh）

車龜弄甕〔註3〕跮〔註4〕懸跮低（Tshia ku lāng àng peh kuân peh kē）

無得定〔註5〕閣兼厚話〔註6〕（Bô tik tiānn koh kiam kāu uē）

一日到晚四界去（Tsit jit kàu àm sì kè khì）

東西南北無定時（Tang sai lâm pak bô tīng sî）

世事毋識兼好奇（sè sū m̄ pat kiam hò kî）

無衛生閣毋識字（Bô uē sing koh m̄ pat jī）

講到讀冊走若飛（Kóng tiȯh thȧk tsheh tsáu ná pue）

偷挽果子做狗爬〔註7〕（Thau bán kué tsí tsò káu pê）

〔註1〕演出時間 980816（星期天）晚間 7：00 地點：永和仁愛公園。
〔註2〕見980810新文稿，新聞聯絡人：國鑫整合行銷有限公司　鐘尉嘉0917502066。
〔註3〕車龜弄甕：讀音「Tshia ku lāng àng」。根據台日大辭典解釋為「＝[chhia-kiâ]（1）。（1）室內ê道具等ê位置變動 kah 亂 chhau-chhau。」P.73。
〔註4〕跮：讀音「peh」。根據台日大辭典解釋為「登高。」P.768。
〔註5〕無得定：讀音「Bô tik tiānn」。根據台日大辭典解釋為「囡仔等無一時恬靜。」P.858。
〔註6〕厚話：讀音「kāu uā」。根據台日大辭典解釋為「話真 chē，長嘴舌。」P.193。
〔註7〕爬：讀音「pê」。根據台日大辭典解釋為「伏 teh 移動。」P.769。

－214－

功課無寫老師感〔註8〕（Kong khò bô siá lāu su tsheh）

光陰似箭頭毛白（Kong im sū tsīnn thâu môo pèh）

　　說起中和市，從小就生長在中和市，自己可是個中和通，逛遍了整個中和地區，整個地區好玩有趣的我全沒放過。小時後個性不夠穩定，因為好奇愛發問，所以話就很多，從早一睜開眼睛就四處逛到處玩，只要能去到的地方一點也不挑，邊走邊看邊學習，雖然年紀小尚不知什麼人生大道理，學問未知幾何，但總在行萬里路中學習到萬物道理，這樣的學習就是行萬里路勝過讀萬卷書吧！然而講到讀書，小時後對靜下來坐著讀書簡直是痛苦一樁，拿起一支筆如同千斤重，自然沒有優良的成績。從書本中識字也實在不多，甚至常在課餘偷溜出去，爬進果園偷摘果農所種的水果，在當時而言，就是好奇盡興好玩，所以老師出的作業，往往沒有準時交，老師對學生這樣的行為，心中實在沒辦法喜歡這種學生，甚至厭惡。而今細細回想起來，時間過得真快，一轉眼間從一個懵懂無知、不知輕重世事的小毛頭，現在已滿髮斑白古稀之年，時間過得實在快到有點不堪回首。

枋寮〔註9〕內底是舊街（Pang-liâu lāi té sī kū ke）

潭墘〔註10〕倚邊保健館〔註11〕（Thâm kînn uá pinn pó-kiān kuán）

公所隔壁湳仔橋（Kong sóo keh piah lâm-á-kiô）

華中橋下磚仔窯（Huâ tiong kiô kha tsng á iô）

民享路頭廟仔尾（Bîn hióng lōo thâu biō á bué）

福德神相烘爐地〔註12〕（Hok tik sîn siōng Hang-lôo-tē）

〔註8〕感：讀音「tsheh」。根據台日大辭典解釋為「（1）悔恨，惋惜。（2）哭泣（khip）。（3）無歡喜，討厭。」此處解為（3）。P.792。

〔註9〕枋寮：讀音「Pang-liâu」。根據〔民87〕《重修中和鄉志》記載，今枋寮里、廟美里、福美里及南山路一帶，雍正年間漳州人林成祖至此招佃開闢。開闢時因與原住民時有嚴重衝突，而設寮以便輪流守望，初稱「班寮」，但日久日傳，而稱「枋寮」。

〔註10〕潭墘：讀音「Thâm kînn」。根據〔民88〕《重修中和鄉志》記載，今永和市水源、潭墘、雙和、潭安、永安等里並中和市泰安里吉安樂里及四號公園附近，於道光二年，漳州人呂藩傳由南四角來此開闢，建設成庄，當時地勢低窪，有新店溪分流於此，常因大雨而積水若潭。

〔註11〕保健館：讀音「pó-kiān kuán」。早期稱衛生所為保健館，資料由劉福助提供。

〔註12〕烘爐地：讀音「Hang-lôo-tē」。寺廟名稱為南山福德宮，廟址：中和市興南路二段三九九巷五十弄二十號，海拔302公尺，占地約六公頃。一般民眾也以「烘爐地」稱此處，此名稱由來是因在福德宮後方及左右兩面，各突出一塊石頭，

景平路尾尖山跤〔註13〕（Kíng pîng lōo bué tsiam-suann-kha）

中和區的舊地名還保留很多，在枋寮區內是舊街，潭墘的附近就是中和區早期的衛生所。在中和的市公所旁邊有一條橋叫做湳仔橋，由這條橋往前，可通往板橋地區。中和的另一條橋華中橋下，當地因早期在此有設磚窯燒紅磚塊，故此地被稱為磚仔窯。另一條馬路叫民享路，在民享路的一開頭，就是早期的福和宮的所在地，所以這裡的舊稱為廟仔尾。而中和最大的土地公神像就位於烘爐地，此地的土地公，向來有土地公王之稱，因土地公神像又大又高，土地公神威又靈驗，引來不少遠地而來的觀光客。另一地名現今的景平路的後部地區，早期的舊地名就叫尖山腳。

秀山〔註14〕古早是番社（Siù suann kóo tsá sī huan siā）

南四角有虎頭厝〔註15〕（Lâm sì kak ū hóo thâu tshù）

景平路有崎仔頭（Kíng pîng lōo ū kiā-á-thâu）

水源這位瓦窯仔〔註16〕（Tsuí guan tsit uī hiā iô á）

雷公爺廟〔註17〕芎蕉跤〔註18〕（Luî kong iâ biō kīng tsio kha）

彎弓路是叫山跤（Uan kong lōo sī kiò Suann-kha）

山跤入去是牛埔〔註19〕（Suann-kha jîp khì sī Gû-poo）

三足頂立，狀似烘爐，而在廟下約一百公尺處聳立一塊巨石，有地理師稱此石為烘爐之「火母」，故此烘爐能生生不息，為一難得的福地。資料由劉福助提供。

〔註13〕尖山跤：讀音「tsiam-suann-kha」。根據〔民87〕《重修中和鄉志》記載，位今力行里、力行社區，乾隆二十七年，漳州人林天生在此開墾，因地楚山路而得名。

〔註14〕秀山：讀音「siù san」。早期為原住民秀朗社地區，民國35年1月23日，秀山村隸屬於中和鄉。民國47年4月，秀山村隸屬於中和鎮。民國68年，改村為里，隸屬台北縣中和市。

〔註15〕虎頭厝：讀音「hóo thâu tshù」。樂淡居，俗稱虎頭厝，位於台北捷運南勢角站附近，景福宮一帶。

〔註16〕瓦窯仔：讀音「hiā-iô-á」。根據〔民87〕《重修中和鄉志》記載，今瓦窯里此地曾設燒窯製磚瓦。

〔註17〕雷公爺廟：讀音「Luî kong iâ biō」。五雷元帥手執斧頭，全台主祀五雷元帥有兩間，歷史悠久首推中和霹靂宮於康熙年間建廟，住址：中和市中原里永和路514號。

〔註18〕芎蕉跤：讀音「kīng tsio kha」。根據〔民87〕《重修中和鄉志》記載，今中原里一帶，因地帶芭蕉甚多而得名。

〔註19〕牛埔：讀音「Gû-poo」。根據〔民87〕《重修中和鄉志》記載，今錦和錦昌里一帶，乾隆二十七年，漳州人林天生在此開墾，當時地多荒埔，飼養不少牛隻而得名。

牛埔內底有灰窯〔註20〕（Gû-poo lāi té ū Hue-iô）

中山路有青仔堤橋（Tiong-san lōo ū Tshenn-á-thê -kiô）

民享路中二八張〔註21〕（Bîn hióng lōo tiong Jī-pat-tiunn）

穗禾舊名李仔弦（Suī hô kū miâ Lí-á hiân）

這位上早叫員山〔註22〕（Tsit uī siōng tsá kiò Înn-suann）

秀朗橋頭尖山跤（Siù-lóng kiô thâu Tsiam-suann-kha）

海山神社〔註23〕嘛佇這（Hái san sîn siā mā tī tsia）

　　秀山在早期是原住民秀朗社活動居住的地區；而現今位於台北捷運南
勢角站附近，離景福宮不遠有一個樂淡居，被當地人俗稱虎頭厝；而景平路
一帶因早期的開發多由沼澤新生地填平而成，就地形上會出現壟起微高的
地勢，因為是壟高的起始處，所以舊稱景平路為崎仔頭；中和市的水源路一
帶，現今的瓦窯里，早期此地曾設燒窯製磚瓦，故舊稱為瓦窯。

　　另外在中和的另一間古廟叫霹靂宮，恭俸主神五雷元帥手執斧頭，歷史
悠久被當地居民稱為雷公爺廟，而雷公爺廟就位在現今的中原里，此地的舊
地名就叫芎蕉腳。今力行路因地楚山路，依其地勢而行，故也舊稱此地為彎
弓路。沿山腳的地區在進去就是早期舊稱的牛埔，當時的牛埔地區設有灰窯
燒石灰的窯場。而今的中山路因日治時期接近萬華的製糖廓，從萬華延綿數
公頃翠綠的甘蔗田煞是翠綠成堤，故此地的橋舊稱為青仔堤橋。而現今的民
享路，今平河里愛德蒙公司一帶，清領時期漳州人林成祖開闢此區，墾殖時
農戶共分得犁二十八張而得以耕作，故此地就地名稱為二八張。中和的舊地
名員山，就是現今積穗里、嘉穗里、瑞穗里，及清穗里附近，是中和與板橋相
臨的地方。秀朗橋頭的舊地名是尖山跤，位今力行里、力行社區一帶，著名

〔註20〕灰窯：讀音「Hue-iô」。根據〔民87〕《重修中和鄉志》記載，今灰窯里因此
　　　　地設窯燒製石灰而命明。
〔註21〕二八張：讀音「Jī-pat-tiunn」。根據〔民87〕《重修中和鄉志》記載，今平河
　　　　里愛德蒙公司，乾隆十三年，漳州人林成祖開闢此區，墾殖時農戶共分得犁
　　　　二十八張而得以耕作。
〔註22〕員山：讀音「Înn-suann」。根據〔民87〕《重修中和鄉志》記載，今積穗里嘉
　　　　穗里、瑞穗里及清穗里附近，中和與板橋相鄰的地方，因此地山形渾圓屹力
　　　　而得名。
〔註23〕海山神社：讀音「Hái san sîn siā」。座落於現今台北縣中和市積穗地區，為昭
　　　　和13年興建完成，日本國家對臺灣的宗教統治達到高峰，在臺灣積極推展皇
　　　　民化運動，採取「一街庄一神社」的方針。現址中和市員山路455巷員山公
　　　　園內。

的海山神社也在這個區域裡。

炸彈會社爆炸紀念厝（Tsà tuânn huē siā pók Tsà kì liām kuán）

佇南勢角的鹿寮〔註24〕（Tī lâm sì kak ê Lók-liâu）

永和路透過中和（Ióng-hô lōo thàu kuè Tiong-hô）

一條烏橋仔頭（Tsit tiâu oo-kiô-á thâu）

興南路透埤仔尾（Hing-lâm lōo thàu Pi-á-bué）

佮北二高勾做伙（Kah pak-jī ko kau tsò hué）

在二次世界大戰後，在南勢角的鹿寮這個地方，今橫路里一帶，到那裡可以找到當時因被炸彈偷襲過而未完全消失的舊房厝。而永和路中過中和交接處，在那裡有一條黑橋，另一邊從興南路走過埤仔尾，在此地這兩條路與北二高交會在一起。

中和國小過百年（Tiong-hô-kok-sió kuè pah nî）

圓通寺景大佛字（Uân-thong-sī kíng tuā pút jī）

廣濟宮〔註25〕舊廟（Kóng tsè kiong kū biō）

福和宮〔註26〕新廟〔註27〕（Hok-hô-kiong sin biō）

竟南宮〔註28〕仙公廟〔註29〕（Kìng-lâm-kiong Sian-kong-biō）

玉皇宮〔註30〕、樂天宮〔註31〕（Kiók-hông kiong Lok-thian-kiong）

慈雲寺〔註32〕、雷公爺廟、土地公廟（Tsû-hûn-sī Luî-kong-iâ-biō hóo-tē-kong-biō）

〔註24〕鹿寮：讀音「Lók-liâu」。根據〔民87〕《重修中和鄉志》記載，今橫路里一帶，乾隆十三年，漳州人李成所闢，在開時墾植的時候，常有狩獵者在這裡架屋捕鹿。

〔註25〕廣濟宮：讀音「Kóng thè kiong」。於1757年設立主祀開張聖王，廟址：中和區中和路95號。

〔註26〕福和宮：讀音「Hok-hô-kiong」。於1766年設立主祀神農大帝，廟址：中和區廣福路112號。

〔註27〕新廟：讀音「sin biō」。福和宮歷史悠久不會是新廟，是劉福助的口誤或筆誤，由於福和宮附近環境多重新整治過，煥然一新。

〔註28〕竟南宮：讀音「Kìng-lâm-kiong」。創建於光緒二十四年（一八九八），主祀孚佑帝君，廟址：中和市興南路二段三九九巷一三六號。竟南宮之上有一座高達109尺的土地公巨像，是烘爐地最明顯的地標。

〔註29〕仙公廟：讀音「Sian-kong-biō」。又稱竟南宮，

〔註30〕玉皇宮：讀音「Kiók-hông kiong」。廟址：中和市員山路6-3號。

〔註31〕樂天宮：讀音「Lok-thian-kiong」。創建於民國42年。廟址：中和區中興街38號。

〔註32〕慈雲寺：讀音「Tsû-hûn-sī」。廟址：中和市圓通路369巷66號

是『小劉』細漢〔註33〕拜過的廟（sī『小劉』sè hàn pài kuè ê biō）

中和國民小學的歷史悠久，從成立至今已過百年，也是劉福助自己的母校。中和的圓通寺有一大特殊景象，從遠處就可見到大大的佛字於廟前；中和的廣濟宮是一間舊廟，於1757年設立主祀開張聖王。福和宮在某方面算是新廟，在2002年（民國九拾一年）三月與廣濟宮福和宮新設立文史資料館附設圖書館。在烘爐地上面的竟南宮也被稱作仙公廟，此外中和內的玉皇宮、樂天宮、慈雲寺、及雷公爺廟、土地公等大廟小宮，都是劉福助小時候，誠心誠意敬拜過的寺廟。

磚仔窯煙筒〔註34〕變地標（Tsng á iô ian tâng piàn tē pio）

枋寮老街真趣味（Pang-liâu lāu ke tsin tshù bī）

細漢赤跤〔註35〕走遍中和市（sè hàn tshiah kha tsáu phiàn Tiong-hô tshī）

看著溪、河、魚池、水溝仔（Khuànn tiȯh khe hô hî tî tsuí kau á）

著共跳下去（Tiȯh ka thiàu lȯh khì）

內底真濟攏是我的魚（Lāi té tsin tsē lóng sī guá ê hî）

華中橋跤、中正橋跤（Huâ-tiong-kiô kha Tiong-tsìng-kiô kha）

到處野生的果子（tò tshù iá sing ê kué tsí）

人種的我嘛重重去訪問伊（Lâng tsìng ê guá mā tiānn tiānn khì hóng mn̄g i）

秀朗橋跤攏是我的游泳池（Siù-lóng-kiô kha lóng sī guá ê iû íng tî）

磚窯工廠的煙囪很高，後來變成當地地區很明顯的一個地標；枋寮老街內去逛逛可就趣味無窮。小時後的自己，總是沒穿鞋子，就到處在中和內四處閒逛，在這閒逛的當中，走著走著若看到了溪水或河流，不管是水池或大水溝，只要有水的地方，總是撲通的毫不考慮就跳下去玩水。水底內的魚真是多，不管是何種魚類，這些魚都是我的呢！而華中橋下、以及中正橋下，到處都有野生的果樹，其長出的果實是自己的美食。另一方面若是別人所種的果樹，小時候因為不懂事，也常常伸手一摘就隨口下肚，這樣的遊樂場所

〔註33〕細漢：讀音「sè hàn」。根據台日大辭典解釋為「身體矮小，年幼。相對：[大漢]。」P.788。

〔註34〕煙筒：讀音「ian tâng」。根據台日大辭典解釋為「排煙 ê 筒管。」P.72。

〔註35〕赤跤：讀音「tshiah kha」。根據台日大辭典解釋為「腳無穿鞋。」P.396。

真多，連秀朗橋下也是小時候玩水的好去處。

　　廟口聽講古〔註36〕（biō kháu thiann kóng kóo）

　　拜拜看歌仔戲亂彈戲（Pài pài khuànn kua-á-hì lān-thân-hì）

　　徛佇戲臺門口（khiā tī hì tâi mn̂g kháu）

　　拜託人共我娶入去看戲（Pài thok lâng kā guá tshuā ji̍p khì khuànn hì）

　　講起來我真費氣〔註37〕閣兼觸纏〔註38〕（Kóng khì lâi guá tsin huì khì koh kiam tak tînn）

　　廟口永遠是最受歡迎的地方，是劉福助小時候聽故事的好去處，迎神拜拜不只有熱鬧可看，還有那受歡迎的本土藝術歌仔戲可觀賞，以及北管亂彈，可是精采無比，因為戲種的好看受歡迎，台灣的俚俗諺也說：「食肉食三層，看戲看亂彈（tsia̍h bah tsia̍h san tsân, khuànn hì khuànn lān tân）」，足見不可錯過看亂彈的戲種。小時候常常站在戲院門口，拜託要進去看戲的大人們，順便帶入戲院看戲，這樣可看到戲有可省到錢，真是「一兼二顧，摸蜆仔兼洗褲（it kiam jī kòo, bong lâ-á kiam sé khòo）」，這樣說來，小時候的自己還真是有些麻煩又不乾脆。

　　二次世界大戰（Jī tshù sè kài tāi tsiàn）

　　艋舺初開去中和的青仔堤（Báng-kah tshoo khai khì Tiong-hô ê Tshenn-á-thê）

　　閣搬去廟仔尾（Koh puann khì biō á bué）

　　廟仔尾輕便車頭〔註39〕（biō á bué khin piān tshia thâu）

　　較早就是阮兜（Khah tsá tio̍h sī gún tau）

　　在第二次世界大戰後，現在的萬華在日治時期最初的開發地是糖廠的甘蔗田堤處，那兒青綠千里成堤，也是萬華與中和相鄰的地方，是我所居住的第一個地方，後來又曾搬家到廟仔尾這個地方，而廟仔尾在當時是中和貨車的運輸集散地，是交通的樞紐，這兒也曾經是我居住過的地方。

　　在〈念念少年——中和市〉裡，我們看到了一個在地的耆老，娓娓說起

〔註36〕講古：讀音「kóng kóo」。根據台日大辭典解釋為「講故事。」P.500。

〔註37〕費氣：讀音「huì khì」。根據台日大辭典解釋為「麻煩。」P.698。

〔註38〕觸纏：讀音「tak tînn」。根據台日大辭典解釋為「故障；麻煩。」P.41。

〔註39〕輕便車頭：讀音「khin piān tshia thâu」。根據台日大辭典解釋為「貨車 ê 起終所在。」P.305。民國三年（大正三年）興建台車道（輕便道），起自中和枋寮，經水尾渡河，至台北市之萬華。

成長的過往，小時候清晰的記憶、少不更事的頑皮樂趣的行為，雖然隨著時間一點一滴的流逝，卻不曾忘記那心底深層的曾經記憶。當喚醒過去的回憶時，彷彿是昨天剛發生的事情，依然清晰歷歷。這是一個對在地生活有說不完的情感，生於斯長於斯，雖然沒有浪漫、感性、煽情鼓動的言詞，倒也清晰明瞭、一目了然、扎實走過。

〈念念少年——中和市〉劉福助將中和區早期的舊地名，一一付梓，深怕現代的年輕人沒有了先人的印記，遺忘了在地的歷史，挖心掏肺的要你記住在地的歷史文化。如此活跳跳的生活在地創作取材，就讓人看到一顆對故鄉心背後的感情、認同、及內涵；扎實、用心的記錄著在地過去的點滴歲月，是中和地區居民的另一種文化幸福。

第二節 〈美麗的海岸——宜蘭〉

劉福助實在是特別鍾愛宜蘭，一個不是宜蘭人為宜蘭地區做了二首人人皆知宜蘭特色歌曲，即〈宜蘭腔〉、以及〈美麗海岸——宜蘭〉（見附件五，引用歌詞索引），並唱紅了另一首台流行歌曲〈宜蘭人〉，劉福助這樣的鍾情宜蘭，恐是文化宜蘭的精采。其在〈美麗海岸——宜蘭〉裡，我們況且給劉福助一個稱呼，那就是宜蘭最佳導覽者，認識、了解宜蘭的地理、歷史、生活文化集於一身，如此對宜蘭的鍾情，寫出來的宜蘭歌曲，娓娓唱出自有其特殊鍾愛的情感。

〈美麗海岸——宜蘭〉共有二段，外加一開始的口白。一開始的口白敘述著宜蘭的開發簡史，從吳沙開蘭，建立頭圍，到改名為噶瑪蘭、到宜蘭縣。以及宜蘭的名產、漁港、溫泉、冷泉、親水公園、童玩節、走尪文化、自然景色、地形。第一段敘述從新店進入宜蘭的沿途風光，著名的坪林風光、九彎十八拐的景象、濱海公路，龜山島有如宜蘭的守衛兵。第二段描述宜蘭地區各地的舊地名，臨尾還幽默了釣魚台不知是誰的。

清.嘉慶年初（Tshing . Ka-khing nî tshoo）

吳沙〔註40〕出嶺（Ngôo-sua tshut niá）

〔註40〕吳沙：吳沙於嘉慶元年（一七九六）農曆九月十六日，吳沙率領漳泉粵三籍移民一千多人，鄉勇二百多人，會番語者二十三人，乘船一舉佔據烏石港，登陸後即築土圍，稱「頭圍」，也就是現在的頭城鎮。吳沙以頭圍為據點，創建了宜蘭第一個漢人聚居地。

漢人入開蘭第一城頭圍（hàn jîn jip kai-lân tē it siânn---Thâu-uî）

嘉慶 15 年改號噶瑪蘭〔註41〕（Ka-khìng 15 nî kái hō Kap-má-lán）

光緒元年改稱宜蘭縣〔註42〕（Kong-sū guân nî kái tshing GÎ-lân-kuān）

宜蘭名產有溫泉蔬菜（GÎ-lân bîng sán ū un tsuânn soo tshài）

金棗鴨賞膽干（Kim-tsó、ah-siúnn、tám-kuann）

南方澳仔漁港（Lâm-hong-ò-á hî káng）

礁溪出溫泉（Ta-khe tshut un tsuânn）

羅東出冷泉（Lôo-tong tshut líng tsuânn）

冬山河親水公園（Tang-saunn hô tshin tsuí kong hn̂g）

七月國際童玩節〔註43〕（Tshit guáh kok tsè tông uán tseh）

五結國立傳統藝術中心〔註44〕（Gōo-kiat kok lip thuân thóng gē sút tiong sim）

元宵節利澤簡看走尪〔註45〕（Guân siau tseh lī tiat kán khuànn tsáu ang）

東北港大自然的山海景色（Tang-pak-káng tuā tsū jîng ê suann hái kíng sik）

〔註41〕 噶瑪蘭：宜蘭縣最早的地名，經文獻記載的有「蛤仔難」、「甲子蘭」、「噶瑪蘭」等不同的稱呼。這些名詞，都是從宜蘭地區先住民族 Kvalan 的音譯而來。1812（清嘉慶 17）年清朝政府正式以「噶瑪蘭」之名設廳。宜蘭縣政府「蘭陽歷史—我家在宜蘭，應知宜蘭史」網路教材第一章第一節 http://media.ilc.edu.tw/history_data/history/h01/index.htm。

〔註42〕 光緒元年改稱宜蘭縣：1875（光緒元）年，噶瑪蘭廢廳改縣，以噶瑪蘭的「蘭」字，冠上「宜」字，改稱「宜蘭縣」。從此「宜蘭」兩字便成為本縣的專屬名詞。宜蘭縣政府「蘭陽歷史—我家在宜蘭，應知宜蘭史」網路教材第一章第二節 http://media.ilc.edu.tw/history_data/history/h01/index.htm。

〔註43〕 國際童玩節：國際童玩節是在 1996 年開蘭 200 週年紀念時所構想的，當時縣長為劉守成。宜蘭縣政府觀光局 http://www.goilan.com.tw/dsriver/index.htm

〔註44〕 五結國立傳統藝術中心：位於宜蘭縣五結鄉五濱路二段 201 號。

〔註45〕 利澤簡看走尪：「走尪」的由來係早期居住在宜蘭縣五結鄉利澤簡的居民，每逢元宵節，村裏的壯丁便抬著神轎，到新婚不久的人家沖喜，據說具有避邪怯災的神力，五結鄉公所表示，由於神轎的行徑十分快速，村民稱之為「弄尪」。有一年，利澤簡鬧瘟疫，當地仕紳決定擴大「弄尪」的範圍，並由永安宮主辦神明繞境巡庄及抬轎過火競賽的儀式，俗稱「走尪」，居民咸相信這項風俗可去穢治邪，保佑平安，因而傳承不墜。地點：宜蘭縣五結鄉利澤村利澤路 26 號永安宮。轉載自行政院文化建設委員會 xhttp://web.hach.gov.tw/hach/frontsite/cultureassets/caseBasicInfoAction.do?method=doViewCaseBasicInfo&caseId=UE09605000062&version=2&assetsClassifyId=5.1&menuId=302&siteId=101。

畚箕型的葛瑪蘭平原—蘭陽（Pùn-ki hîng ê Kap-má-lán pîng uan---Lân-iông）

　　在清嘉慶元年，漢人中第一個入宜蘭開墾的就是吳沙，吳沙以頭圍為據點，創建了宜蘭第一個漢人聚居地，故稱為頭圍。說起宜蘭這個地方，在文獻上曾經出現的地名有，「蛤仔難」、「甲子蘭」、「噶瑪蘭」等不同的稱呼。清嘉慶 15 年，也就是西元 1810 年，收納噶瑪蘭地歸入版圖，西元 1812 年，也就是清嘉慶 17 年，清朝政府正式以「噶瑪蘭」之名設廳。說到宜蘭的名產有溫泉蔬菜、金棗、鴨賞、膽肝等。南方澳是個有名的漁港，礁溪當地有溫泉，而另一地方羅東是以冷泉聞名，有名的冬山河自 1996 年宜蘭縣政府改設為親水公園，並於每年的七月份宣稱為國際童玩節，以吸引世界各地孩童到此一遊，也為縣府帶來可觀的觀光收入。另外宜蘭的五結地方，宜蘭縣政府將之規劃成為一個傳統藝術中心，此地有精采的傳統藝術，及精湛傳統工藝可欣賞。然而到了五結在利澤簡的永安宮，其傳統文化在元宵節日的「走尪」更是著特殊的文化活動。宜蘭是台灣東北角大自然的美麗景觀，山臨海的景色更是美不勝收，其地形就有如是一個畚箕般的大平原。

新店向北二公路若開車（Sin- tiàm hiòng pak jī kong lōo nā khui tshia）

起起落落彎斡咱就順順仔行（khí khí lóh lóh uan uat lán tióh sūn sūn á kiânn）

有時爬敨或落嶺（Ū sî peh kiā iáh lóh niá）

翡翠水庫佇溪內待跤（Huí-tshuì-tsuí-khòo tī khe té kiā kha）

坪林歇睏哈茶嘛有小食（Pênn-nâ hioh khùn hah tê mā ū sió tsiáh）

過了坪林咱會經過縣界的山（khuè liáu Pênn-nâ lán ē king kuè kuān kài ê suann）

九彎十八拐沿路媠（Káu-uan-tsáp-peh-uat iân lōo suí）

『金氏紀錄』敢是即位（『金氏紀錄』kám sī tsit-uī）

東北角的山線有濱海公路（Tang-pak-kak ê suann suànn ū pin-hái-kong-lōo）

東海岸會看到彼座龜山島（Tang-hái huānn ē khuànn tióh hit tsō Ku-suann-tó）

龜山干若門神咧待衛兵（Ku-suann kan án mn̂g-sîn lê kiā uē ping）

保護葛瑪蘭永太平（Pó hōo Kap-má-lán íng thài pîng）

　　若是準備開車前往宜蘭，開到了新北市新店區往北二高公路行走，要到宜蘭的路是彎彎曲曲、上坡下坡路段，開車的人可就順著地勢慢慢的行駛，切勿貪快，一路上總是爬坡也是下坡的路段，正如翻山越嶺的才能走到宜蘭。路程中是會看到翡翠水庫，就建設在新店溪的支流的北勢溪下游；一路走就會到坪林，到了坪林這個位於新北市有名的產茶區，遊客們就可下車歇息，品嚐聞名甘甜的坪林茶，若是肚子餓了，這還有鄉間小吃可餵保肚子。走過了坪林也就是宜蘭縣與新北市的一段界山，這段山路蜿蜒曲折，連綿的轉彎煞是危險，也就是聞名的「九彎十八拐」，這段路雖說危險，卻也沿途風景秀麗清新脫俗，美麗的風光讓人甚是喜歡而不計較其危險，由於迷人的風景美麗到無法形容，其怪異獨特風景路程的北宜公路九彎十八拐，難道不該列入金氏紀錄嗎？沿路開到了台灣的東北角宜蘭，這條山線公路沿著海就叫濱海公路，在宜蘭的東海岸有著美麗、傳奇的龜山島，這雄偉的龜山島屹立在海中，有如門神般的站立衛兵，盡職的保護著美麗的蘭陽平原。

　　　　宜蘭號做噶瑪蘭（Gî-lân hō tsò Kap-má-lán）

　　　　三星〔註46〕號做 Á-lí-sái（Sam-sing hō tsò Á-lí-sái）

　　　　蘇澳蘇厝尾（Soo-ò Soo-tshù-bué）

　　　　冬山冬瓜山（Tong-san tang-kue-suann）

　　　　礁溪叫 Thñg-uî（Ta-khe kiò Thñg-uî）

　　　　南澳叫澳尾（Lâm- ò kiò ò -bue）

　　　　羅東叫 Láu-tóng（Lô-tong kiò Láu-tóng）

　　　　大同濁水鄉（Tāi-tông Lô-tsuí-hiong）

　　　　頭城號頭圍（Thâu-siânn hō Thâu-uî）

　　　　壯圍民眾圍（Tsōng-uî Bîn-tsiòng-uî）

　　　　員山仔有溪州果（Înn-suann-á ū Khe-tsiu-kó）

　　　　五結開拓的團體（Gōo-kiat khai thok ê thuân thé）

　　　　釣魚台是宜蘭的地（Tò-hî-tâi sī Gî-lân ê tē）

　　　　到如今毋知是誰的（kàu jû kim m̄ tsai sī siánn--ê）

　　宜蘭的舊地名叫做噶瑪蘭；現今的三星其舊名稱叫做 Á-lí-sái；蘇澳的舊名叫做蘇厝尾；冬山的舊時稱是為冬瓜山；礁溪的就地名稱做 Thñg-uî；南澳

〔註46〕三星：劉福助在此稱現今宜蘭三星的舊地名為 Á-lí-sái，宜蘭縣政府對外公佈名
　　　　稱為叭哩沙喃。見宜蘭縣政府觀光局 http://www.goilan.com.tw/dsriver/index.htm。

舊地名稱 Ò-bué；羅東舊名叫做 Láu-tóng；蘭陽溪舊名濁水溪，1947 年（民國三十六年）以前的宜蘭縣大同鄉舊名就叫濁水鄉；現今的頭城舊名稱為頭圍；壯圍的舊地名就叫做「民壯圍」、「鄉勇圍」；宜蘭的員山鄉還有個地方名叫溪州果；五結地方乃是當初開拓宜蘭的聚落；而釣魚台是屬於宜蘭縣的行政管轄區，但由於地理位置的重要性或資源性，乃吸引著列強都喧聲是屬自己所有權，現在還讓大家一片茫然，不知釣魚台是誰的？

　　劉福助的〈美麗海岸——宜蘭〉是最佳介紹宜蘭風光的導覽歌曲，假若有機會向外地人介紹起宜蘭，換個方式用唱的總比用說的好聽吧！這首歌曲也可以當作是宜蘭鄉土教學的補充教材，從宜蘭的地名說起歷史、認識家鄉，一首歌唱下來，家鄉的地理及歷史全懂了個了大半，不需教條式的死背，在歌唱中學習就是一種活潑有效率的學習方式，而用唱歌來學習語言也是很有效的方法。

第三節　〈輝煌古都——台南縣〉

　　講到台灣的發展史，台南是不可不提到的地點，很多人會稱它古城、古都、鳳凰市等，在在都顯示出台南的歷史悠久，人文滿載，劉福助因到處演唱，走遍台灣各地，對地景的書寫，自然不會漏掉歷史文化俱存豐富的古都。台南位處台灣西南平原的南端，西臨台灣海峽。1683 年（清康熙二十二年）台灣納入清朝版圖，台南自此步入歷史中輝煌燦爛的時期，至今數百年來累積了台灣文化精華，一級古蹟之多，首冠全台。

　　〈輝煌古都——台南縣〉共有七段。第一段從台灣的歷史說起，四百年來的台南既經祖先的血汗換來美稱。第二段述說台南各地區的舊地名，此段多達十六個舊地名。第三段敘述鄭成功趕走荷蘭。第四段續說鄭成功時代的舊地名，多達九個營名。第五段述說台南的歷史受外來文化的影響，形成特殊的遺蹟、老街、書院等。第六段再敘台南的舊地名多達十一個。第七段描述歌頌台南的歷史。

　　荷蘭人自西元 1624 年自台南入台，治理台灣，這是台灣的第一個外來政權，至今西元 2011 年（民國一百年），簡約的算法號稱台灣的歷史四百年。荷蘭自四百年前來到台灣，並以台南做據點開始建設治理台灣，台南就在先人這一磚一瓦堆砌下建城，所有的一路走來艱辛，都是先人的血汗打拼，才

見這優美的鳳凰城台南。

　　善化叫灣裡（Siān-huà kiò Uan-lí）

　　玉井焦吧哖（Kiȯk-tsénn Ta-pa-nî）

　　佳里叫蕭瓏（Ka-lí kiò Siau-lóng）

　　安定西港仔直加弄港（An-tīng se-káng-á tȋt-ka lōng-káng）

　　新市新港社（Sin-tshī sin-káng-siā）

　　下營茅港尾（Ē-iânn môo-káng-bué）

　　新化大目降（Sin-huà tuā bȧk-kàng）

　　鹹水月津港（Kiâm-tsuí Guȇh-tin-káng）

　　白河店仔口（Pȇh-hô tiàm-á-kháu）

　　永康埔羌頭（Íng-khong Poo-kiunn-thâu）

　　台南因歷史的悠久，在時間歷史的變化過程中，地名雖已都更新，仍充滿懷念的舊地名，台南善化舊名叫灣裡；玉井這個地方就稱為焦吧哖；佳里的舊地名叫作蕭瓏，安定舊時名為西港仔；目前台南的新市其舊地名就叫新港社；台南下營因地理位置就稱為茅港尾；新化當地舊時居住的族名是大目降，鹹水這個地方就地名就叫月津港，台南現今的白河，舊時稱為店仔口；現今的永康，其舊地名就叫埔羌頭。

　　楠西叫茄拔（Lâm-se kiò Ka-puat）

　　官田號官佃（Kuan-tiân hō kuan-tiân）

　　麻豆庄仔濟（Muâ-tāu tsng-á tsē）

　　關廟關帝廟街（Kuan-biō kuan-tè-biō ke）

　　將軍施琅的地（Tsiong-kun Si-lóng ê tē）

　　左鎮菜寮溪（Tsóo-tìn tshài-liâu-khe）

　　台南楠西舊名叫茄拔，有名的官田早期就叫官佃；台南的關廟舊時稱為關帝廟街；而將軍這個地方，乃因歷史施琅而號名。現今的左鎮，舊時的地名就叫做菜寮溪。荷蘭自西元 1624 入台治理，在西元 1662 年被鄭成功趕出台灣，台灣光復的功勞自然歸於國姓爺鄭成功，並以台南赤崁為治理中心，改制為承天府，這是台灣第一次台南改稱為府城。

　　後靖叫新營（Āu-tsing kiò sin-iânn）

　　鹹水有舊營（Kiâm-tsuí ū kū-iânn）

　　蕭瓏有下營（Siau-lóng ū ē-iânn）

下營有中營（Ē-iânn ū tiong-iânn）

麻豆西港有後營（Muâ-tāu se-káng ū āu-iânn）

善化小新營（Siān-huā sió Sin-iânn）

新市上大營（Sin-tshī siōng tuā iânn）

六甲林鳳營（Lak-kah Lîm-hōng-iânn）

柳營查畝營〔註47〕（Liú-iânn tsa-bóo-iânn）

至今有名無看見營（Tsì kim ū miâ bô khuànn kìnn iânn）

　　台南後靖這個地方，以往叫做新營；現今鹹水這個地方，早期有營稱；蕭攏有舊時稱下營；現今的下營又有舊時稱為中營；麻豆西港處也有舊稱為後營；善化叫做小新營，新市是大營；六甲這個地方也稱林鳳營，柳營這個地方就做查畝營，然而不管舊時稱有多少個營的地號稱，如今你到了台南，是仍可以找到這些地名，但卻無法看到這些營區。

　　經過長時間的歷史變遷，改朝換代下，以及外來文化的入侵衝突下，台灣的政經不穩定，人民的生活環境自然無法長期久安。然而，有得有失下，台灣也因這些外來的文化入侵，來自不同國度的治理者，帶來不同的文化，以致今天的台灣在文化上呈現了多元的面貌，台灣的古蹟、古城門、信仰中心的寺廟或教堂、居民居住的老街古厝，都各自有獨特風情；而今回首過去的悲情歷史，讓人心中無限感慨。

南化叫南庄（Lâm-huà kiò Lâm-tsng）

東山番社街線（Tong-san huan-siā ke suànn）

仁德叫塗庫（Jîn-tik kiò Thôo-khòo）

大來大武攏（Tuā-lâi Tuā-bú-lóng）

歸仁紅瓦厝（Kui-jîn Âng-hiā-tshù）

後壁叫後壁寮（Āu-piah kiò Āu-piah-liâu）

龍崎龍船（龍船村）及崎頂（Liông-kiā liông-tsûn kah kiā-tíng）

　　現今的南化舊時稱為南庄；台南現今的仁德，古名叫塗庫；台南的大來舊名叫作大武攏；現今的歸仁地方舊時稱作紅瓦厝；台南現今的後壁，舊名稱為後壁寮；現今台南的龍崎，舊稱有龍船和崎頂。

柳營號做查畝營（Liú-iânn hō tsò Tsa-bóo-iânn）

〔註47〕查畝營，非查某營，當地早期是駐紮專門勘查田畝的營都，故稱為查畝營。資料陳憲國提供。

七股舊名七股寮（Tshit-kóo kū miâ Tshit-kóo-liâu）
山仔頂叫山仔嶺（Suann-á-tíng kiò Suann-á-niá）
西港六甲學甲新營北門（Se-káng La̍k-kah Ha̍k-kah Sin-iânn Pak-mn̂g）
鯤身無改名（Khun-sin bô kài miâ）
北門南鯤身是全台王爺總廟（Pak-mn̂g Lâm-khun-sin sī tsûn-tâi ông-iâ tsóng-biō）

台南的柳營舊時稱作查畝營；台南有名的潟湖地區七股其舊時稱作七股寮；現今的台南山仔頂舊名叫山仔嶺；台南的其他地理諸如西港、六甲、學甲、新營、北門等有都有其舊時稱，而台南的鯤身，竟然沒有被更改過地名，實屬可貴；現今台南北門的南鯤身當地，還有台灣王爺廟的總廟就建於此地。

漢人入台開墾為時已久，自荷蘭時代開始、經鄭成功時、到清領時期，且人數眾多，這樣大量移入台灣，自然牽引著台灣的微妙變化，凡走過必留痕跡，歷史的記載，輝煌的台南古都城。

〈輝煌古都——台南縣〉，劉福助以大量的舊地名來做創作，這樣思古幽情的心意，讓人也欣然樂意。從歌曲創作保留了台灣的地理舊時稱，也是劉福助的一大特色，是刻意安排的文化保留，藉著歌曲的傳唱，沉醉古都的歷史，也神遊文化鳳凰城。以地名為創作不太容易做韻腳的一慣性，然而劉福助的創作特色之一是押韻的功力，在這種的歌曲，似乎就不是重要的表現，而是對歷史的情感，地方的了解。

第四節　小　結

本章節討論到劉福助對地景的書寫，我們看到了劉福助不是只專注在風景秀麗的描述，在地的文化情感更是重點。在本章所列出的地景〈念念少年——中和市〉、〈美麗海岸——宜蘭〉、〈輝煌古都——台南縣〉，都有各自不同的內容方向特點呈現。

童年生活的地景書寫：以一個回首童年生活來紀錄地景，從自己的出生地、童年的玩耍、到處巡禮自己所成長的地方，用現在的筆觸創作出〈念念少年——中和市〉。這種方式的特點，就讓大眾很清楚劉福助的成長兒童趣事，例如廟口聽故事、偷摘水果、無憂無慮的跳入溪水玩耍或抓魚、赤腳走

遍了中和市。另一個特色是將時空變化作紀錄，例如當時磚仔窯的煙囪是中和的地標，而今空無煙囪景物全然變化。另一方面也記載了自成長以來，所居住環境的位置名稱變化，以及建築物的遷徙過程。而最重要的是保留了當地人的生活印記。

　　自然美景的地景書寫：此章節我們討論到宜蘭的特殊景觀，宜蘭不止地理環境的特殊，人文習俗的特殊、語言腔調的特殊，都是宜蘭的驕傲。在此章節只針對宜蘭的地景做論述。宜蘭的自然景觀之美，人人稱讚，驚險又奇景的九彎十八拐，美到讓人只顧前往欣賞忘卻危險，東北角大自然的濱海公路的山海景色、海上的龜山仙島，如同宜蘭的守衛兵，從不離席努力的捍衛。然而宜蘭尚不只有得天獨厚的自然美景，還有豐富的自然資源，南方澳的漁港、礁溪的溫泉、羅東的冷泉，在在都顯示得天獨厚、鬼斧神工的宜蘭魅力，天然的畚箕，美不勝收的宜蘭。

　　古意盎然的地景書寫：此章節討論到文化的古都台南，台南是個歷史人文豐富的古城市，劉福助對於台南的書寫，盡是展現舊地名；用過去的地名憶起古老的時空，至今有名沒看見營，足見台南過去是重鎮，軍隊駐紮之多，因營地的所在而有營地名稱。在台灣的歷史因外來政權的入侵，也多以台南為政經的中心，所以台南這個地方，也就比其他地方多了份文化氣息且多元。

第九章 結 論

　　本論文藉由劉福助所提供的第一手資料，整理出台語流行音樂文獻，為日後文獻的累積做基石。也以引用歌詞整理出台語語料，除了語音文字化的保留，也能做為教材的一部分。本論文透過台灣歌謠創作者劉福助的生平，了解他如何走上台語歌壇的生命歷程。另外，也特別將劉福助的具有民謠風格的創作內容，進行幾個層次的分析，如科諧幽默、語言的南腔北調、家庭社會觀點、以及台灣習俗及台灣地景的描寫。

　　在第二章劉福助的演藝歷程方面，討論到劉福助因從小聽了一首台語歌曲後，因而受感動進而立志，立志要創作很多的台語歌曲，唱給大眾聽，也期望感動大眾，這個理想終於達成實現，也被大眾肯定。然而在達到此成就過程中，自然要經過一番的努力，其中最難能可貴的，就是不管什麼狀況下，從不放棄心中的最愛與立志，說台語、唱台語、寫台語，而今對劉福助的創作成就有目共睹。劉福助的創作，不只被用來傳唱，若是使用劉福助的創作，來作學童本土語言的教學補助教材，實收教育之功能，且符合了編寫教材的原則之一，即是生活化；在日常生活中就能讓學童從歌曲識得台灣的文化、語言、文學。

　　也就是在堅定不移的堅持下，其創作也深獲各界肯定，並且榮獲各項獎項，也是實至名歸。而堅持不因得獎而停止，在邁入西元 2000 年後，仍見到其創作，創作的方向仍秉持心中的最愛，就是創作台語歌曲，最時近的專輯就在 2011 年（民國一百年）發行。目前的劉福助更不因歲月的增加，而滯怠創作，反而是心中更強烈的聲音、更篤定的堅持，加緊腳步，為台灣文化、語言、文學做傳承。

　　自稱「小劉」的劉福助，在他的創作中，尤其在編曲方面，他賦予了台語語言更多的活力與旋律，因為喜愛台語、了解台語、深戀台語、並善用自己母語語言聲調特徵的旋律，將語言聲調與音樂旋律結合的相得益彰、如魚得水般的流暢，創作中自然地將實現情感真實流露。不管是在語言聲調的善用，或是韻腳押韻的靈活，以及用字遣詞的俏皮如頑童、逗趣如雞蟲外，精采的總在駿馬加鞭、一語破的言語妙天下，而非絮絮聒聒、冷言冷語、唇槍舌戰。亮眼的成就，得到廣大的熱烈的迴響，其背後的努力自不在話下。在此有討論到劉福助在打拼的同時，也有夥伴合作的加分。合作的夥伴不管是台語歌壇老前輩呵護提攜，如葉俊麟、增仲影等人；或是共同攜手加油打氣的好友們，如林文隆、呂金守等人；或是唱片發行公司給予的機會，如藍虹、上工等人。劉福助在天時人和地利下，懂得善用舊瓶裝新酒來傳遞傳統，是其創作一大特色。

　　在第三章討論到劉福助的創作特色，此章以科諧幽默作品為主要討論，並引用〈我會驚驚〉、〈劉福助落下頦〉、〈十八拐〉為例。劉福助將笑看人生的筆觸，轉用在他的創作中，呈現出詼諧幽默的歌曲，也引起不同的凡響。面對人生時，工作的困擾、事業中的困惑、生活角色的無法兼顧，在在讓人不能輕鬆以對。而劉福助以輕鬆口吻的筆觸，來述說人生的困擾；甚至在面對不堪的遭遇時，也用詼諧幽默的口氣一一道出實情，倒反讓人不覺輕鬆許多，不再鬱鬱寡歡。用幽默以對的對象是要加以選擇，不是每個人都可以被幽默一番，故劉福助不只以自己當被消遣被幽默的對象，連自己的家人也沒放過。但當以他人來做被幽默、被消遣的對象時，總不忘在結束前說清楚講明白，是自己在亂放炮使幽默，大家就聽聽唱唱笑笑後，不要放在心上。

　　另外在科諧幽默的呈現，除了內容的科諧幽默以外，劉福助使用了語言的混用於創作中，在〈我會驚驚〉、〈劉福助落下頦〉中都有呈現。在創作中因語言的混用，也加強了科諧幽默的程度。用簡單朗朗上口的外來語言，加上華語，與台語共同表現於創作中，唱起歌來也新鮮味十足，例如「You『怕』me、me『怕』who」、唱完『再見』後擺才閣來等。

　　在第四章討論到劉福助的創作特色，以南腔北調作品為主要討論，並引用〈宜蘭腔〉、〈阿媽蹛永靖〉為例。台灣因族群多，故語言的種類多，除去原住民語言、客家語言、華語語言、外籍配偶語言外，針對台語就有地方性的方音差異，而這種方音差也形成語言的特色。在顯而易見、且眾所皆知的台

語獨特性語音，以宜蘭、永靖、關廟各自獨特，魅力非凡的吸引愛好語言的人，及研究語言的學者。劉福助對生活的觀察仔細，到各地演唱時，也不忘記錄當地語音，而將所記錄的語音轉化成歌曲創作，此類的創作也別有一番地方文化風味。

「宜蘭腔」、「永靖腔」讓人感覺特殊的原因，最大的特點在於「宜蘭腔」「永靖腔」的語音，在韻母部分有別於其他地方。宜蘭人說起話來「uinn」「uinn」不絕於耳，這是「漳州音」獨特的韻母。「uinn」，乃是《彙音妙悟》中的「毛」韻，唸 uinn 韻；例字如「酸」suinn[55]。彰化縣永靖鄉當地人說話的獨特腔調，是屬於閩南語漳州音系，主要是將有韻母「ing」說成「ian」韻母。台灣的南腔北調各自獨特，語調語音的豐富，為台語的精采點之一。

在第五章討論到劉福助的創作特色，以家庭與勸化作品為主要討論，並引用〈祖母的話〉、〈歹歹尪食袂空〉、〈尪親某親老婆拋車轔〉、〈講到薰火就著〉、〈啉酒人〉、〈侷毋通博〉等歌曲。在家庭類討論以〈祖母的話〉、〈歹歹尪食袂空〉、〈尪親某親老婆拋車轔〉為例。男大當婚女大當嫁，天經地義，家庭新角色、新成員、新生活；自己對於新角色當有所正確的心態，夫妻相處恩愛如蜜且應相互尊重；婆媳相處之道，婆婆視媳如親女，疼愛有加；媳婦待婆婆如母親，關懷備至；彼此體諒、互相關懷，面對人生的新角色、新生活，更應真心彼此融入。

在討論勸誡不良習慣的歌曲，戒菸類以〈講到薰火就著〉代表、飲酒類以〈啉酒人〉代表、戒賭類以〈侷毋通博〉代表歌曲。生活品質要優，首先要有健康的身體，所謂留得青山在，不怕沒柴燒；若有健康的身體，就不能養成不良的嗜好，來破壞幸福快樂的生活，而菸、酒、賭，乃是破壞幸福快樂的生活罪魁禍首。劉福助在娛樂界目睹友人，因染上不良嗜好，而斷送家庭幸福、光明前途的大有人在。菸、酒、賭都屬慢性入侵，一旦警覺都難以立即戒掉，所以在其創作中，總苦口婆心的加以勸導，戒掉了菸、酒、賭，生活會更好。

在第六章討論到劉福助的創作特色，以事業與勵志作品為主要討論，並引用〈行行出狀元〉、〈一年換二十四個頭家〉、〈吃頭路人〉、〈兩岸二家艱苦A〉、〈樂樂樂（大家樂）〉、〈股市大賺錢〉等歌曲。拼經濟為了過好生活，誰都不嫌錢多，誰都想成為富翁。一夜致富讓小市民夢寐以求，但若不腳踏實地努力工作，恐怕工作不保。而小市民往往為了能擁有財富，而產生一夜致

富的美夢。為了加速實現夢想,常常出現一些怪誕荒繆、與脫序的行為出現。在台灣曾以大家樂和股票投資,讓人瘋狂不已。劉福助是從小就靠自己努力打拼出來一片天,打拼的過程,甘苦深刻,故將甘苦談化為創作呈現,除了勉勵大家對事業打拼應有的態度外,也讓大家瞭解一夜致富的心思,不如努力打拼。

在第七章討論到劉福助的創作特色,以台灣習俗作品為主要討論,並引用〈二月頭牙〉、〈十二月送神、尾牙、揀做堆〉、〈五月端午節〉、〈七月中元大普渡〉、〈烏面祖師公〉等歌曲。劉福助將台灣的節日習俗化為流行歌曲傳唱,記錄了習俗文化。台灣的生意人,在每個月的農曆初二、十六會有向土地公膜拜,祈求生意興旺,台灣民眾稱為「做牙(tsò-gê)」。一年當中,以農曆的二月初二稱做「頭牙(thâu-gê)」,農曆的十二月十六日是最後一個牙,叫做「尾牙(bué-gê)」,從頭牙到尾牙,法律沒有規定要在台灣的人民,需對土地公膜拜,但生意人莫不誠心膜拜,心中向土地公祈求能順利賺大錢。

台灣的三大節日之一,五日節的熱鬧,慶祝的活動,一一躍然劉福助的創作。五日節從備料綁肉粽、祭祀祖先、立雞蛋、飲用午時水、划龍舟競賽、門口插艾草等,一目了然的習俗記載。另外討論到神祕讓人生畏的中元節,說著人鬼疏途,然而台灣人對陰界的示好與友善的心意,在中元大普渡節日,完全大方呈現,膜拜的民眾豪不吝嗇,以多量的祭品來膜拜。而劉福助將這般的心意與習俗,以歌曲呈現。若要了解台灣的節日習俗,此章引用劉福助的歌曲,是為輕鬆易懂的入門。

在第八章討論到劉福助的創作特色,以台灣地景作品為主要討論,並引用〈念念少年——中和市〉、〈美麗的海岸——宜蘭〉、〈輝煌古都——台南縣〉等歌曲。讀萬卷書,不如行萬里路,劉福助因常在各地演唱,又加上善於觀察作紀錄,也因此對台灣各地或多或少,都有些許的了解。討論到台灣地景,首先以劉福助最熟悉與感情最深的地方,莫過於是自己的成長家鄉新北市中和區。〈念念少年——中和市〉討論到劉福助自己成長的孩童趣事,除了將家鄉的地景一一傳送,也記錄了中和市內一些底區的舊地名。

在討論〈美麗的海岸——宜蘭〉地景,宜蘭是台灣北部著名的海岸線,風景秀麗、鬼斧神工般的大自然美景,令人嚮往;從新北市的新店前往宜蘭,走北二公路,途經九彎十八拐的奇景,以及沿路的高低起落,柳暗花明又一村的美景,不時出現眼前。到了宜蘭還要向宜蘭的守護衛兵龜山島巡

禮一番，不然可會遺憾了。〈輝煌古都——台南縣〉討論在台灣的南部，有著歷史悠久，人文氣息濃厚的台南。台灣開發史的第一站，充滿著歷史的氣息，有人叫它鳳凰城、有人稱呼億載金城、有人叫古都、有人稱台南府城，不管對它的稱謂為何，永遠是心中歷史的印記、人文氣息濃厚且多元的台南。

　　劉福助常在公開場合說出自己深感使命，就想保存與發揚祖先留下來美麗的東西，雖然劉福助沒有表達出來，這個美麗的東西原來是這麼重要的台灣文學，但其盡心盡力的維護，在努力的催生下，《呦呦台灣　臺語歌謠》專輯發行，自己在記者會上又再度提到，祖先所留下的東西，是如此的實用、有趣、又美麗；所以花了不少時間做出整理，如此努力的執行，唯一目的就是要保存祖先美麗的語言、文學。2008 年已被聯合國大會宣佈為國際語言年，根據聯合國教科文組織報告指出，世界 6,000 種語言中，約 2,500 種瀕臨危機的語言，每兩周就有一種語言消失，台灣現今 16 個原住民族群的語言，都被列入瀕臨滅絕危險。足見劉福助對台語保存、極力傳承的心態，值得嘉許與支持。抱著珍視與傳承的心思，用心的將引用劉福助的歌曲，或台灣俚俗諺語，全部以台羅拼音系統加註於旁，總是為了保留台語聲音的紀錄，也為台語拼音的書面化加速催成，提供作後續相關的議題研究資料。

附　錄

附錄一　劉福助生平大事記

時　間	內　　　容
1940	出生於臺灣，臺北縣中和市。
1947	入校於臺北縣中和國民小學。
1952	畢業於臺北縣中和國民小學。
1956	受民本電台邀請上「大家唱」節目，一鳴驚人，此後成為電台常客。
1957	拜許石為師，學習台語歌謠演唱技巧。
	開始全國巡迴演唱，展露台語歌謠演唱才華。
	應大王唱片公司等邀請，開始錄製合輯〈思相枝〉、〈丟丟咚〉、〈卜卦調〉、〈五更鼓〉、〈桃花過渡〉、〈病子歌〉、〈草螟弄雞公〉、〈茶山相褒〉……等專輯歌曲，於民間廣為傳唱。
1960	當兵入伍於馬祖中興康樂隊擔任主唱兼教唱工作。
1964	《惜別港岸》海山唱片國語歌曲專輯發行，是退伍後第一張專輯，整張曲目為日本曲，直接套入國語歌詞的混血專輯，定價 25 元。
1967	譜曲創作第一首台語歌謠「安童哥買菜」，樂壇驚為奇作，評價甚高。
1968	《思相枝／安童哥買菜》專輯發行，五龍唱片出版社　WL-1001 1968 年 3 月 10 日出版；1972 年 3 月再版。
	《安童哥辦酒菜》專輯發行，五龍唱片出版社　WL-1005。 註：與《黑面祖師公／六月田水》僅主打歌曲及專輯名稱不一樣，編號也相同，詳細曲目見附錄四。

	《黑面祖師公／六月田水》專輯發行，五龍唱片出版社 WL-1005。
	《三線路》專輯發行，五龍唱片出版社 WL-1013。 《歹命子》專輯發行，五龍唱片出版社 WL-1123。
	《白色的太陽》國語歌曲專輯發行，環球唱片公司出品 ULP5035。
	《劉福助之歌第二集》再版發行，環球唱片公司 ULP N0.5052。
	《西門町之夜》570109 環球唱片廠出品 ULP N0.5062。
	《中廣群星金唱片②》華聲唱片廠出品 570705，中國廣播公司監製。
1969	《淚洒愛河橋》國語歌曲專輯發行，580501 華聲唱片 KHS-9035。
	《四季計程車》5802 五龍唱片出版社 WL-1022。
	民國 58 年 8 月孔雀唱片企業公司出版電影《牛郎織女》主題曲，與楊麗花、美黛、洪惠聯合主唱，KLL-3021。
	《祖母的話》專輯發行，華聲唱片廠出品 KHS-9037。
	《行行出狀元》專輯發行，華聲唱片 KHS-9038。
	《明日之星選曲》專輯發行，580420 台聲唱片公司與中國廣播公司共同發行。中國廣播公司與中國電視公司合辦選拔「明日之星」歌唱比賽指定 曲示範演唱唱片定價 30 元。
1971	《尪親某親老婆仔拋車輾／趒草歌》錄音帶專輯發行，麗歌唱片廠股份有限公司 AK806 局版台音字第 0092 號。 《尪親某親老婆仔拋車輾／趒草歌》唱片專輯發行，麗歌唱片廠股份有限公司 AK806 局版台音字第 0092 號。 註：編號一樣，但曲目有所不同，詳細曲目見附錄四。
	主唱台灣電視公司閩南語連續劇主題曲《西北雨》（播出期間：1971 年 9 月 9 日至 1971 年 10 月 30 日，共 45 集），以及閩南語連續劇主題曲《金瓜石》（播出期間：1971 年 11 月 22 日至 1972 年 1 月 12 日，共 45 集）。
	《歹歹尪食袂空》專輯發行，華聲唱片 KHS-9046。
	《嘉慶君遊台灣／大人啊！後擺我不敢》專輯發行，麗歌唱片廠股份有限公司 AK828-B 內版台音字第 0283 號。
1973	《偏不通博》專輯發行，麗歌唱片廠股份有限公司 AK876 ST33。民 62 年 1 月發行，同年 10 月再追加發行。
	《我不再嘆息》國語專輯發行，麗歌唱片廠股份有限公司 AK-895。
1974	《堂堂二等兵／劉福助落下咳》專輯發行，麗歌唱片廠股份有限公司 AK-920。

	《千金小姐萬金和尚》專輯發行，麗歌唱片廠股份有限公司 AK-941。
	《一年換 24 個頭家》專輯發行，麗歌唱片廠股份有限公司 AK-959。
	《鄉音新曲》與簡上仁錄製專輯發行，金聲唱片公司。局版號台音字第 0006 號。
	主唱中華電視公司閩南語連續劇主題曲《朱洪武開國記》（播出期間：1974 年 3 月 9 日至 1974 年 5 月 22 日，共 61 集）。
1975	《一樣米飼百樣人／請你免生氣》專輯發行，麗歌唱片廠股份有限公司 AK-984。
1976	《七揀八揀揀一個賣龍眼／你想什款》專輯發行，麗歌唱片廠股份有限公司 AK-1026。
	《埔里小姐》專輯發行，麗歌唱片廠股份有限公司 65 年 12 月 MLP-2082。
1977	《宜蘭人／出外人》專輯發行，麗歌唱片廠股份有限公司 AK-1059。 局版台音字 0092 號。
1978	《十八拐／牽仙調》專輯發行，麗歌唱片廠股份有限公司 AK-1108。
1980	主唱台灣電視公司閩南語連續劇主題曲《嘉慶君遊臺灣》（播出期間：1980 年 3 月 31 日至 1980 年 6 月 7 日，共 60 集）。
	台灣電視公司綜藝節目《綜藝兵團》，與余天共同主持（播出期間：1980 年 10 月 19 日至 1981 年 9 月 27 日，共 49 集）。
1983	為台視錄製「光復節特別節目——劉福助專輯」。
1984	《落下頦／十一哥仔》專輯發行，華聲唱片廠 KHS-9043。 《中國酒拳／驚驚》專輯發行，藍天唱片音樂有限公司 LT-6002
1986	《台灣歌謠 1》專輯發行，麗歌唱片股份有限公司 EAN 碼／UPC 碼：4714645801545 《台灣歌謠 2》專輯發行，麗歌唱片股份有限公司 EAN 碼／UPC 碼 4714645801152 《台灣歌謠 3》專輯發行，麗歌唱片股份有限公司 EAN 碼／UPC 碼 4714645801569 《台灣歌謠 4》專輯發行，麗歌唱片股份有限公司 EAN 碼／UPC 碼 4714645801576 《台灣歌謠 5》專輯發行，麗歌唱片股份有限公司 EAN 碼／UPC 碼 4714645801583
	《樂樂樂大家樂》專輯發行，藍天唱片音樂有限公司 LT-6001 《十惡》專輯發行，藍天唱片音樂有限公司 LT-6003
	參加台北市立國樂團「傳統藝術之夜——南腔北調民歌揚」團長陳澄雄頒發表現傑出獎。

1987	以《十憨》專輯獲七十六年度「唱片金鼎獎」之優良唱片獎。
1988	榮獲新聞局長邵玉銘頒發「年度優良男歌唱演員」獎。
	榮獲台灣電視股份有限公司頒發傑出貢獻獎。
	參加「台北市傳統藝術季」市長許水德頒發表現傑出獎。
1990	《懶系查某／度小月／六道輪迴》專輯發行，臺北市巨豪唱片公司發行。
	參加「台北市傳統藝術季」市長吳伯雄頒發表現傑出獎。
1994	《二十四節氣[上]》、《二十四節氣[下]》專輯發行，麗歌唱片股份有限公司。
	榮獲 83 年金鼎獎「唱片金鼎獎」之金鼎演唱獎。
	以〈雞婆三〇一〉榮獲 83 年金鼎獎之最佳作曲人獎。
1996	《台灣人的願望》專輯發行，麗歌唱片股份有限公司。
1998	《心事千萬條》專輯發行，偉翔文化股份有限公司。
2001	擔任台灣新寶島視障藝文協會歌唱指導老師
2002	榮獲九十一年電視金鐘獎「歌唱音樂綜藝節目主持人獎」。
2003	榮獲九十二年電視金鐘獎「歌唱音樂綜藝節目主持人獎」。
	赴新加坡公演，演唱台語歌曲，當地中英文媒體爭相報導。
2004	榮獲九十三年中華文藝獎章，本土文化貢獻金音獎。
2008	《燒酒愈飲負債愈深》專輯發行，創意影音多媒體股份有限公司。
2011	《呦呦臺灣、臺語歌謠》專輯發行，國立台灣傳統藝術總處籌備處，臺灣音樂中心，1000429 記者會

製表人：賴明澄

附錄二　訪談紀錄

【說明】

1. 與劉福助老師對話多使用台語，以下記錄以中文呈現對話內容。

2. 以筆者及劉福助二人之姓氏為代表各自所說的內容，基於保護受訪人，有關劉福助的電話及地址並不明示，僅以○符號代表之。

日期：990916（四）　　　20：00	方式：訪談
地點：台北縣中和市○○路○○號○○樓，劉宅	

內容：

賴：福助老師，我來了。

劉：你好

賴：不好意思，打擾了？

劉：沒有。開始問吧。

賴：老師，你是中和市人，那是從小就住在哪，還是從什麼時候搬到那定居？中間有沒有搬離過中和市？

劉：我就出生在此，沒有搬離過中和市，只有離開到外地作秀，或出國在他地暫居，到現在仍定居在中和市。

賴：那老師的求學過程可否談談？

劉：我沒有什麼高學歷，沒讀什麼書，只有在中和市的中和國小讀過。

賴：老師沒繼續升學是為什麼？

劉：最主要是家中的經濟在當時並不富裕，加上從小我們很早就有要自己賺錢的意念，看到爸爸辛苦賺錢養家，以及當時的時代學歷並不是很重視或需要。

賴：那老師為什麼立志走上唱歌之路？

劉：這說來還要想一下。應該從我在小學開始說起。從小就愛哼哼唱唱，而最愛哼唱台語歌謠，在十一歲那年，第一次從收音機聽到中廣播出台語歌謠「秋怨（tshiu-uàn）」，受到莫名感動，於是立志將來要創作很多台語歌謠。

　　一種莫名的感動深植在內心，也更加確定自己的立志，未曾動搖過的信念就是喜歡唱台語歌，以及要創作很多台語歌謠。這樣的感動、立志，讓自己更顯喜愛唱歌，也從未間斷過哼唱台語歌謠。一路一直如此走來，在十五、六歲時，有了表現的機會，自己被當時的「民本電台」邀請上「大家唱」節目，初次的表現一鳴驚人，讓人難忘也受聽眾喜愛，此後成為電台常客。十七歲開始就做全省的巡迴演唱，開始展露我台語歌謠演唱才華。

賴：好神奇哦！

劉：就這樣啦！也沒什麼偉大可說的。最主要的就是我從來沒有要放棄過這個念頭。

賴：老師那你的第一手發表創作是哪一首歌？在哪一年？

劉：應該是在民國五十五年或五十六年吧，是〈安童哥買菜〉。

賴：老師，不可以應該啦，你要確定發表時間啦，這樣我的論文資料呈現的才是正確的。

劉：是，確定是五十六年啦！

賴：是〈安童哥買菜〉沒錯嗎？

劉：沒錯。

賴：〈安童哥買菜〉這首歌我看到有的資料上寫著做詞是葉俊麟先生，而不是你，所以詞是葉老師做的了？

劉：應該是這樣講，當年在創作此首〈安童哥買菜〉時，在歌壇上因為是屬晚輩分，加上年紀較輕，第一次的創作發表能與葉俊麟合作，實屬光彩殊榮，加上葉俊麟提供不少的提議思考與指導，歌詞上是由二人共同完成定稿，在發表上，因為作曲已標寫自己，心中感念與尊重前輩的厚愛，在作詞上就只列出葉俊麟。

賴：所以做曲就是老師單獨完成創作了？

劉：沒錯！

賴：（此時旁邊有人與老師說話）那我們先講到這，我再跟老師聯絡。

劉：再見。

日期：991018（一）　　　　19：30	方式：訪談
地點：台北縣中和市○○路○○號○○樓，劉宅	

內容：

賴：福助老師，我來了。

劉：嗯嗯！

賴：老師，我整理一些你的專輯，還是有些資料需要你處理一下，實在找不到歌詞或沒找到發行時間及發行公司。

劉：很多嗎？

賴：也還好，老師我先問一下有一張專輯《懶系查某／度小月／六道輪迴》，我收集不到它資料。

劉：哦！這張專輯我也忘了什麼時候錄製的。在錄製完後，公司就倒閉，然後就逃到大陸去躲，後來也沒再發行。

賴：所以老師你這兒沒有這張專輯資料可以提供給我？

劉：是沒有。

賴：那好可惜。

劉：還有嗎？

賴：還有《中國酒拳　驚驚》、《樂樂樂大家樂》、《宜蘭人》、《家慶君遊台灣》、《三線路》、《阿清伯》等資料。

劉：啊！那麼多，我沒辦法告訴你，有些好像我也不好找到資料，很久了。

賴：那我們應該怎麼解決？

劉：這樣好了，我們再找個時間，再看看。

賴：那老師認為什麼時候呢？我假日可以。

劉：那就這星期六下午吧！

賴：那我大概下午2點半過後，最晚3點前到。

劉：到了你就先跟警衛說一下。

賴：好！那就星期六下午見了。

劉：嗯嗯！

日期：991023（六）　　　14：50	方式：訪談

地點：台北縣中和市○○路○○號○○樓，劉宅警衛大廳

內容：

賴：你好，我與福助老師有約，麻煩你幫我通報一聲說我到了，我姓賴。

警：麻煩你等一下（警衛撥電話，響了一下子）。

警：好像沒人在家，沒人接電話，他知道你要來嗎？

賴：我們有約好的，沒錯的，那你有看到他外出嗎？

警：他如果外出我也看不到，他開車會直接從地下室出去。

賴：那他有交代你任何東西嗎？

警：沒有，要不請你打手機給他一下。

賴：老師，我是明澄，我現在在你家警衛這，你不在家嗎？

劉：啊！不好意思，早上臨時有事外出，我有交代一份資料要給你，你在那等一下，我打個電話聯絡一下，再打給你。

賴：嗯嗯。

劉：明澄，不好意思，交待要拿資料給你的人，等你到兩點的時候，因為未見你來，也就先外出了。這樣好了，我回去的時候再用宅急便請人送資料給你，你把家中地址留給警衛，我回去他會交給我的。

賴：那好吧！很可惜沒能見到面，那我把帶來的文件留在警衛那，你撥空看一下，文件上有缺的資料，你一定要多看一下。

劉：那就這樣，我們下次再約好了。

賴：嗯嗯。再見！

賴：警衛先生，我與劉福助先生聯絡好了，我這包東西放在你這，福助老師回來時麻煩你一定轉交到他手上。

警：一定會的。再見。

日期：991115（一）　19：40	方式：電話

地點：台北縣中和市○○路○○號○○樓，劉宅警衛大廳

內容：

賴：福助老師，不好意思又來了。

劉：不會不會。

劉：嗯，把握時間講吧。

賴：老師你在 83 年時的得獎作品《二十四節氣下》中有一首歌叫做〈雞婆的三○一〉，請問這個歌名有什麼意義？雞婆是指誰？三○一是什麼？

劉：哦！你說這個。當時在寫〈雞婆的三○一〉時，因為當時的台灣人常受美國所謂的 301 條款，動不動就要對台灣施加處罰壓力。其原因是說台灣人沒有保育觀念，常濫殺保育動物以飽口慾。記得當時還曾因為外國的環保團體拿台灣喜歡用犀牛角產品、還有虎標萬金油、還有台灣人特別愛吃野生動物，以致犀牛、老虎等遭濫殺，甚致於保育類動物都遭濫殺。言下之意就認為台灣人慘忍無道，一點都不愛護動物。

　　那時我覺得美國人太雞婆了，自己家管好就好，那用得著一直來管台灣？當時的新聞也不斷報導此事，我聽了心中確有不適，所以以此事件做了這首歌，自然也要勸人不要為了滿足口慾、或物慾，而濫殺動物。雞婆是指美國，301 是指條款。

賴：老師你沒講，還真猜不透看不懂。那老師你那有歌詞嗎？

劉：有，我影印給你。

賴：老師你有一些關於地名的歌曲，專輯叫《美麗的福爾摩沙──台灣》，你那有沒有歌詞可以給我參考。

劉：哦！這張專輯還沒有發行，正在籌備中。

賴：不會吧！老師我手中已有這張專輯的所有單曲，而且我已經在我的網路電台節目中播出[很多首歌了，這樣會不會影響你呢？

劉：沒關係！還在籌劃進行中，有些友人也先聽過。

賴：那我日後還能再播出此專輯的單曲嗎？

劉：哪個節目？

賴：是慈濟大愛網路電台，節目叫做「Formosa 台語，明澄講義」。

劉：沒關係！專輯邊進行編修正當中。賴：那老師對這專輯有何想法？

劉：完成《美麗的福爾摩沙──台灣》是我的一個理想的夢，我目前正在著手製作《美麗的福爾摩沙──台灣》，總共有一、兩百首的歌曲，最主要的是將台灣在地的歌謠，其內容包括各地風俗、人文、禮儀、全省地方的舊地名等，將它化為歌曲以傳唱，期待對下代有教育功能或文化、語言的保留功能，這項大工程耗資估計新台幣八百萬元，到目前已接近完成，已經有些朋友搶先過，聽了都很感動，由於經費龐大，我也曾經向新聞局和文建會申請補助，可惜政府機關總是外行人、理論主導，公文、行政流程僵化冗雜，在申請等待的過程中，我自己花錢找樂師、錄音師，砸了三百多萬元還是沒能完成，不過我會想辦法盡快實現我的夢想。

賴：老師提到一兩百首歌曲，這專專輯有這麼多首歌嗎？

劉：不是的，除了這張專輯外，我計劃將重新整理過我所有的創作，好做一個更完善的保存。

賴：那很棒啊！可是工程可能很浩大。

劉：所以要花很長的時間來完成。

賴：那老師如果有需要我幫忙就喊一聲囉。

賴：那今天我先問到這，謝謝老師囉！

劉：慢走，再見。

日期：1000227（日）21：25	方式：電話

內容：

賴：福助老師，我是師大賴明澄。

賴：〈宜蘭人〉這首歌作曲是你，作詞是呂金守，對嗎？

劉：沒錯！作詞是呂金守，對嗎？

賴：在〈美麗的海岸──宜蘭〉中，九彎十八拐有金氏紀錄嗎？

劉：沒有正式參加啦！是我自己認為美麗到沒地方可以跟它比。

賴：還有其中一句「員山溪州果」，是什麼水果我查不到？

劉：不是水果，是地名啦！

賴：在《偌不通博》有一句「博三公」是啥意思？

劉：那是撲克牌的賭博玩法一種，很複雜，你沒在玩說不清楚啦！

賴：那先問到這。再見！

劉：再見再見！

日期：1000420（三）	方式：電話

內容：

劉：明澄，我是劉福助啦！

賴：老師好。

劉：我跟你講，我有查《阿清伯》專輯沒有寫發行年代，只有發行公司，局版號台音第 011 號。

賴：我知道是葆德唱片發行的，因為查不到發行年所以只好問你。

劉：《西門町之夜》我要再查才能確定，好像是環球吧！

賴：老師，不可以好像啦！還有《埔里小姐》、《淚洒愛河橋》、《中廣中視明日之星指定選曲》我都沒有資料。

劉：我再查查看。

賴：老師還有〈祖母的話〉這首歌，我有看到在作詞者是寫游國謙，作曲是寫你，但有些是兩個都寫你，到底那個是正確的？

劉：哦！作詞作曲都是我啦！游國謙是我一個交情深厚的好朋友，在當時年代因為沒有版權概念，又想不好意思整首歌做詞作曲都是我一人，所以在作詞上寫上自己的好朋友，版稅一都是我在領的。

賴：在〈十憨〉中有提到牛魔王和白齒，是啥意思？

劉：都是蘭花品種的名字，牛魔王品種比較大比較貴，在當時是新品種，另外那個不是白齒（khí），是白芽（ínn），白芽的品種是生長有希望的意思，因為長出白色的芽。

賴：還有〈美麗的福爾摩沙──台灣〉這首歌，一開始有一些聲音我聽不懂意思，是不是原住民的歡呼聲，那一族的叫聲？或是其他意思？如 Iau-thê、i-sing、liû-kiû、ih-sia-ia。

劉：不是 Iau-thê、i-sing、ih-sia-ia，是刁地（Tau-thê）、夷形（î-sîng）、夷夏（î-siā）；那不是原住民的聲音，是在古早時期台灣被稱呼的名字。

賴：哦！那我清楚了。

劉：在 0429 那天，我有個記者會要開，是文建會辦的，那天你有空也過來，到時我們再說清楚。

賴：我知道了，是童謠專輯吧！我的指導教授前兩天剛好有提到此專輯哦！那天幾點呢？在哪裡？

劉：我也不知道，我知道後再打電話給你。

日期：1000422-1（五）13：00	方式：電話

內容：

劉：明澄，我是劉福助。

賴：老師好。

劉：我跟你講，你拿筆記下來。

賴：好，來老師請講。

劉：《西門町之夜》是民國 57 年 01 月 09 日發行，是華聲唱片公司。《淚洒愛河橋》是國語專輯 580501 發行，華聲唱片公司。《埔里小姐》65 年 12 月發行，麗歌唱片公司。《中廣中視明日之星指定選曲》這種有兩張，明日之星比賽指定曲是 580420 發行，是中廣和台聲唱片公司合作發行。另外一張《中廣群星之星選曲》570705 是中廣和華聲唱片公司合作發行。《歹歹尪食袂空》是 60 年發行的。

賴：好了。

劉：其實我在退伍後發行的第一章唱片是《惜別港岸》，這是一張混血唱片，當時都是拿現有的日本曲，直接套上詞，就開始灌製。當時候一張唱片才賣 25 元，真是便宜，這張是由海山唱片發行的國語專輯，那時候海山唱片公司的電話是 502，只有三碼，想不到那時電話只有三碼的時代。

賴：還真不可思議。

劉：還有嗎？

賴：若有就再麻煩你囉！

日期：1000422-2（五）13：30	方式：電話
地點：	

內容：

賴：福助老師，我是明澄。

賴：剛忘記問《三線路》何時發行？

劉：是五龍唱片公司發行，和《思相枝》同年。

賴：所以是 57 年發行，還有先前老師說過您在十一歲時聽到〈秋怨〉這首歌。這首〈秋怨〉是楊三郎作曲，周添旺作詞的那一首嗎？

劉：是啊！

賴：不過〈秋怨〉這首楊三郎發表時是在 1957 年，算下來老師那時應該是 15、16 歲了，老師有沒有記錯？

劉：不是這樣的，看發行年代不準啦！在當時的唱歌是這樣的，有歌就可以拿出來唱，那個時候也沒什麼唱片公司，也沒什麼專利權、著作權，所以聽到的歌曲往往比發行年都來得早。

賴：所以老師確定在您十一歲時就聽到此歌曲。

劉：沒錯，是這樣的。

賴：好，那我確定無誤就可以了。再見。

劉：再見。

日期：1000427　　21：09	方式：電話
地點：	
內容： 賴：福助老師，我師大台文所賴明澄。 賴：有時間講話嗎？ 劉：嗯！你講。 賴：前兩天說的文建會記者會時間確定了沒？ 劉：哦！29 日下午 2 點，在杭州北路 26 號 1 樓，是文建會第三組辦的。 賴：那天星期五下午嘛！ 賴：我先問其他的免又忘了，在〈五月端午節〉內有寫到蚯蚓的叫聲「杜蚓啊聲大啊又閣懸啊也」，你的杜蚓就是蚯蚓嘛！ 劉：無錯！ 賴：不過蚯蚓會有叫聲嗎？還又大又高聲呢？ 劉：對啦！蚯蚓會叫，沒錯，還很大聲呢！ 賴：我從沒聽過蚯蚓會叫，你確定是蚯蚓不是別的動物？ 劉：沒錯！我們小時候常常聽到。 賴：還有在〈唸唸少年——中和市〉有提到「潭漧倚邊 póo-kīng 館」，什麼是劉：是保健館啦！古早衛生所叫做保健館。 賴：還有「kia-á 頭」是什麼？ 劉：中和早期的路都是沼澤新生地所填，故有些地方是會有如小山崙一樣比較高，在上坡的開始的地方就被叫做「崎仔頭」，台灣很多地方都是這樣不只中和有這種地名。 賴：哦！知道了，那就先這樣。 劉：再見囉！	

日期：1000429　　13：45	方式：面談
地點：台灣音樂中心　　台北市杭州北路 26 號	
內容： 賴：恭喜福助老師	

劉：嗯！多謝。

賴：等一下記者會完畢不能離開哦！要先討論完論文再走。

劉：哦！你要多等一下。

賴：記者會開到幾點？

劉：3點結束！

賴：我們先快速說一下，老師有否收到我寄過去的資料？

劉：有

賴：那你要快一點將我要的資料寄給我。

劉：我很忙，我再盡量。

賴：老師先看一下我整理的你的生平大世紀有否錯誤？

劉：沒有。

賴：那請老師在下面幫我簽個名。

劉：還好可以把這張專輯寫入論文內，沒問題吧！這樣感覺有到一個段落。

賴：當然，至少專輯曲目要完整寫進來。

劉：記者會開始了！

∫

賴：結束了，老師再開始吧！這次的專輯，有一個很好的現象，老師唱出了永靖的特殊地方腔。

劉：是啊！我的阿嬤住永靖，很好玩，和宜蘭腔有相同作用。

賴：都是很特殊的地方腔調，都是當地的註冊商標哦！

劉：ian 是永靖很特殊的地方腔調，孩子唱起來會好玩。

賴：不只如此，也能順便學到其他地區的腔調，也讓大家知道永靖的 ian！老師，論文還要特別加入或刪去什麼嗎？

劉：我看一下，～～沒有吧。

賴：那我們就先暫時到這，老師改天我整理好的訪談記錄，老師看過在幫我簽名。

劉：好。

日期：1000614　　14：30	方式：面談
地點：劉宅	
內容：	

賴：福助老師，我看了一下唱片後面資料，有個疑問，有些歌曲以為是你創作的，卻都記載為游國謙，而且還不少曲目。

劉：嗯！是這樣的。游國謙是我一個非常好的朋友知己，認識後閒聊之餘，原來他還是我國小的學長，感情就更加好了。當時的社會環境不若現今的著作專利觀念，因為創作量多，有時不好意思整張專輯都是我的名字，再加上人多就熱鬧豐富，故有時為了其他考量，會刻意將自己的名字換上游國謙，一開始就已和游國謙說過，日後可以用他的名字記載發行，當然所有權創作權，都仍是我的。

賴：到目前都沒有任何的糾紛或不悅產生嗎？

劉：當然，就是好友知己。但也為了日後將來有狀況，近來也都儘量改回自己的名
　　字，所以有些相同曲目，會出現創作者重疊的現象。
賴：所以確定只要是記載游國謙的曲目創作者就是老師您囉！
劉：沒錯！很確定！

日期：1001018　　20：30	方式：電話
地點：	

內容：
賴：福助老師，在你的創作過程，除了葉俊麟以外，還有不少與你合作過的夥伴，
　　可否談一下彼此合作的契機。
劉：當然。
賴：我們先談一下呂金守。
劉：我與阿守因為都是音樂人，同在一個圈子討生活，自然有緣認識，日久就成好
　　友知己，彼此熟知了解，於是他的創作，有我來唱出，就相得益彰，彼此知道
　　「氣口」的傳達，自然默契十足，日後合作機會當然就越頻繁。
賴：現在你們還保持聯絡嗎？
劉：當然，我們交情很好，到現在我們還常常相聚暢飲兩杯談心事。

日期：1001023　　17：55	方式：電話
地點：	

內容：
賴：福助老師，合作過的夥伴，今天談一下與上工彼此合作的契機。
劉：我與上工並未相識。
賴：那如何與他合作？
劉：跟他合作就像藍虹、藝昇一樣。他是個音樂創作者，自己寫好歌曲，就直接拿
　　到公司作交易，因為他的作品賣給唱片公司，我是唱片公司旗下的歌手，發片
　　時唱片公司拿給我唱，在我的專輯作發行，就是間接性的合作。
賴：他的名字倒是很特別，上工有何意思？
劉：上工是藝名，就是拿「上尺工」台灣的樂譜名，去掉中間留前後當藝名，表示
　　一看就知是與音樂有關。
賴：哦！談一下曾仲影！
劉：曾仲影是本名，台灣歌壇的老前輩了，早期創作很多電影歌曲。當時能認識他，
　　與他熟識自然欣喜不已，況且有機會能與前輩合作，更是榮幸。藉著此合作愈
　　加頻繁，友誼更加深厚，默契十足。後來成為無所不談的好友，現在也是老友。
　　前些天他的生日，我們還一起喝酒慶祝，我們是一起把酒言歡的好友老友囉！
賴：謝謝老師提供資料。下次再打擾您。

日期：1001028　　21：15	方式：電話
地點：	

內容：

賴：福助老師，合作過的夥伴，今天談一下與藍虹彼此合作的契機。

劉：我與藍虹並未相識，從過去到現在都沒能相識。

賴：那如何與他合作？

劉：他是個音樂創作者，自己寫好歌曲，就直接拿到公司作交易，因為他的作品賣給唱片公司，我又是唱片公司旗下的歌手，發片時唱片公司拿給我唱，在我的專輯作發行，應該是間接性的合作。

劉：到現在也還未對他熟識，只是單純唱出他的作品。

賴：他的名字較中性，請問藍虹是男性還是女性。

劉：他是男性啦！

賴：哦！再談一下藝昇！藝昇是藝名還是本名？

劉：藝昇是本名，他姓張，有時在作品上會灌上姓氏，有時就只寫上名字。現在住在台灣中部。我們兩人彼此都知道誰是誰，但卻都未交談熟識。與他合作的過程，就跟藍虹一樣，藝昇也是個音樂創作者，自己完成的歌曲，拿來賣給公司，公司要發行我的專輯時，拿他的歌曲來由我唱出，所以也是間接性的合作。

賴：謝謝老師提供資料。下次再打擾您。

日期：1001201　　21：25	方式：電話
地點：	

內容：

賴：福助老師，先前曾問過〈行行出狀元〉這首歌，這首歌歌詞有兩種版本，不知是你自己改的，還是別人髓口改的。

劉：這是我改的。也不是兩種版本，只有地名改了一下。

賴：先前你提過在新加坡發行，是新加坡先發行的嗎？

劉：不是，在台灣新發行的，後來才在新加坡再發行此首歌曲。因為是在新加坡，不同的國度，自然將其中的地名作了些修改，好符合當地情感。所以歌曲中出現了一兩個新加坡地名。

賴：這樣的修改，同時也是為了在新加坡的銷售量吧。

劉：多少，能考量到的就做

賴：謝謝你囉！

劉：好啊！

日期：1001203　　20：45	方式：電話
地點：	

內容：

賴：福助老師，合作過的夥伴，可否談一下與林文隆彼此合作的契機。

劉：我與文隆都是音樂人，早有緣認識，二人談得來，日久就更為好友知己，彼此
　　熟知了解，彼此打氣支持，好友彼此總互相幫忙。

賴：〈十憨〉這首歌就是你們合作之一。

劉：〈十憨〉起先由他來作曲，後來就由我來完成，但也不會計較用誰的名字發行，
　　是好朋友也彼此支持打氣，所以做曲就寫他的名字。

劉：你的論文何時提出？

賴：今年已提出申請，對了！我幫你的專輯做了電腦檔，一直沒寄給你，我再確定
　　完整後，就寄給你看看。

劉：好啊！

賴：我們教授說，我這本論文是第一本，所以要完整細膩，供日後他人研究引用。
　　完成後再與你連絡。

劉：好啊！

日期：1001217　　20：05	方式：電話
地點：	

內容：

賴：福助老師，跟你報告一下，今天在國圖我的教授有以你的歌曲發表一篇論文。
　　但存在著一個沒確定的答案，想再請問一次，同樣編號 WL-1005 五龍發行的專
　　輯《黑面祖師公／六月田水》，和編號 WL-1005《安童哥辦酒菜》，同編號卻不
　　同封面及名稱，不知這方面在當時是如何？

劉：應該是當時賣得好，再度印刷的情形。當時的唱片經銷商在叫跟公司貨時，不
　　會說專輯名稱，都說我要編號 1005 多少張這類的方式，公司在沒貨下，就再度
　　印刷了。

賴：我記得先前到你那時，就沒看到《黑面祖師公／六月田水》這張專輯。

劉：就很可惜，不知怎樣弄不見了。要再找到不容易。

劉：你把你收集到的封面資料給我看，我再確定一下再說。

賴：沒問題，最晚 19 日以前一定給你。

劉：好啊！

賴：想再問你一下，你與黃敏的合作契機是如何的。

劉：黃敏就是女歌手文鶯的父親，他的小女兒就是文夏的太太。我與文鶯本來就相
　　識，他的兒子就是創作〈春天哪會這呢寒〉的黃建銘。另外黃敏是個音樂人，
　　其作的歌曲賣給麗歌唱片，麗歌在發行我的專輯時，就拿出來給我唱，是這樣
　　的合作關係。

賴：你和湯尼的合作咧！

劉：同樣啦！湯尼就是翁清溪，本來就是個很有名的創作者，國台語歌曲都有創作，
　　像〈月亮代表我的心〉就是他的作品。他本來就都與麗歌唱片公司有合作關係，
　　我是麗歌的歌手，唱到他的作品不奇怪。

賴：等老師看到我傳真過去的資料，我再跟你連絡。

劉：好。

日期：1001219　　17：40	方式：電話
地點：	
內容： 賴：福助老師，昨天傳真給你的資料看到了沒？ 劉：有啊，但很黑。 賴：那看到後可以確定專輯發行順序嗎？ 劉：是《思双枝》第一張發行，因為〈安童哥買菜〉大賣，同年續推出《安童哥辦酒菜》，再發行《黑面祖師公／六月田水》。 劉：所以編號這樣子是沒問題的，而《安童哥辦酒菜》，與《黑面祖師公／六月田水》因同年再推出的，其內容歌曲也都一樣，只是換了封面，所以編號也相同。 賴：那我們再重新整理一下。 賴：《思双枝》57 年 3 月發行，同時也是〈安童哥買菜〉的第一張專輯。同年又續推《安童哥辦酒菜》專輯，再推出《黑面祖師公／六月田水》專輯。三張都是民國 57 年發行。 劉：是的，沒錯。 賴：謝謝老師！	

附錄三　劉福助專輯總表

【說明】

1. ※表示該專輯為華語專輯

2. 福建巨星非常精選 22，根據劉福助表示該專輯為中國盜版，他本人並未錄製此專輯，故未知發行年度。

★另製橫表共計四頁★

★另製橫表共計四頁★

★另製橫表共計四頁★

★另製橫表共計四頁★

附錄四　專輯唱片明細表

【說明】

1.《》雙尖符號代表專輯。

2. ◆不詳，專輯發行時即未註明作詞作曲者資料。

3. ※《》表示華語專輯。

項次	曲　目	作　詞	作　曲	演唱者	發行時間、公司及專輯名稱
01	思相枝	許丙丁	恆春民謠	劉福助	1968 年（民國 57 年 3 月）
02	勸世歌	葉俊麟	江湖賣藥調	劉福助	
03	父母不肯	葉俊麟	陳木	劉福助	一、五龍唱片出版社 WL-1001
04	絕命詞	葉俊麟	陳木	劉福助	《思相枝／安童哥買菜》
05	賣茶走街路	葉俊麟	新疆民謠	劉福助	
06	安童哥買菜	葉俊麟	劉福助	劉福助	
07	酒一杯	葉俊麟	陳秋霖採譜	劉福助	
08	吟詩	葉俊麟	劉福助採譜	劉福助	
09	乞食調	葉俊麟	陳秋霖採譜	劉福助	
10	捧茶盤	葉俊麟	陳秋霖採譜	劉福助	
11	牛郎織女	葉俊麟	亂彈緊堂慢	劉福助	
12	安童哥辦酒菜	葉俊麟	劉福助	劉福助	1968 年（民國 57 年）
13	天黑黑	傳統唸謠	北部民謠	劉福助	
14	一隻鳥仔哭啾啾	傳統唸謠	嘉義民謠	劉福助	二、五龍唱片出版社 WL-1005
15	笑調	葉俊麟	台灣戲曲	劉福助	《安童哥辦酒菜》
16	六月田水	葉俊麟	劉福助採譜	劉福助	註：與《黑面祖師
17	茫茫吓	葉俊麟	台灣戲曲	劉福助	公／六月田水》僅
18	黑面祖師公	葉俊麟修詞	劉福助	劉福助	專輯名稱不一樣，
19	杯底不可飼金魚	田舍翁	呂泉生	劉福助	編號也相同
20	客家山歌仔	藍青	客家民謠	劉福助	
21	阿里山之戀	葉俊麟	葉大輝	劉福助	
22	乞食阿哥哥	葉俊麟	乞食調	劉福助	
23	金言玉語	葉俊麟	南管眾水調陳木編曲	劉福助	

24	安童哥買菜	葉俊麟	劉福助	劉福助	1968 年（民國 57
25	天黑黑	傳統唸謠	北部民謠	劉福助	年）
26	一隻鳥仔哭啾啾	傳統唸謠	嘉義民謠	劉福助	三、五龍唱片出版
27	笑調	葉俊麟	台灣戲曲	劉福助	社 WL-1005
28	六月田水	葉俊麟	劉福助採譜	劉福助	《黑面祖師公／六
29	茫茫吓	葉俊麟	台灣戲曲	劉福助	月田水》
30	黑面祖師公	葉俊麟修詞	劉福助	劉福助	
31	杯底不可飼金魚	田舍翁	呂泉生	劉福助	
32	客家山歌仔	藍青	客家民謠	劉福助	
33	阿里山之戀	葉俊麟	葉大輝	劉福助	
34	乞食阿哥哥	葉俊麟	乞食調	劉福助	
35	金言玉語	葉俊麟	南管眾水調 陳木　編曲	劉福助	
36	歹命子	辛仲	郭芝苑	劉福助	1968 年（民國 57
37	春來何處	◆不詳	◆不詳	劉福助	年）
38	月下愁人	林天津	林平喜	劉福助	四、五龍唱片出版
39	一夜恨	李臨秋	王塗生	劉福助	社 WL-1008
40	賣花姑娘	◆不詳	◆不詳	劉福助	《劉福助台灣歌謠
41	雨夜花	周添旺	鄧雨賢	劉福助	專輯第三集　歹
42	中央市場上午三點	黃國隆	洪文昌	劉福助	命子》
43	悲戀途中	陳守敬	王塗生	劉福助	
44	蝶戀花	洪文昌	洪文昌	劉福助	
45	異鄉夜月	楊三郎	楊三郎	劉福助	
46	燒肉粽	張邱冬松	張邱冬松	劉福助	
47	愛是目屎	陳達儒	陳玉山	劉福助	
48	渡船歌	周添旺	楊三郎	劉福助	1968 年（民國 57
49	台北上午零時	周添旺	楊三郎	劉福助	年）
50	噯唷小妹喂	呂金守	紀利男	劉福助	五、五龍唱片出版
51	青春如夢夢難忘	◆不詳	紀利男	劉福助	社 WL-1013
52	思念青春	張路	日本曲	劉福助	《劉福助台灣歌謠
53	恨孤單	張路	日本曲	劉福助	專輯第四集　三
54	港都夜雨	呂傳梓	楊三郎	劉福助	線路》

55	秋風夜雨	周添旺	楊三郎	劉福助	
56	驚某歌	林清月	周添旺	劉福助	
57	夢歸暝	◆不詳	紀利男	劉福助	
58	三線路	陳達儒	林綿隆	劉福助	
59	秋風曲	◆不詳	紀利男	劉福助	
60	安童哥買菜	劉福助	劉福助	劉福助	1968 年（民國 57
61	思双枝	許丙丁	恆春民謠	劉福助	年）
62	勸世歌	葉俊麟	江湖賣藥調	劉福助	六、五龍唱片出版
63	一隻鳥仔哮啾啾	傳統唸謠	嘉義民謠	劉福助	社 L-1123
64	黑面祖師公	葉俊麟修詞	劉福助	劉福助	《歹命子》
65	安童歌辦酒菜	劉福助	劉福助	劉福助	
66	天黑黑	傳統唸謠	北部民謠	劉福助	
67	歹命子	辛仲	郭芝苑	劉福助	
68	三線路	陳達儒	林綿隆	劉福助	
69	乞食調	葉俊麟	陳秋霖採譜	劉福助	
70	客家歌仔	藍青	客家民謠	劉福助	
71	永遠愛著你※	◆不詳	曾仲影	劉福助	1968 年（民國 57
72	找也找不到※	慎芝	曾仲影	劉福助	年）
73	小飛機※	慎芝	曾仲影	劉福助	七、環球唱片ULP-
74	相思年年※	慎芝	曾仲影	劉福助	5035
75	再會吧叮噹※	司徒明	曾仲影	劉福助	※《白色的太陽》
76	溪水旁※		曾仲影	劉福助	
77	夕陽西沉※		曾仲影	劉福助	
78	我愛口哨※	司徒明	姚敏	劉福助	
79	白色的太陽※		曾仲影	劉福助	
80	春風野草※		曾仲影	劉福助	
81	大地※		曾仲影	劉福助	
82	扁擔彎又彎※	河南民謠	河南民謠	劉福助	
83	可愛的馬※	孫儀	葛士培	劉福助	1968 年（民國 57
84	歡樂今宵※	葉綠	葛士培	劉福助	年）
85	九月的晚風※	辛芒	曾仲影	劉福助	八、環球唱片ULP-
86	長藤掛銅鈴※	姚敏	曾仲影	劉福助	5052
87	海戀※	莊奴	曾仲影	劉福助	《劉福助台灣歌謠 專輯第二集》再版

88	誰要你理睬※	莊奴	曾仲影	劉福助	
89	惜別港岸	孫儀	曾仲影	劉福助	
90	你真美	◆不詳	曾仲影	劉福助	
91	初戀女	徐志摩	陳歌辛	劉福助	
92	俏姑娘	游國謙	曾仲影	劉福助	
93	西門町之夜※	游國謙	曾仲影	劉福助	1968 年（民國 57 年 1 月 9 日）九、環球唱片 ULP-5062 ※《西門町之夜》
94	一見你就笑※	劉而其	冼華	劉福助	
95	天涯流浪※	◆不詳	◆不詳	劉福助	
96	裝聾作啞※	◆不詳	◆不詳	劉福助	
97	我的麗娜※	李基生	李基生	劉福助	
98	夢想的愛※	游國謙	曾仲影	劉福助	
99	火山邊緣※	◆不詳	◆不詳	劉福助	
100	愛情像氣球※	◆不詳	◆不詳	劉福助	
101	暗淡的月※	葉俊霖	吳進淮	劉福助	
102	偷來的吻最甜蜜※	游國謙	曾仲影	劉福助	
103	情書寫在眼睛裡※	◆不詳	◆不詳	劉福助	
104	四季計程車	周添旺	楊三郎	劉福助	1969 年（民國 58 年 2 月）十、五龍唱片出版社 WL-1022 《四季計程車》
105	賣豆乳	李川	楊三郎	劉福助	
106	小妹害阿兄	◆不詳	◆不詳	劉福助	
107	思念故鄉	◆不詳	◆不詳	劉福助	
108	為君受風霜	周添旺	楊三郎	劉福助	
109	可愛的吉他	◆不詳	◆不詳	劉福助	
110	觀月小調	◆不詳	◆不詳	劉福助	
111	港都行船人	◆不詳	◆不詳	劉福助	
112	江上月影	◆不詳	◆不詳	劉福助	
113	收酒矸	◆不詳	◆不詳	劉福助	
114	祖母的話(做媳婦的苦經)	劉福助	劉福助	劉福助	1969（民國 58 年 10 月）十一、華聲唱片廠出版 KHS-9037 《祖母的話》
115	請你默默聽	游國謙	劉福助	劉福助	
116	花宮嘆	葉俊麟	葉俊麟	劉福助	
117	初夢如雲	◆不詳	◆不詳	劉福助	
118	三交待	呂金守	◆不詳	劉福助	
119	鯽仔魚娶某	游國謙	劉福助	劉福助	

120	風流阿伯少年阿娘	傳統民謠	採茶歌	劉福助	
121	阿娘仔十八歲	呂金守	呂金守	劉福助	
122	夜夜為你來失眠	◆不詳	◆不詳	劉福助	
123	驚驚	葉俊麟	劉福助	劉福助	
124	行行出狀元（什念調）	劉福助	什唸調	劉福助	1969（民國 58 年 12 月 1 日） 十二、華聲唱片廠 出版 KHS-9038 《行行出狀元》
125	陳三磨鏡（南管）	古倫美亞文藝部	南管	劉福助	
126	勸世歌	葉俊麟	江湖賣藥調	劉福助	
127	搖子歌	呂泉生	盧雲生	劉福助	
128	飲酒歌	◆不詳	亂彈	劉福助	
129	山地耕作歌（山地歌）	原住民歌詞	山地歌	劉福助	
130	哭調仔	游國謙	台灣歌仔	劉福助	
131	夜夜相思（潮州調）	游國謙	潮州調	劉福助	
132	喔貢貢（蘭陽調）	傳統民謠	蘭陽調	劉福助	
133	絕望的愛※	游國謙	吳進淮	劉福助	1970（民國 59 年 2 月 1 日） 十三、華聲唱片廠 出版 KHS-9040 ※《等不到的愛》 第三集
134	敬大家一杯酒※	游國謙	廣子	劉福助	
135	馬車夫之戀※	綏遠民歌	綏遠民歌	劉福助	
136	迷中迷※	廖煥之	曾仲影	劉福助	
137	小姐像朵花※	許誠	二郎	劉福助	
138	等不到的愛※	游國謙	廣子	劉福助	
139	馬路情歌※	游國謙	廣子	劉福助	
140	波拉瑞※	游國謙	廣子	劉福助	
141	讓我哭吧愛人※	游國謙	◆不詳	劉福助	
142	男子漢※	◆不詳	◆不詳	劉福助	
143	尪親某親老婆仔拋車輾	游國謙	公羽	劉福助	1971（民國 60 年） 十四、麗歌唱片廠 股份有限公司 AK806 局版台音 字第 0092 號 《尪親某親老婆仔 拋車輾 / 趙草歌》 錄音帶版
144	趙草歌	藝昇	藝昇	劉福助	
145	後街人生	敏郎	日本曲	劉福助	
146	甘蔗好吃雙頭甜	黃敏	日本曲	劉福助	
147	西北雨	周添旺	周添旺	劉福助	
148	愛情外好你敢知	黃敏	日本曲	劉福助	

149	恆春姑娘	黃敏	日本曲	劉福助	
150	行行出狀元	劉福助	劉福助	劉福助	
151	腳步踏差上可憐	林文隆	林文隆	劉福助	
152	勸少年	林文隆	林文隆	劉福助	
153	安童哥買菜	葉俊麟	劉福助	劉福助	
154	勸世歌	葉俊麟	江湖賣藥調	劉福助	
155	落下咳	劉福助	劉福助	劉福助	
156	歹歹尪食袂空	劉福助	劉福助	劉福助	
157	雨夜花	周添旺	鄧雨賢	劉福助	
158	丟丟咚	傳統民謠	蘭陽調	劉福助	
159	愛著愛到死	黃敏	黃敏	劉福助	
160	草螟弄雞公	傳統民謠	傳統民謠	劉福助	
161	祖母的話	劉福助	劉福助	劉福助	
162	燒肉粽	張邱冬松	張邱冬松	劉福助	
163	西北雨直直落	葉明龍	黃敏	劉福助	
164	尪親某親老婆仔拋車輾	游國謙	公羽	劉福助	1971（民國 60 年）十五、麗歌唱片廠股份有限公司 AK806《尪親某親老婆仔拋車輾／趎草歌》唱片版
165	趎草歌	藝昇	藝昇	劉福助	
166	後街人生	敏郎	日本曲	劉福助	
167	甘蔗好吃雙頭甜	黃敏	日本曲	劉福助	
168	思念初戀的人	游國謙	日本曲	劉福助	
169	西北雨陣陣落	葉明龍	黃敏	劉福助	
170	西北雨直直落	黃敏	黃敏	劉福助	
171	愛情外好你敢知	黃敏	日本曲	劉福助	
172	恆春姑娘	黃敏	日本曲	劉福助	
173	丟丟咚	許丙丁	蘭陽調	劉福助	
174	歹歹尪食袂空	劉福助	劉福助	劉福助	1971（民國 60 年）十六、華聲唱片廠出版 KHS-9046《歹歹尪食袂空》
175	賣豆乳	李川	楊三郎	劉福助	
176	小姑娘	游國謙	劉福助	劉福助	
177	勸善歌	葉有信，廖軍達	陳清文	劉福助	
178	雨夜花	周添旺	鄧雨賢	劉福助	
179	什錦歌	葉俊麟	歌仔調	劉福助	

180	合要爽合要好	不詳	日本曲	劉福助	
181	遊山玩水	游國謙	紹興調	劉福助	
182	爬山	葉俊麟	日本曲	劉福助	
183	南風謠	游國謙	◆不詳	劉福助	
184	大人啊！後擺我不敢	黃敏	翁清溪	劉福助	1971（民國60年）十七、麗歌唱片廠股份有限公司AK828-B 內版台音字第 0283 號《嘉慶君遊台灣／大人啊！後擺我不敢》
185	賀新年	◆不詳	翁清溪	劉福助	
186	腳步踏差上可憐	林文隆	林文隆	劉福助	
187	勸少年	林文隆	林文隆	劉福助	
188	拋採茶	傳統民謠	車鼓調	劉福助	
189	嘉慶君遊台灣	曾仲影	曾仲影	劉福助	
190	想著洗衫面著黑	林文隆	林文隆	劉福助	
191	門扇若不對頭	林文隆	林文隆	劉福助	
192	何時再相會	呂守金	呂守金	劉福助	
193	有銷有銷無外多	◆不詳	翁清溪	劉福助	
194	茶山情歌	黃敏	黃敏	劉福助	1973（民國62年1月）十八、麗歌唱片廠股份有限公司AK876《倬不通博》
195	茶山望春風	黃敏	黃敏	劉福助	
196	風流阿伯挽茶阿娘	◆不詳	◆不詳	劉福助	
197	點仔膠	施福珍	施福珍	劉福助	
198	舊皮箱的流浪兒	呂金守	林金池	劉福助	
199	客家山歌	藍青	客家曲	劉福助	
200	倬不通博	劉福助	劉福助	劉福助	
201	愛某不驚艱苦	劉福助	劉福助	劉福助	
202	悲戀公路	愁人	日本曲	劉福助	
203	我所愛的人	古意人	日本曲	劉福助	
204	十一哥仔	劉福助	劉福助	劉福助	
205	丟丟咚	許丙丁	蘭陽調	劉福助	
206	我不再嘆息※	江河	青葉	劉福助	1973（民國62年）十九、麗歌唱片廠股份有限公司AK-895※《我不再嘆息》
207	難忘的人※	喜歌	吳進淮	劉福助	
208	微風吻過我的故鄉	莊奴	◆不詳	劉福助	
209	誰來告訴我※	慎芝	青葉	劉福助	
210	不要說我無情※	莊奴	光陽	劉福助	
211	就給你一束玫瑰※	心曲	青葉	劉福助	

212	我感謝你※	莊奴	湯尼	劉福助	
213	含笑分手※	心曲	青葉	劉福助	
214	搖船訴情意※	◆不詳	◆不詳	劉福助	
215	往事難追憶※	白峰	日本曲	劉福助	
216	今夜又是百合開※	狄珊	光陽	劉福助	
217	為你心碎※	孫儀	林慶聲	劉福助	
218	劉福助落下咳	劉福助	劉福助	劉福助	1974（民國 63 年） 二十、麗歌唱片廠 股份有限公司 AK-920 《堂堂二等兵／劉 福助落下咳》
219	阿娘仔摸田螺	張藝昇	張藝昇	劉福助	
220	吃頭路的人	劉福助	劉福助	劉福助	
221	飼老鼠咬布袋	上工	上工	劉福助	
222	粘蜻蜓	藝昇	藝昇	劉福助	
223	四季紅	李臨秋	鄧雨賢	劉福助	
224	堂堂二等兵──主題曲	麗哥	湯尼	劉福助	
225	水車歌	上工	上工	劉福助	
226	牛郎織女	葉俊麟	亂彈緊堂慢	劉福助	
227	相欠情	上工	上工	劉福助	
228	風流做田人	葉俊麟	日本曲	劉福助	
229	勸人生	上工	上工	劉福助	
230	恨你無了時	唐山	湯尼	劉福助	1974（民國 63 年 6 月） 二十一、麗歌唱片 廠股份有限公司 AK-941 《千金小姐　萬金 和尚》
231	愛情可比紙烟煙	呂守金	呂守金	劉福助	
232	看破愛別人	於文	於文	劉福助	
233	無天良的男性	◆不詳	◆不詳	劉福助	
234	難忘的愛人	阿丁	日本曲	劉福助	
235	女性的真情	◆不詳	◆不詳	劉福助	
236	世間嘛是好迫迌	一流	湯尼	劉福助	
237	色即是空	聶寅	湯尼	劉福助	
238	錢多煩惱多	一流	湯尼	劉福助	
239	為情為愛走天涯	◆不詳	◆不詳	劉福助	
240	斷魂嶺鐘聲淚	◆不詳	◆不詳	劉福助	
241	心愛可比天頂星	◆不詳	◆不詳	劉福助	

242	一年換24個頭家	葉俊麟	劉福助＋曾仲影	劉福助	1974（民國63年12月）
243	傻女婿	麗哥	麗哥	劉福助	二十二、麗歌唱片廠股份有限公司 AK-959
244	老牛	劉福助	劉福助	劉福助	《一年換24個頭家》
245	馬馬虎虎	葉俊麟	曾仲影	劉福助	
246	阿彌陀佛	上工	上工	劉福助	
247	飲酒人	劉福助	劉福助	劉福助	
248	世間嘛是好迫迌	一流	湯尼	劉福助	
249	十二月命譜	葉俊麟	曾仲影	劉福助	
250	茶山相褒	葉俊麟	曾仲影	劉福助	
251	求愛的絕招	葉俊麟	曾仲影	劉福助	
252	色即是空	聶寅	湯尼	劉福助	
253	農村曲	陳達儒	蘇桐	劉福助	
254	一樣米飼百樣人	劉福助	曾仲影	劉福助	1975（民國64年8月）
255	求子歌	劉福助	劉福助	劉福助	二十三、麗歌唱片廠股份有限公司 AK-984
256	十二星相	汪連旺	劉福助	劉福助	《一樣米飼百樣人 /　請你免生氣》
257	一張遺像	葉俊麟	曾仲影	劉福助	
258	雨夜花	周添旺	鄧雨賢	劉福助	
259	黃昏思情	葉俊麟	葉俊麟	劉福助	
260	請你免生氣	葉俊麟	劉福助	劉福助	
261	隔壁姑娘真趣味	藝昇	曾仲影	劉福助	
262	台東人	呂金守	呂金守	劉福助	
263	茶山風情畫	葉俊麟	葉俊麟	劉福助	
264	立志的男兒	許錫滄	許錫滄	劉福助	
265	太太講的話	藝昇	藝昇	劉福助	
266	七揀八揀揀一個賣龍眼	徐三郎	徐三郎	劉福助	1976（民國65年6月）
267	台灣小吃	葉俊麟	曾仲影	劉福助	二十四、麗歌唱片廠股份有限公司 AK-1026
268	搖子歌	浪雨	浪雨	劉福助	《七揀八揀一個賣龍眼 / 你想什款》
269	暫時的台北人	葉俊麟	葉俊麟	劉福助	
270	雲開月出來	天宏	曾仲影	劉福助	
271	田庄調	葉俊麟	葉俊麟	劉福助	
272	你想什款	葉俊麟	劉福助	劉福助	

273	日月潭風光	葉俊麟	葉俊麟	劉福助	
274	難忘的鳳凰橋	葉俊麟	葉俊麟	劉福助	
275	純情的花蕊	葉俊麟	葉俊麟	劉福助	
276	給父親的一封信	天宏	曾仲影	劉福助	
277	星夜吟	孫三郎	孫三郎	劉福助	
278	埔里小姐	藍虹	藍虹 採曲	劉福助	1976（民國 65 年 12 月）二十五、台灣麗歌唱片廠股份與新加坡凱旋唱片公司合作發行 MLP-2082《埔里小姐》
279	宜蘭人	呂金守	呂金守	劉福助	
280	阿九嫂	藍虹	藍虹 採曲	劉福助	
281	年頭戀愛到年尾	徐三郎	徐三郎採曲	劉福助	
282	出外人	葉俊麟	葉俊麟	劉福助	
283	初戀彼當時	◆不詳	◆不詳	劉福助	
284	十二月相褒	藍虹	藍虹 採曲	劉福助	
285	一年又一年	藍虹	藍虹 採曲	劉福助	
286	故鄉歡迎我	葉俊霖	日本曲	劉福助	
287	日落西山	林啟清	姚讚福	劉福助	
288	月光光	藍虹	藍虹 採曲	劉福助	
289	放浪人生	葉俊霖	洪一峰	劉福助	
290	宜蘭人	呂金守	呂金守	劉福助	1977（民國 66 年）二十六、麗歌唱片廠股份有限公司 AK-1059《宜蘭人／出外人》註：與《埔里小姐》專集曲目只差在〈阿三哥出馬〉，其餘皆相同，只在曲次不同，可見是一魚兩吃發行
291	出外人	葉俊麟	葉俊麟	劉福助	
292	埔里小姐	藍虹	藍虹 採曲	劉福助	
293	月光光	藍虹	藍虹 採曲	劉福助	
294	阿九嫂	藍虹	藍虹 採曲	劉福助	
295	日落西山	林啟清	姚讚福	劉福助	
296	十二月相褒	藍虹	藍虹 採曲	劉福助	
297	阿三哥出馬	林裕淵	曾仲影	劉福助	
298	初戀彼當時	◆不詳	◆不詳	劉福助	
299	年頭戀愛到年尾	徐三郎	徐三郎採曲	劉福助	
300	故鄉歡迎我	葉俊霖	日本曲	劉福助	
301	放浪人生	葉俊霖	洪一峰	劉福助	
302	一年又一年	藍虹	藍虹 採曲	劉福助	

303	十八拐	呂金守	劉福助	劉福助	1978（民國 67 年 2
304	都馬調	林俊	歌仔調	劉福助	月）
305	流傘調	藍虹	藍虹	劉福助	二十七、麗歌唱片
306	法鼓調	藍虹	藍虹	劉福助	廠股份有限公司
307	八珍調	藍虹	藍虹	劉福助	AK-1108
308	九江調	藍虹	藍虹	劉福助	《十八拐／牽仙
309	牽仙調	藍虹	藍虹	劉福助	調》
310	南管調	呂金守	南管	劉福助	
311	卜卦調	許丙丁	歌仔調	劉福助	
312	搭車調	葉俊麟	日本曲	劉福助	
313	西螺調	藍虹	藍虹	劉福助	
341	百家春	盧雲生	南管	劉福助	
315	落下頦	劉福助	劉福助	劉福助	1984（民國 73 年）
316	南風謠	游國謙	◆不詳	劉福助	二十八、華聲唱片
317	雨夜花	周添旺	鄧雨賢	劉福助	廠 KHS-9043
318	三伯騎牛	游國謙	◆不詳	劉福助	《落下頦／十一哥
319	茶山相褒	許丙丁	客家山歌	劉福助	仔》
320	十一哥仔	游國謙	劉福助	劉福助	
321	蓬萊仙島	游國謙	◆不詳	劉福助	
322	五更鼓聲	許丙丁	月旦調	劉福助	
323	草地情歌	許丙丁	◆不詳	劉福助	
324	四季紅	李臨秋	鄧雨賢	劉福助	
325	阿清伯	呂金守	呂金守	劉福助	1984（民國 73 年）
326	種蒲仔生菜瓜	呂金守	呂金守	劉福助	二十九、葆德唱片
327	九嬸婆仔過年	關新藝	劉福助	劉福助	PRA1210A CD-4
328	相欠債	呂金守	呂金守	劉福助	《阿清伯》
329	落葉時雨	莊啟勝	莊啟勝	劉福助	局版號：台音第
330	阮厝邊的瑪格麗	關新藝	劉福助	劉福助	011 號
331	老糊塗想子歌	劉福助	劉福助	劉福助	
332	醜醜仔思雙枝	呂金守	呂金守	劉福助	
333	大醋桶	呂金守	呂金守	劉福助	
334	天頂一粒星	西亞	西亞	劉福助	

335	驚驚	葉俊麟	劉福助	劉福助	1984（民國73年）
336	多歲人（老哥兒）	葉俊麟	劉福助	劉福助	三十、藍天唱片音樂有限公司
337	熱心腸	葉俊麟		劉福助	LT6002
338	中國酒拳	劉福助	劉福助	劉福助	《中國酒拳／驚驚》
339	細漢彼時（小時候）	葉俊麟	劉福助	劉福助	
340	聲	葉俊麟	劉福助	劉福助	
341	馬馬虎虎	葉俊麟	劉福助	劉福助	
342	好好想看覓	葉俊麟	劉福助	劉福助	
343	老公仔茶	葉俊麟	劉福助	劉福助	
344	夜半吉他聲	葉俊麟	劉福助	劉福助	
345	台東人	呂金守	呂金守	劉福助	1986（民國75年）
346	一樣米養百樣人	劉福助	劉福助	劉福助	三十一、麗歌唱片股份有限公司
347	歹歹尪食抹空	劉福助	劉福助	劉福助	EAN碼／UPC
348	劉福助落下咳	劉福助	劉福助	劉福助	碼：
349	一年換二十四個頭家	葉俊麟	劉福助	劉福助	4714645801545
350	尪親某親老婆爬車轔	劉福助	劉福助	劉福助	《台灣歌謠1》
351	風流阿伯挽茶阿娘	◆不詳	◆不詳	劉福助	
352	舊皮箱的流浪兒	呂金守	林金池	劉福助	
353	阿娘仔摸田螺	張藝昇	張藝昇	劉福助	
354	甘蔗好吃雙頭甜	黃敏	日本曲	劉福助	
355	愛某不驚艱苦	阿丁	日本曲	劉福助	
356	風流做田人	葉俊麟	日本曲	劉福助	
357	隔壁娘子真趣味	◆不詳	◆不詳	劉福助	
358	茶山風情畫	葉俊麟	葉俊麟	劉福助	
359	南都夜曲	陳達儒	陳秋霖	劉福助	1986（民國75年）
360	雨夜花	周添旺	鄧雨賢	劉福助	三十二、麗歌唱片股份有限公司
361	心茫茫	陳達儒	吳成家	劉福助	EAN碼／UPC碼：
362	思念故鄉	周添旺	楊三郎	劉福助	4714645801152
363	苦戀歌	那卡諾	楊三郎	劉福助	《台灣歌謠2》
364	碎心花	周添旺	鄧雨賢	劉福助	
365	秋怨	鄭志峰	楊三郎	劉福助	

366	相思嘆	◆不詳	◆不詳	劉福助	
367	孤戀花	周添旺	楊三郎	劉福助	
368	悲戀的公路	愁人	日本曲	劉福助	
369	黃昏思情	◆不詳	◆不詳	劉福助	
370	港邊惜別	陳達儒	吳成家	劉福助	
371	恆春姑娘	黃敏	日本曲	劉福助	
372	我所愛的人	古意人	古意人	劉福助	
373	春花夢露	江中清	江中清	劉福助	1986（民國 75 年）
374	河邊春夢	周添旺	黎明	劉福助	三十三、麗歌唱片
375	春宵吟	周添旺	鄧雨賢	劉福助	股份有限公司
376	送君曲	李臨秋	鄧雨賢	劉福助	EAN 碼／UPC 碼：
377	丟丟咚	許丙丁	宜蘭調	劉福助	4714645801569
378	四季紅	李臨秋	鄧雨賢	劉福助	《台灣歌謠 3》
379	飲酒人	劉福助	劉福助	劉福助	
380	粘蜻蜻	藝昇	藝昇	劉福助	
381	農村曲	陳達儒	蘇桐	劉福助	
382	點仔膠	施福珍	施福珍	劉福助	
383	趒草歌	藝昇	藝昇	劉福助	
384	客家山歌	藍青	客家調	劉福助	
385	六月田水	葉俊麟	劉福助採譜	劉福助	
386	噎人生	鄭志峰	楊三郎	劉福助	
387	勸世歌	葉俊霖	江湖調	劉福助	
388	佮不通博	劉福助	劉福助	劉福助	1986（民國 75 年）
389	吃頭路人	葉俊麟	劉福助	劉福助	三十四、麗歌唱片
390	求愛的絕招	葉俊麟	曾仲影	劉福助	股份有限公司
391	傻女婿	麗哥	麗哥	劉福助	EAN 碼／UPC 碼：
392	十二月命譜	葉俊麟	曾仲影	劉福助	4714645801576
393	茶山相褒	葉俊麟	曾仲影	劉福助	《台灣歌謠 4》
394	茶山情歌	藍青	客家山歌	沈文程	
395	男性本是漂泊心情	唐榮如	◆不詳	劉福助	
396	再會呀港都	莊啟勝	莊啟勝	劉福助	
397	求子歌	劉福助	劉福助	劉福助	
398	相欠債	呂金守	呂金守	劉福助	

399	後街人生	敏郎	日本曲	劉福助	
400	西北雨陣陣落	葉明龍	黃敏	劉福助	
401	十一哥仔	劉福助	劉福助	劉福助	
402	十八拐	劉福助	劉福助	劉福助	1986（民國75年）
403	都馬調	林俊	歌仔調	劉福助	三十五、麗歌唱片
404	卜卦調	許丙丁	台灣民謠	劉福助	股份有限公司
405	流傘調	藍虹	藍虹	劉福助	EAN碼／UPC碼：
406	西螺調	藍虹	藍虹	劉福助	4714645801583
407	九江調	藍虹	藍虹	劉福助	《台灣歌謠5》
408	牽仙調	藍虹	藍虹	劉福助	
409	南管調	呂金守	南管	劉福助	
410	恆春調	恆春民謠	台灣民謠	劉福助	
411	三桃調	藍虹	藍虹	劉福助	
412	八珍調	藍虹	藍虹	劉福助	
413	法鼓調	藍虹	藍虹	劉福助	
414	搭車調	葉俊麟	日本曲	劉福助	
415	百家春	盧雲生	南管古曲）	劉福助	
416	樂樂樂（大家樂）	劉福助	劉福助	劉福助	1986（民國75年）
417	阿娘到北港	葉俊麟	葉俊麟	劉福助	三十六、藍天唱片
418	歹命子	辛仲	郭芝苑	劉福助	音樂有限公司
419	宜蘭腔	廖一鳴	劉福助	劉福助	LT6001
420	款款做一款	葉俊麟	劉福助	劉福助	《樂樂樂（大家
421	失落的戀夢	葉俊麟	劉福助	劉福助	樂)》
422	異鄉夜月	周添旺	楊三郎	劉福助	
423	明日在相找	劉福助	劉福助	劉福助	
424	天邊月	孫儀	劉福助	劉福助	
425	老公仔茶	葉俊麟	劉福助	劉福助	
426	月下山歌	《翠翠》電影插曲	黃梅調	劉福助	
427	十憨	劉福助、林文隆	劉福助、林文隆	劉福助	1987（民國76年）
428	流浪的探戈	莊啟勝	翻譯曲	劉福助	三十七、藍天唱片
429	義大利花園	張錦華	翻譯曲	劉福助	音樂帶有限公司 LT6003

430	不可格炮炮	魏嵩	林文隆	劉福助	《十憨》
431	夜霧的燈塔	葉俊麟	葉俊麟	劉福助	（劉福助專輯 3 錄音帶）民國76年
432	唔知加再	劉福助	劉福助	劉福助	唱片金鼎獎之優
433	來去鄉下吸空氣	林文隆	林文隆	劉福助	良唱片獎
434	黑貓探戈	張錦華	翻譯曲	劉福助	
435	戀歌	◆不詳	◆不詳	劉福助	
436	叫一聲鄉親	林文隆	林文隆	劉福助	
437	淚灑愛河橋	◆不詳	日本曲	劉福助	
438	懷念的播音員	蜚聲	日本曲	劉福助	
439	六道輪迴	劉福助	劉福助	劉福助	1990(民國79年9月26日)
440	懶系查某	劉福助	劉福助	劉福助	三十八、臺北市巨
441	六月田水	葉俊麟	劉福助採譜	劉福助	豪唱片公司發行
442	蘭花	劉福助	劉福助	劉福助	《懶系查某／度小
443	海上的風泳	黃新桐	曾仲影	劉福助	月／六道輪迴》
444	雞機契	劉福助	楊傑	劉福助	
445	度小月	呂金守	劉福助	劉福助	
446	划龍船	劉福助	呂敏郎	劉福助	
447	梧桐雨	黃新桐	曾仲影	劉福助	
448	釣魚樂	黃新桐	曾仲影	劉福助	
449	農諺	傳統農諺	曾仲影	劉福助＋黃倩如	1994（民國83年）三十九、麗歌唱片
450	四月農國雙重不可分	◆不詳	◆不詳	劉福助	股份有限公司
451	四月之 2 切切嘜相欠	劉福助	劉福助	劉福助	《劉福助二十四節氣〔上〕》
452	五月端午節	劉福助	麗哥	劉福助	榮獲 83 年金鼎獎
453	五月之 2 水果季節	◆不詳	◆不詳	劉福助	【唱片金鼎獎】之
454	六月阿扁與土伯	◆不詳	◆不詳	劉福助	演唱獎
455	（六月之 2）遺失的過去	劉福助	劉福助	劉福助	
456	立春過年	◆不詳	曾仲影	劉福助	
457	一月博侷	劉福助	劉福助	劉福助	
458	一月之 2 中國人	劉福助	劉福助	劉福助	

459	二月頭牙	劉福助	劉福助	劉福助	
460	二月之 2 土地公的心聲	劉福助	劉福助	劉福助	
461	三月掃墓節	◆不詳	◆不詳	劉福助	
462	三月之 2 四散唱	劉福助	劉福助	劉福助	
463	農諺	傳統農諺	曾仲影	劉福助+黃倩如	
464	相含啦	劉福助	劉福助	劉福助黃倩如	1994（民國 83 年）四十、麗歌唱片股份有限公司《劉福助二十四節氣〔下〕》榮獲 83 年金鼎獎【唱片金鼎獎】之演唱獎
465	秋農諺	傳統農諺	曾仲影	劉福助黃倩如	
466	七月中元大普渡	◆不詳	◆不詳	劉福助	
467	七月之二先帝教養流傳千萬	劉福助	劉福助	劉福助	
468	八月中秋月餅賞月娘	◆不詳	◆不詳	劉福助	
469	九月天下爸母心上真	劉福助	劉福助	劉福助	
470	九月之二九九重陽長壽節	◆不詳	劉福助	劉福助	
471	六道輪迴	劉福助	劉福助	劉福助	
472	外口慷慨厝內鹽	劉福助	劉福助	劉福助	
473	十月冬	◆不詳	曾仲影	劉福助	
474	十月之二農諺補冬	◆不詳	◆不詳	劉福助	
475	雞婆的三〇一	劉福助	劉福助	劉福助	
476	十一月放伊餓寒先不通	劉福助	劉福助	劉福助	
477	十一月之二四散唱	◆不詳	◆不詳	劉福助	
478	十二月尾牙送神推做堆	◆不詳	◆不詳	劉福助	
479	佛曰	◆不詳	◆不詳	劉福助	
480	台灣人的願望	劉福助	劉福助+曾仲影	劉福助	1996（民國 85 年）四十一、麗歌唱片股份有限公司《台灣人的願望》
481	開車	劉福助	劉福助	劉福助+黃倩如	

482	天上聖母	劉福助＋林裕淵	曾仲影	劉福助	
483	一年換二十四個頭家	葉俊麟	劉福助	劉福助	
484	阿媽的話	劉福助	劉福助	劉福助	
485	安童哥買菜	劉福助	劉福助	劉福助	
486	錢	劉福助	劉福助	劉福助	
487	夜夢江南	楊友泉	汪逸秋	劉福助	
488	八仙	劉福助＋林仲子	曾仲影	劉福助、安迪、金澎、方駿、朱陸豪、長青、楊懷民、陳美蘭	
489	台灣人的願望（Kala）	劉福助	劉福助	劉福助	
490	錢（Kala）	劉福助	劉福助	劉福助	
491	心事千萬條	劉福助	劉福助	劉福助	1998（民國 87 年）四十二、偉翔文化股份有限公司《心事千萬條》
492	講著煙火就著	劉福助	劉福助	劉福助	
493	破鏡難重圓	◆不詳	◆不詳	劉福助	
494	海上的風泳	黃新桐	曾仲影	劉福助	
495	蘭花	劉福助	劉福助	劉福助	
496	兩地二個家（kala）	劉福助	劉福助	劉福助	
497	兩地二個家	劉福助	劉福助	劉福助	
498	酒改不好	劉福助	劉福助	劉福助	
499	六月田水	葉俊麟	劉福助採譜	劉福助	
500	慶端節	劉福助修詞	陳明章	劉福助	
501	網路片頭歌	葉俊麟	劉福助	劉福助	
502	心事千萬條（kala）	劉福助	劉福助	劉福助	
503	燒酒愈飲負債愈深	劉福助	劉福助	劉福助	2008（民國 97 年）四十三、創意影音多媒體股份有限公司《燒酒愈飲負債愈深》
504	股市大賺錢	劉福助	劉福助	劉福助	
505	健康不老歌	劉福助	劉福助	劉福助	
506	兩岸二家艱苦 A	劉福助	劉福助	劉福助	
507	我會驚驚	劉福助	劉福助	劉福助	
508	蘭陽腔	劉福助	劉福助	劉福助	

509	安童哥買菜	葉俊麟	劉福助	劉福助	
510	尪親某親老婆仔拋車轔	劉福助	劉福助	劉福助	
511	歹歹尪食抹空	劉福助	劉福助	劉福助	
512	祖母的話	劉福助	劉福助	劉福助	
513	安童哥買菜	葉俊麟	劉福助	劉福助	2008（民國 97 年）四十四、榮星製作公司出品（條碼：8 888320 802816）《劉福助非常精選22》
514	一年換二十四個頭家	葉俊麟	劉福助+曾仲影	劉福助	
515	祖母的話	劉福助	劉福助	劉福助	
516	心事千萬條	劉福助	劉福助	劉福助	
517	相啥啦	劉福助	劉福助	劉福助	
518	尪親某親老婆拋車轔	劉福助	劉福助	劉福助	
519	歹歹尪吃抹空	劉福助	劉福助	劉福助	
520	侗不通博	劉福助	劉福助	劉福助	
521	台東人	呂金守	呂金守	劉福助	
522	飲酒人	劉福助	劉福助	劉福助	
523	風流阿伯採茶姑娘	◆不詳	◆不詳	劉福助	
524	吃人的頭路	葉俊麟	劉福助	劉福助	
525	甘蔗好吃雙頭甜	黃敏	日本曲	劉福助	
526	劉福助落下咳	劉福助	劉福助	劉福助	
527	十八拐	劉福助	劉福助	劉福助	
528	牽仙調	藍虹	歌仔調	劉福助	
529	雨夜花	周添旺	鄧雨賢	劉福助	
530	勸世歌	葉俊霖	江湖調	劉福助	
531	觀音菩薩來保庇（目瞞颺著沙、目瞞皮披披挫、落水咒）	傳統唸謠：劉福助改編	李泰祥	劉福助、秀朗國小合唱團	2011（民國 100 年）四十五、國立台灣傳統藝術總處籌備處，臺灣音樂中心《呦呦台灣　臺語歌謠》口白：廖春梅、吳秀珠
532	殺生咒（殺生咒、報冤麥對我這來）	傳統唸謠：劉福助改編	李哲藝	劉福助、秀朗國小合唱團	
533	搖子歌（收涎、搖啊搖、厲鴿）	傳統唸謠	李哲藝	劉福助秀朗國小合唱團	

534	童玩（點仔點水缸、圓仔花、咚咚嗟）	傳統唸謠：劉福助改編	黃新財	劉福助、秀朗國小合唱團
535	大人愛賺錢囝仔愛過年	傳統唸謠：劉福助改編	李哲藝	劉福助、秀朗國小合唱團
536	姑嫂鬥	傳統唸謠	徐正淵	劉福助、秀朗國小合唱團
537	挨囉挨	傳統唸謠	徐正淵	劉福助、秀朗國小合唱團
538	一陣鳥仔白溜溜	傳統唸謠：劉福助改編	徐正淵	劉福助、秀朗國小合唱團
539	你要食濁也要食清	傳統唸謠：劉福助改編	林桂如	劉福助、秀朗國小合唱團
540	阿草	傳統唸謠：劉福助改編	林桂如	劉福助、秀朗國小合唱團
541	外來留學生（留學生、盰目忠仔）	劉福助	黃新財	劉福助、秀朗國小合唱團
542	匏仔水、嫁皇帝	傳統唸謠：劉福助改編	林桂如	劉福助、秀朗國小合唱團
543	阿婆仔來這坐、龍眼花、奄埔蟬	傳統唸謠：劉福助改編	徐正淵	劉福助、秀朗國小合唱團
544	阿嬤住永靖	劉福助	林桂如	劉福助、秀朗國小合唱團
545	十二生肖	傳統唸謠：劉福助改編	張坤德	劉福助、秀朗國小合唱團

546	媽祖宮牽電線	傳統唸謠：劉福助改編	鍾耀光	劉福助、秀朗國小合唱團	
547	培墓	傳統唸謠：劉福助改編	鍾耀光	劉福助、秀朗國小合唱團	
548	猴蹦親母	傳統唸謠：劉福助改編	李哲藝	劉福助、秀朗國小合唱團	
549	食食你著留住址	傳統唸謠：劉福助改編	徐正淵	劉福助、秀朗國小合唱團	
550	美麗ㄟ福爾摩沙台灣	劉福助	劉福助	劉福助	2011 以後（民國100年）四十六、籌劃中《美麗的福爾摩沙台灣》
551	飄飄雨港—基隆市	劉福助	劉福助	劉福助	
552	國際首都—台北市	劉福助	劉福助	劉福助	
553	風光秀麗—台北縣	劉福助	劉福助	劉福助	
554	念念少年—中和市	劉福助	劉福助	劉福助	
555	國家大門—桃園	劉福助	劉福助	劉福助	
556	竹風城—新竹	劉福助	劉福助	劉福助	
557	峻嶺風城—新竹縣	劉福助	劉福助	劉福助	
558	美麗山城—苗栗	劉福助	劉福助	劉福助	
559	風和日暖—台中市	劉福助	劉福助	劉福助	
560	橫跨八達—台中縣	劉福助	劉福助	劉福助	
561	南投山水甲天下	劉福助	劉福助	劉福助	
562	八卦如來—彰化市	劉福助	劉福助	劉福助	
563	花花世界——彰化縣	劉福助	劉福助	劉福助	
564	前山第一城—雲林	劉福助	劉福助	劉福助	
565	古意諸羅—嘉義	劉福助	劉福助	劉福助	
566	高山水長—嘉義縣	劉福助	劉福助	劉福助	
567	鳳凰故城—台南市	劉福助	劉福助	劉福助	
568	輝煌古都—台南縣	劉福助	劉福助	劉福助	

569	國際港都—高雄市	劉福助	劉福助	劉福助
570	三山一體—高雄縣	劉福助	劉福助	劉福助
571	熱情洋溢—屏東	劉福助	劉福助	劉福助
572	世外桃源—台東	劉福助	劉福助	劉福助
573	寶石之縣—花蓮	劉福助	劉福助	劉福助
574	美麗海岸—宜蘭	劉福助	劉福助	劉福助
575	宜蘭腔	廖一鳴	劉福助	劉福助
576	戀戀海宮仙島澎湖	劉福助	劉福助	劉福助
577	山海一家—馬祖	劉福助	劉福助	劉福助
578	精神堡壘—金門	劉福助	劉福助	劉福助
579	吟詩	劉福助	劉福助	劉福助

製表人：賴明澄

附錄五　歌詞索引

【說明】

1. 由於劉福助發行專輯數量為多，以專輯呈現者，僅以其得獎的專輯為列。

2. 以台羅拼音書寫歌詞於右欄。

安童哥買菜

An-tông ko bé tshài

安童哥仔囉～	An-tông ko á lô~
我一時有仔主意	guá tsit sî ū á tsú ì
蹌蹌行哩哆蹌蹌去	Tshiáng tshiáng kiânn lih-toh tshiáng tshiáng khì
上街到菜市	Tsiūnn ke kàu tshài tshī
彼囉菜籃叮仔噹擲噢～	Hit-lô tshài nâ tin á tong hìnn oo~
安童哥仔囉	An-tông ko á lô~
我雙腳行入到菜市	guá siang kha kiânn jit kàu tshài tshī
閣開喙叫一聲「頭家仔」	Koh khui tshuì kiò tsit siann「thâu-ke-ah」
目睭閣眨眨瞬	Bak tsiu koh tshap tshap nih
東爿看過來	Tang pîng khuànn kuè lâi
噯唷西爿閣看過去	Ai-ioh sai pîng koh khuànn kuè khì
舉一目噯唷看一見	kí tsit bak Ai-ioh khuànn tsit kīnn
彼囉肥豬肉肥滋滋	Hit-lô puî ti bah puî- tsih-tsih
噯唷瘦的又閣紅記記	Ai-ioh sán--ê iū koh âng-kì-kì
我安童開喙就問起	Guá An-tông khui tshuì tioh mng khí
講這囉一斤是欲寡濟錢	Kóng tsit lô tsit kin sī beh guā tsē tsînn
彼個殺豬兄就仔應伊	Hit ê thâi-ti-hiann tioh á ìn i
肥的一斤五角二	Puî--ê tsit kin gōo-kak-jī
彼囉瘦的閣一斤六元四噢	Hit-lô sán--ê koh tsit kin lak-khoo-sì oo
安童哥囉實在有紲拍	An-tông ko á lô~ sit tsāi ū suà -phah
閣順紲買螺肉	Koh sūn suà bé lê-bah

買轉來去煮瘦肉	Bé tńg lâi khì tsú sán-bah
錢甲伊用予伊焦	Tsînn kah i iōng hōo i ta
順紲買豬腳	Sūn suà bé ti-kha
買鴨腳	Bé ah-kha
又閣買雞腳	Iū koh bé ke-kha
安童哥仔囉	An-tông ko á lô~
彼囉水雞鱔魚鱉	Hit-lô tsuí-ke siān-hî pih
伊逐項嘛佮意	I tak hāng mā kah ì
又閣捾袂去	Iū koh kuānn bē khì
紲結佇領滾仔叮噹 hinnh	Suà kat tī ām-kún-á tin-tong-hinnh
東爿弄過來	Tang-pîng lòng kuè lâi
噯唷西爿弄過去噢	Ai-ioh sai-pîng long kuè khì oo
安童哥仔囉	An-tông ko á lô~
我安童買菜真正敖	Guá An-tông bé tshài tsin tsiànn gâu
味素是買轉來滲湯頭	Bī-sòo sī bé tńg lâi tsham thng-thâu
罐頭酒五加皮	Kuàn-thâu-tsiú góo-ka-pî
麥仔酒閣是欲食熱天	Beh-á-tsiú kohsī beh tsiàh juàh-thinn
我就趕緊買買揹揹轉來去囉	Guá tiòh kuánn-kín bé-bé phāinn-phāinn tńg lâi khì lo~
安童哥仔囉	An-tông ko á lô~

十憨

Tsàp-gōng

人講第一憨	Lâng kóng tē it gōng
食薰噴風	Tsiàh hun pûn hong
（噴啊噴啊風啊風，茫煙散霧盈澎澎）	（Pûn á Pûn á hong á hong Bông ian suànn bū ing phông phông）
第二憨是，撞球相撞	Tē jī gōng sī lòng kiû sio tōng

（撞啊撞啊瘋啊瘋，Khi-khi-khók-khók 定空空）

（Lòng á Lòng á hong á hong Khi-khi-khók-khók tīng-khong-khong）

第三憨是博繳起繳狂
噯唷朋友啊
你是第幾憨啊？

Tē sann gōng sī puảh kiáu khí kiáu kông
Ái-ioh pîng iú á
Lí sī tē kuí gōng ah

第四憨是啉酒起酒空
（酒落腹內人暈暈，酒啉過頭人空空）

Tē sì gōng sī lim tsiú khí tsiú khong
（tsiú lóh pak lāi lâng gông-gông tsiú lim kuè thâu lâng khong khong）

第五憨是，食檳榔抝紅
（倒吊子噯唷檳榔王，心臟若跳 khók khók 蹤，汗流插滴起反狂）

Tē gōo gōng sī tsiảh pin nñg áu hông
（tò tiàu tsí ái ioh pin nñg ông Sim tsong ná thiàu khók khók tsông Kuānn lâu tshap tshap tih khí huán kông）

第六憨是注彼號孫悟空，
頭重重閣跤浮浮，
（親像騰雲駕霧，毋驚火車蹤）

Tē lảk gōng sī tsù hit hō sun-ngōo-khong
Thâu tāng tāng koh kha phû phû
（tshin tshiūnn tsing hûn kà bū M kiann hué tshia tsông）

彼號第七憨囉，
簽彼號大家樂
聽彼號童乩烏白謗，
（拜啥物有應公）
拜啥物石頭公，
（也有跪咧灶跤）拜碗公，

Hit hō tē tshit gōng lôo
Tshiam hit hō『大家樂』
Thiann hit hō tâng-ki oo-pẻh pòng
（pài siánn mih iú-ìng-kong）
Pài siánn mih tsiỏh thâu kong
（iā ū kuī lê tsàu-kha）pài uánn-kong

第八憨娶查某囝仔搧冬風，
（有夠憨啊有夠空）
會予人怨嘆閣兼笑俗。

Tē peh gōng tshuā tsa-bóo gín-á siàn tang hong
（ū kàu gōng ah ū kàu khong）
Ē hōo lâng uàn thàn koh kiam tshiò sông

第九是支票借人用，	Tē káu sī tsi-phiò tsioh lâng iōng
時到（時到）日到（日到）烏白蹤	Sî kàu（Sî kàu）jit kàu（jit kàu）oo pȩh tsông

彼號第十憨囉，	Hit hō tē tsȧp gōng lôo
是我福助仔上界憨，	Sī guá Hok-tsōo á siōng kài gōng
蘭花種去半天空，	Lân hue tsìng khì puàn thian khong
（頂港下港扣扣蹤）	（tíng káng ē káng khȯk khȯk tsông）
山頂山跤一直弄。	Suann ting suann kha it tȋt lòng
買一支牛魔王	Bé it ki gû-môo-ông
（閣買一枝花普通）；	（kok bé it ki hue phóo thong）
花路揣到面憂憂，	Hue lōo tshuē kàu bīn iu iu
（白齒的一直收）；	（phȩh khí--ê it tȋt siu）
矮仔看到人倒糾；	É-á khuànn tiȯh lâng tò kiu
（無糾欲怎樣）	（bô kiu beh tsuánn iūnn）
皺皮仔舞到面起皺	Liâu phuê--ê bú kàu bīn khí liâu
（看著擋袂調）；	（khuànn tiȯh tòng bē tiâu）
歸尾弄到人箠箠，	Kui bé lāng kàu lâng thuî thuî
陷敷看作肥；	Hàm phū khuànn tsò puî
做人憨較實，	Tsò lâng gōng khah sȧt
人憨好過日	Lâng gōng hó kuè jit
作人免傷敖	Tsò lâng bián siunn gâu
人敖多計較	Lâng gâu to kè kàu
計較無事使	Kè kàu bô sū sái
福到自然來。	Hok kàu tsū jiân lâi

A

十 憨　詞／劉福助、林文隆　曲／劉福助、林文隆

人講第一憨，吃煙吹風，噴啊噴啊風啊風，花錢換舊煙泡泡。第二憨是撞球相撞，撞啊撞，碰啊碰，吐吐咯咯變吐吐。第三憨是博假起假狂，哎唷，朋友啊，你是第幾憨。第四憨是飲酒起酒空，酒落肚內人暈暈，酒飲過頭人空空。第五是吃檳榔嘴紅，倒吊子的檳榔王，汗流霹靂起發狂，心臟若跳咯咯撞。第六注簽簽孫悟康，頭重重腳輕浮浮，親像騰雲駕霧不驚火車撞，啥羅第七憨羅，簽簽羅大家樂，聽候羅黑白講，拜什麼有應公，拜什麼石頭公，也有跪灶下拜碗公。第八憨是帶查某囝仔報多風，有到憨啊有到空，會給人想憾親像笑笑，第九是支票借人用，時到日頭黑白撞。啥羅第十憨羅，是我福助上界憨，蘭花種掏中天空上港下港咯咯闖，山頂山腳一直爬，買一支牛魔王撥買一支花香過，花蕊的孜甲面憂憂，白牙的直直收，猪仔看甲我人倒睏無拿要怎樣，歡皮仔武甲我人起躁，看著當袂住，搖尾用甲人疼疼，識卜看做肥。做人憨叶實，人憨好過日，做人免相賢，人賢多計較，計較無事較，福到自然來。

△註：牛魔王為蘭花的高貴品種。

流浪的探戈　莊啓勝詞　翻譯曲

㈠黑色的暗暝，雨雨滴落地，蒼白的月影，射入窗門邊，今夜又是想起著你，靜靜悶無意，懷念可愛的形影，描寫在心內。

㈡戀夢的痕跡，擾亂著心思，快樂的景情，引誘目屎流，離開至今已幾春秋，尚是孤單身，我在眠床引阮想，昔日你一人。

意大利花園　詞／張錦奉　曲／翻譯曲

㈠啊……日夢暝夢是你一人，夢中你我又甜又蜜，啊……花紅嘴親迷人，啊……可愛目睭高昇，明知無希望，怎樣我黑白夢。

㈡啊……思思念念是你一人，過去彼段情深意重，啊……舊情夢又難放，啊……多情人是空戀，明知一場空，怎樣我黑白夢。

㈢啊……左想右想是你一人，想來想去，愈想愈花，啊……無情夢全是空，啊……癡情人無彩工，明知是空夢，怎樣我黑白夢。

不可格泡泡（譯：不要裝傻子）　詞／親慕　曲／林文隆

㈠朋友你酒店若欲走，不當憨憨格給泡泡，查某的手腕真老到，暢酒目尾纏齊到，牽甲予你頭鉤鉤，講欲歸心予你包，當你酒醉看袂顛，一千的銀疊袂人叨，酒店查某卡惡料，陪你飲酒笑瞇瞇，等你酒茫哭甲嗄，講伊厝裡缺到期，明天又欲會仟錢，講吓阿母袂破病，若欲泡泡無考慮，支票銀票跟伊走，若欲泡泡無考慮，支票銀票跟伊走。

㈡上班的查某賢溝口，迷甲予你頭鉤鉤，等你酒花格泡泡，空仔仔加減拿來開，買單算帳納鈔票，才知給人叛大頭，勸你酒店卡兩走，錢了無予人笑憨猴，就會若欲來走跳，事事項項著用腦，不當憨憨格給泡泡，是會給人吃到到，也不通太鑽縫，才夠甲人攏夠鬧，人若豪爽甲廣交，機會若到著出頭，人若豪爽甲廣交，機會若到著出頭。

寒夜的燈塔　盤俊麟詞　翻譯曲

㈠寒冷的月暗暝，花霧罩海邊，海面燈塔白光線，暗淡無元氣，只有是一直發出小螺聲哀悲，引阮出帆的堅心，強要軟落去。

㈡航路的酸苦味，已經試了試，何必為著罩花霧，就要來失意，為怎樣海鳥哀啼擾亂阮的耳，親像動阮的心情，露出了懊氣。

㈢男性的真實意，不但靠勇氣，請看阮若到時期，是要來表示，寒夜的燈塔永遠不好再叫啼，你是知阮的苦情，憂悶的心意。

夢知！加再

㈠現實社會啊通人知，人生算來是海海，是呼是海海，計較太多啊無路用，親戚朋友大家誠懇相對待，不通用心機用計來相害，虎死留皮人死留名，通人知呀通呀通人知，好人得著好報人人愛呀，壞人得著惡果才應該。

㈡黑白二道啊有好也有歹，好的朋友交起來，交呀交起來，酒肉的朋友啊咱無愛，靠著金錢不通提去黑白開，著愛好好啊計劃來安排，腳步踏差懂嘸你感知啊通人知呀，朋友渡上教勸才應該呀，認真打拚才有好將來。

B

來去鄉下吸空氣（到鄉下呼吸空氣）　詞／林文隆　曲／林文隆

㈠請借問田邊的阿伯啊，鄉下是叨位卡趣味，阮就是討厭都市，欲來鄉下吸空氣，阿伯ㄚ你紅高赤啊，肩胛又袂倚倚，鋤頭舉著真四勢，兩粂目睭光閃閃，阮站站在都市每日吹冷氣，那有阿伯ㄚ好骨枝，飲酒應酬，打歹身體誤了時，都市的人，若有阿伯ㄚ年紀，就愛去倒躺椅。

㈡請借問趣担的阿嬸啊，鄉下是叨位卡趣味，阮就是討厭都市，欲來鄉下透空氣，阿嬸ㄚ你紅高赤啊，腰骨也袂倚倚，竹竿舉著真四勢，兩粂目睭光閃閃，阮站在都市攏臉赤赤，曉驚有時暇飽過飢，飲酒應酬打歹身體誤了時，都市的人，若有阿嬸ㄚ年紀，就愛去倒躺椅。

黑貓探戈　張錦奉詞　翻譯曲

㈠青紅燈閃閃爍爍，音樂聲音四邊，我為你唸歌詩，我心情歡喜，雙雙對對落舞池，腳快快跳落去，腳一步一步跳來跳去，離開開，嘿黑貓的探戈，探戈探戈，你陪伴我陪你，酒過來又酒過去，嘿黑貓的探戈，探戈探戈，你伴我我陪你，愈跳心愈開。

㈡燒酒甜緊來開，飲落去免驚醉，我為你唸歌詩，我心情歡喜，一杯一杯飲落去，麻麻西我沒醉，腳一步一步跳來跳去，離開開，嘿，黑貓的探戈，探戈探戈，你陪伴我陪你，酒過來又酒過去，嘿，黑貓的探戈，探戈探戈，你伴我我陪你，愈跳心愈開。

戀 歌

㈠思戀你，思戀你呀，你我離別三年啦，昨暝的夢猶原也是你的夢，港邊的海鳥怎樣打醒阮眠夢，啼哭聲音悲哀，會給人心內憂悶。

㈡你的影存在目前，為你想思尋歸暝，不時來看海水，想著伊的人，天頂的月娘若會照入阮心內，希望你傳給我，會得知影伊心內。

㈢我的心想要飛去伊的身邊見一面，夜夜會過長暝，也是為著你，只有你一人，才會給我心平安，等何時會相會，會得與你再相會。

叫一聲鄉親　詞／林文隆　曲／林文隆

㈠為了生活來都市，離開鄉下五六年，每日駛車來趁錢，希望早日出頭天，昨暝，夢到故鄉的大姊，聽不著路邊過鑼音，啊……叫一聲鄉親喂，你的心肝內，不知還有思念故鄉的代誌。

㈡為了生活來都市，離開鄉下五六年，每日駛車來趁錢，希望早日出頭天，昨暝夢到故鄉的大姐，緊問田庄有什代誌，啊……叫一聲鄉親喂，雖然在都市，我的心內每日思念著鄉里。

訣別愛河橋　翻譯曲

㈠恨命運來迫害，鴛鴦分東西，情難忘，為伊一人，重回故鄉來，真無疑，晴天霹靂，好花變成相思栽，啊，運命安排，男性的悲哀。

㈡溫泉鄉罩花霧，白梅又盛開，被一對苦命鴛鴦，難得結將來，青春夢，變成不愁，肝腸寸斷聲聲哀，啊，生離死別，痛苦誰人知。

懷念的播音員　葉俊詞　翻譯曲

㈠雖然你誤我，每日在空中相會，因為你溫柔、甜蜜的聲音可愛，那日使我忍不住，為你來心迷醉，所以要叫我怎樣來對你表示，只有是懷念你。

㈡雖然你誤我，每日在空中相會，因為你一切，使人會為你痴迷，可愛的你播音聲，解消我心空虛，愛你在心內，可惜無勇氣表示，只有是懷念你。

㈢苦苦的心，無人知，只有叫你名字，我思慕的人，你就是大眾情侶，只有是懷念你。

藍天
LANTIAN
藍天唱片音樂開有限公司
●總公司　台中縣烏日鄉湖日村榮泰街157巷29弄4號(04)3382999
●分公司　台北市樂利路42巷2號3樓之5(02)7084677~8
出版登記／局版台唱字第0604號

《二十四節氣上》序

說明：春夏秋冬農諺，作者劉福助已在該句農諺後面加註中文解釋，故不再顯示台語的台羅拼音。

廿四節氣

◆序◆

（白）

　　各位親愛的聽眾朋友大家好，廿四節氣是咱的先祖，千萬年來，用心計算，時時觀察、日日變化、小心分析所得的經驗多年來的累積，留給咱無價的寶，留給咱農業時代生活中，不可缺少的依靠，一年三百六十五天，三百六十五天分做七十二侯，一侯五天，三侯十五天剛好一個節氣，一季三個月，六個節氣，四季十二個月剛好廿四節氣，保留這話有聲的財產是我出道至今的願望，何況福助仔給您照顧三十多年，編寫這些歌詞的心情真歡喜，感覺真有意義，這篇廿四節氣在我手內足足有一年的時間，不斷的修改，不斷的增加，愈寫愈有趣味，因為裡面的每件事物，甲咱攏很熟悉親像咱聽過、看過，甚至做過，甲咱真有親切感，希望大家來參考，希望大家會喜愛，希望大家給我指教。感謝！多謝！勞力！

春　農諺

（女）初一落雨初二散，初三落雨到月半。（初一落雨初二會天晴，
　　　　初　三落雨會下到月中。）

（男）烏雲若接日，明天不如今日。（烏雲近日，占翌日天氣會變，
　　　　比今天會更不好。）

（女）正月雷，二月雪，三月無水過田岸。（一月鳴雷，二月下雪三
　　　　月則水少不夠灌溉。）

（男）早春好七迌，早夏粒末無。（春天早來正好遊春，夏天早來，
　　　　卻因涸早，晚冬收獲減少。）

（女）閃爍的星光星下風會狂。（星光閃爍，夜雖晴，有大風。）

（男）雷打蟄雨天陰天四九日。（驚蟄日鳴雷，雨或陰的天氣會有四
　　　　十九日之久，也有俗云〝雷打蟄，百二十日。）

（女）二月踏青，二八三九亂穿衫。（台灣的天氣二三月冷暖不定，
　　　八九月秋末，時寒時熱，故寒衣夏衣都穿。）

（男）透早東南黑，午前風佮雨。（清晨東南邊有烏雲，午前可能會
　　　下大風雨。）

（女）二月三日若天青著欲忌清明。（二月初三若是好天氣，需要忌
　　　諱清明時節會下綿綿雨。）

（男）三日風，三日霜，三日以內天晴光。（三日連續大風，其次三
　　　日連續下霜，其後的三天一定是好天氣。）

（女）春天南，夏天北，無水通磨墨。（春天刮南風，夏天刮北風，
　　　可能大旱。）

（男）正月寒死豬，二月寒死牛。

（合）三月寒著播田夫。（一二三月的天氣都很冷。）

夏　農諺

（女）立夏小滿，雨水相趕。（立夏與小滿是梅雨季節雨水多。）

（男）雲勢若魚鱗，來朝風不輕。（鱗雲重疊來朝必起大風。）

（女）春茫曝死鬼，夏茫做大水。（春天霧濃必大旱，夏天霧濃必大
　　　雨。）

（男）四一落雨空歡喜，四二落雨花無結子。（四一因還沒結實，
　　　四二落雨雖有開花卻未結實，四月農作物忌長雨，收穫不
　　　多。）

（女）四月二六海水開日。（入夏之後海水浪潮漸大）

（男）五月端午前風大雨也連。（端午節前常常風雨連綿少有晴天。）

（女）紅雲日出生，勸君莫出行。（日出時有紅雲是颱風兆，所以不
　　　要外出。）

（男）袂食五月粽，破裘仔毋通放。（還沒有過五月節天氣尚未穩
　　　定，棉被不可棄之。）

（女）六月十二彭祖忌無風也雨意。（六月十二日式彭祖的忌日，也
　　　是颱風的季節，雖沒有風也有雨意。）

（男）六月棉被揀人蓋。（六月身體虛弱的上需要蓋棉被。）

（女）年驚中秋月驚十九。（月到十九近月底，年過中秋近年底，時
　　　間過得快。）

（男）田嬰若結堆，戴笠穿棕蓑。（蜻蜓群聚蜻蜓群飛乃雨兆。）

（女）四月芒種雨五月無焦土。

（合）六月火燒埔。（如果芒種日下雨，五月多雨，六月就會久旱。）

農諺

（女）六一一雷壓九颱。（六月一日鳴雷，這年颱風少。）

（男）七一一雷九颱來。（七月一日鳴雷，這年颱風多。）

（女）五月蝶討無食。（五月花季已過，五月蝴蝶比較採不到花粉）

（男）六月攏無巧七月頓頓飽。（六月節日少沒得吃，七月份節日拜
　　　拜多，吃的機會也多。）

（女）風颱做了無回南，十日九日澹。（颱風過後，風向不轉南吹，
　　　上有多日下雨。）

（男）雲佈滿山底，透暝雨亂飛。（烏雲佈滿山底，一定風雨交加）

（女）雷打秋晚，冬一半收。（立秋日如有雷，晚冬〔二期稻作〕收
　　　成不好〔半收〕。）

（男）秋靠露，冬靠雨，白露末擾土。（秋天靠露水，冬天靠雨水，
　　　白露這天不可擾動土壤，以免損害農作物。）

（女）紅柿若出頭，羅漢腳仔目屎流。（紅柿出已是秋天，天氣轉
　　　涼，光棍日子難過。）

（男）八月大蔬菜免出外。（八月大〔三十一日〕氣候不順，蔬菜收
　　　成不好，不夠拿出去賣。）

（女）八月八落雨，八個月無焦土。（八月八日下雨占長雨。）

（男）七豎八倒九斜十落。（金牛宮底的小七星，其每天在天上的位
　　　置是七月豎、八月倒、九月斜、十月落。）

（女）九月起風降，臭頭扒佮抽。（九月秋天風乾燥，臭頭的人會
　　　癢，且會拼命抓不停才感到止癢。）

（男）烏雲飛上山

（女）棕蓑提來擛

（男）烏雲飛落海

（合）棕蓑覆狗屎（滿山烏雲定有雨，出門帶雨具；滿天烏雲飛向
　　　海邊，則會轉晴不需雨具。）

補冬　農諺

（女）早落早好天，慢落到半暝。（晨下雨午後陰轉晴，午後才下雨
　　　就會下到半夜。）

（男）霜降出，無齊牽牛犁。（霜降時稻穗長不齊，收穫壞，要重新
　　　拖牛耕地。）

（女）十月日生翅，貧惰查某領袂直。（十月白天短，太陽下山快，
　　　懶女人工作會做不完。）

（男）晚霧即時收天晴可有求。（夕暮天霧易散，翌日天晴有望。）

（女）送月雨，後月無焦土。（月底下與占下月份雨水會多。）

（男）落霜有日照，烏寒著無藥。（陰冷天氣雖落霜，假如有日照可
　　　溫暖，但若只是陰天，則就寒冷。）

（女）大寒不寒，人畜不安。（大寒當天，天氣應該要冷，否則人畜
　　　會多病。）

（男）初三四月眉意，十五六月當圓，廿三四月暗暝。（月初月中月
　　　底的月之圓缺明暗。）

（女）晚看西北烏，夜半起風雨。（傍晚西北方天上有烏雲，半夜則
　　　會有風雨。）

（男）十二月初三黑龜湳，落雨落到二九暗。（十二月初三日是烏龜
　　　精生日，當天若下雨則會一直下到除夕夜。）

（女）冬節在月頭

（男）欲寒佇年兜

（女）冬節月中央

（男）無雪亦無霜

（女）冬節佇月尾

（男）欲寒正二月。（冬至如在月初，年底會很寒冷；冬至如在月
　　　中，當年冬天很少有雪；冬至如在月底，當年冬天不會冷，
　　　則會在隔年一二月冷。）

十月之二首農諺唸謠：

（一）十月寒霜啊來立冬，冬眠的蟲啊，鑽躦入孔啊也，春耕秋收
　　　冬天藏，生活無憂啊，無愁的人啊也，十全八珍囉～來補冬，
　　　人講補冬啊，補喙空啊～燉，有人用鍋仔，有人用甕，食一

咧傷補，變一咧毋成人，咿～啊

（二）小雪寒冷地氣凍，寒著挽茶種植人，山頂山跤伫振動，寒甲
面仔白蔥蔥，小雪彼日若好天，落雨落到欲過年，一日到晚
瀁瀁滴，冬天雨水沃著冷吱吱咿……

雞婆 301

Ke pô sam khòng it

第一愛食是咱人	Tē-it ài tsiàh sī lán lâng
做食手路好似天工	Tsò tsiàh tshiú lōo hó sù thian-kang
五湖四海芳的	Ngóo ôo sù hái phang--e
用盡天南地北餐，	Iōng tsìn thian lâm tē pak tshan
食來食去	Tsiàh lâi Tsiàh khì
食食食	Tsiàh Tsiàh Tsiàh
有毛食到棕簑	Ū môo tsiàh kù tsang-sui
無毛食到秤鎚	Bô môo tsiàh kàu tshìn-thuî
親像天頂飛的	Tshin tshiūnn thinn tíng pue--ê
水底泅的、塗跤爬的	Tsuí té tshiû--ê、thôo-kha pê--ê
土底藏的、徛的蹲的	Thôo té tshàng--ê、khiā--ê、khû--ê
半蹲徛仔	Puànn khû kha --ê
攏嘛哺哺食食	Lóng mā pōo pōo tsiàh tsiàh
吞吞落腹內	Thun thun lóh pak lāi
虎、豹、獅、象來剝皮，	Hó pà sai tshiūnn lâi pak phê
貓狸、溜（蛇）貓會清血，	Bâ lí liu（tsuâ）bâ ē tshing hueh
會飛會跳會趖的，來煏杷	Ē pue ē thiàu ē sô--ê lâi piak pa
皮媠穿會燒	Pê suí tshing ē sio
鉸鉸的來做衫，	Ka ka--ê lâi tsò sann
角好磨粉、骨熿膠	Kak hó buâ hún、kuk khòng ka
鞭做藥丸來予阿爸	Pian tsò iòh uân lâi hōo a-pa
細尾囥伫罐仔內浸燒酒	Sè bué khǹg tī kuàn-á lāi tsìm sio tsiú
大尾落鼎燉	Tuā bué lóh tiánn tún

滷、紅燒兼炸油	Lóo âng sio kiam tsuànn iû
予人掠著哀聲悽慘咻	Hōo lâng liáh tióh ai siann tshin tshám hiu
人刣反抗滾絞袂喝救	Lâng thâi huán khòng kún ká bē huah kiù
咱人倒翻來做禽獸	Lán lâng tò ping lâi tsò khîm siū
你敢有欲放伊干休	Lí kám ū beh pàng I kanhiu
強欲欺弱來害伊	Kiông beh khi jiók lâi hāi i
千萬年來循環的代誌	Tshian bān nî lâi sûn khuân ê tāi tsì
卓鼻仔家婆	Tok-phīnn-á ke pô
講咱損害自然無天理	Kóng lán sún hāi tsū jiân bô thian lí
『經濟報復制裁』	『經濟報復制裁』
共咱『三〇一』	Kā lán 『三〇一』
為著口福食補來害伊	Uī tióh káu hok tsiáh póo lâi hāi i
食健康啊會補你	Tsiáh khiān khong á ē póo lí
輪迴食來下回伊食去	Lûn huê tsiáh lâi Ē huê itsiáh khì
冤冤仇仇永遠拔袂離	Uan uan siû siû íng uán pak bē lī
做人若是皮皮來鐵齒	Tsò lâng nā sī phî phî lâi thit khí
欲信毋信輪迴隨在你	Beh sìn m̄ sìn lûn huê suî tsāi lí
殘忍悽慘補你你刣伊	Tsân jím tshin tshám póo lí lí thâi i
伊、咱平平攏嘛仝款是爸母生	I lán pênnpênn lóng mā kâng khuán sī pē bú senn

《二十四節氣上、下》

一年三百六十五天分做七十二候。一候五天，三候十五天剛好一個節氣，一季三個月為六個節氣，四季十二個月剛好廿四節氣。

劉福助◉廿四節氣 上 刣刣嗲相欠

廿四節氣

◆序◆

（白）各位親愛的聽眾朋友大家好，廿四節氣是咱的祖先，千萬年來，用心計算、時時觀察、日日變化、小心分析所得的經驗多年來的累積，留給咱無價的寶，留給咱農業時代生活中，不可缺少的依靠。一年三百六十五天，三百六十五天分做七十二候，一候五天，三候十五天算一個節氣，一季三個月，六個節氣，四季十二個月剛好廿四節氣，保留這些有價的財產是我出道至今的願望，何況劉福助任給您照顧三十多年，編寫這些歌詞的心情員歡喜，感覺員有意義，這寫廿四節氣在我手內足足有一年的時間，不斷的修改、不斷的增加，愈寫愈有趣味，因為裡面的每件事物，甲咱攏係勢參與啊聽過、看過，甚至做過，甲咱員有親切感，希望大家參考，希望大家會喜歡，希望大家給我指教。感謝！多謝！努力！

一、春 音樂 曾仲影作編曲

農諺 黃佩如客串

（女）初一搭雨初二散，初三落雨到月半。（初一落雨初二會天晴，初三落雨會下到月中。）

（男）烏雲若遏日，明天不如今日。（烏雲近日，占翌日天氣會變，比今天更不好。）

（女）正月雷，二月雪，三月無水過田岸。（一月鳴雷，二月下雪三月則水少不夠灌溉。）

（二）雨水農家喜 上稿豐地 四季播植稱無同工啊也 牛牫土肥育振動 查某人 無門啊桃頭啊啊也

（男）早春籽迌迌，早夏無末無。（春天早來正好迌春，夏天早來，別迌就早，晚冬收獲減少。）

（女）閃爍的星光起下風會狂。（星光閃爍，夜晚時，有大風。）

（男）雷打驚蟄雨落四九日。（驚蟄日鳴雷，雨或後的天氣會有四十九日之久，也有俗云『雷打驚，百二日』。）

（女）二月踏青，二八三九亂穿衣。（台灣的天氣二三月冷暖不定，八九月秋末，防寒時熱，放棄衣夏衣都穿。）

（男）透早東南風前謝甲雨。（清晨東南邊有烏雲，午前可能會下大風雨。）

（女）二月三日若天清著愛忌清明。（二月初三若是好天氣，須忌清明時節會下細細雨。）

（男）三日風，三日霜，三日沒內天開光。（三天連續大風，其次三天連續下霜，再後的三天一定好天氣。）

（女）春天南，夏天北，毋水過瞑瞑。（春天刮南風，夏天刮北風，可能大旱。）

（男）正月寒死豬，二月寒死牛。

（合）三月寒著播田夫。（一二三月的天氣都很冷。）

立春過年

（一）立春多喜氣 吹鬧喧啊 叫醒春牛啊 在放天啊也 有勢的過要振動 莫嘉逢春聯會就鳴鑼弄啊嗽嗽也 萬物叫起曆 在迌時 蜘蛛飛向啊 北過天啊也 世間人生抵靠天氣 宇宙間曜照天曜伊 伊……啊

道時節氣啊 厚雨水啊 傳鄰在某啊 行路美啊也 做事頭無酒醒勳覺費家牛車撞水啦 伊……

正月、博倌

（一）大人煩惱怎驚錢 囝仔歡喜會過暝 三十暝攏大漊漊 困仔上愛壓年錢 初一逐早笑咳咳 垃圾不通倒出來 罵人歹話動刀嗽 新來平安全家吃早暝 伊……

（二）過品差路 來做客 在某子初二返外家 分春的餅扁的拎嘴邊 初四接神逆佰家 五路財神初五來 工廠開店今天開 初九天公生畫著拜 八音花上元鬧熱煮 伊……

（三）自小過年學博倌 學歹賭丝緣會娛到甲今唔褫改抹擦 建暝暮學甲暍暍照照 佢人唱慘著是博 佢於佗家伙多少 山海大 愛博一啊著輸贏 貪儌放塊給人拈 伊…… （四）做人一生若無博 嫌多嫌少有啥碎 自古至今甲中看 憨人做每去生活 錘廷或龍扶是財 散的哺博才是寶 一生跪後拼勢倌 一世愛博輸了連哪無 （伊……

正月之2 中國人 劉福助詞曲

（一）咱人在世 像蠳蟻 天邊海角去討食 到處做生 到處佳 落地生根 那著驚 人傭海中 一片葉 風吹海浪 推流行 行到佗位有咱腳跡 打拼勢做才是 咱祖人的名聲 （二）金龜像咱的氣車 上山轉彎 起絡崎 蚵蛇逃行像火車 踦踦拖拖啊趴行行 蝴蝶真像飛能機 較高較遠都飛去 親像咱叫咱登立态 白白浪費啊 一生無了時

二月頭牙

(一)春雷一響嚄　驚蟄起哩哩　冬眠的蟲啊　總叫醒啊也
萬物逢春崛出世　龜羅筆达　啊土底起啊哩哩　二月初二嚄
微溜牙哩　拜土地公啊每一宅啊也　雞鴨魚肉做牲禮
土地公甲牲禮結冤家　伊⋯⋯⋯伊⋯⋯⋯啊
(二)大地閃電會響雷　驚蟄這時打開捲草魂肥稻仔青萃
稻草人顧園手閂開　荒郊野外綠綿綿　春花當開的時陣
春分過日太陽正東起　日夜平長的日子　伊⋯⋯啊

二月之2　土地公的心聲　劉福助詞曲

(一)凡間的人員愁用　雞鴨魚肉做三牲　三牲禮您塊用
殺生的罪業我塊還　要拜我土地著用素餐
魚蝦雞肉不通殺　你若攏殺我會害　閻王若問罪倒頭裁
(二)老土地的痛苦無人知　無法講話有較害
初二十六怨一直叫　柯頂的雞鴨喙開開　廟開向伊
討超生　伊無權利　無路用　殺生罪業較呢大
老土地給您害伊永遠抹升官

三月掃墓節

(一)三月清明辦掃墓嚄　懷念親人啊祭祖先啊也
鼠麴做粿甲做乾　想著傷心啊淚漣漣啊也　藥草除掃嚄
墓坪現現看著親人啊　在眼前啊也感恩謝祖翹翹現
不甘親人已做仙　伊⋯⋯⋯伊⋯⋯⋯啊
(二)每年三月想清明　全家合齊到墓陵　保庇家族平安靈
是小順利事業也　子孫有孝拜祖先　一代一代相承連
佑鼠麴粿的囝仔二三層　細漢的受粿　大的受錢

劉福助⊙廿四節氣（上）呵呵嗲相欠

一年三百六十五天分做七十二侯。一侯五天，三侯十五天剛好一個節氣，一季三個月天寫六個節氣，四季十二個月剛好廿四個節。

三月之2　四散唱　劉福助詞曲

(一)咱住台灣　有福氣嚄　平安順利　無地比　四季如春
得人意　風調雨順慶有餘　保庇安定一家大小好行踏
保庇國會大人不通攏相打　最高的院會都被呢鬧抄
叫咱田姓啊要按怎
(二)清明有放鞭阿門煙　這雾有大腸安甲白粉　染著別人頭殼
快吞忍　無巴打拼觀苦氣氣氣　親戚朋友閃甲無路
某子哪你上艱苦　各母無望攏必要什步　這味的無成啊
永遠誤前途
(三)天地主宰世間人　做惡做毒先不通　惡毒報應無地藏
藏延子孫可憐人　聚善怕懸的人甲善奸邪的人不通交
世間的人若看透鬆心打拼啊　早慢會出頭

二、夏　音樂　曾仲影作編曲
農　諺　黃倩如客串

(女)立夏小滿雨水相逼。(立夏與小滿逢梅雨季節雨水多。)
(男)實勢若魚鱗來飯風不輕。(鱗量疊疊怒颸必起大風。)
(女)春花蔓死亂夏甲做大水。(春天蔓濛必大旱，夏天蔓濛必大雨。)
(男)四一落兩空寡嚄，四二落雨花無結子。(四一因沒結實，四二落雨蔓有開花謝末結實，四月農作物長雨，收穫不多。)
(女)四月廿六海水可日。(入夏之後海水漲滿較大。)
(男)五月隨午前風大雨也逮。(端午節前常常雷雨連綿少有晴天。)

(女)紅靈日出生，勸君莫出行。(日出時有紅靈是颱風兆，所以不要外出。)
(男)快炟五月粽袋才不通放。(還沒有過五月節天氣尚未穩定期紋不可掉之。)
(女)六月十二彭祖忌無底也雨意。(六月十二日是彭祖的忌日，也是颱風的季節，當該有風也有雨意。)
(男)六月綿被誰人蓋。(六月身體虛弱的尚須蓋綿被。)
(女)年驚中秋月驚十九。(月到十九近月底，年過中秋近年底，時間過得快。)
(男)蜻蜓若結堆藏笠穿蓑衣。(蜻蜓群聚蜻蜓群飛乃雨兆)
(女)四月芒雨五月無蛇工。
(合)六月火燒埔。(如果云積日下雨，五月多雨，六月久旱。)

四月　農副雙重不可分

(一)立夏天氣暖漸溫和　土底的蟲啊出來迎到啊也
龜羅導仔出仔寮啊　自己學甲仔　民食為天嚄
蠕蜓烏本身千年來怨疑開　攏若底足滾好穗
全員和好才會嚄　這是現代的教訓　以農立國有可奪
農副雙重不通分　伊⋯⋯伊⋯⋯啊
(二)小滿以後著有飽　新來行攆草乾這嚄　查某人無閒過落飯
做甲龜笑頭不知飽　驅跑水車門轉　農家敬喜唱山歌
稻仔飽穗粒粒實　鼻人類播辛苦刺錢嚄　伊⋯⋯伊⋯⋯啊

四月之2　呵呵嗲相欠　劉福助作詞曲
　　　　　　　　　　　　　　李亞萍客串

(男)男兒立志由鄉間
(女)啊什麼關　我這關都秋過啊　嗲出嗲關

(男)身為男子漢　實在可憐蟲　娶一個某苦一世人
　結婚了後　袋錢滿褲磅　袋仔底定定空　伊沖甲空空
(女)定你伴手那是要愛錢　固定上多給伊百二
　伊是若無錢著快黑白去　兔驚外口粉味沖
　甲呵呵糾纏
(男)二日二要出門　我膦手會軟　上無嘛騎牛仔
　提一隻來放
(女)查某人若有錢　危險黑白畫　no money 袂做任
　較食久長
(男)對我呢抱怨　請話放呢清
(女)對你世界好　不通擱再嫌
(男)手勢粿較高　不通利舶舶
(女)講我聽　我這念二念　呵呵呵嗲相欠

五月端午節

(一)五月肉粽嚄　端午節嚄　艾蒲香遍啊門斗塞啊也
鑼鼓鼓鼓龍船划　紀念屈原嚄　伊一個啊也　人山人海嚄
那街市呷割划龍船啊　到河邊啊也　勻勻越滾著冠甲旗
肉粽代替餛飩哩　伊⋯⋯⋯⋯⋯⋯⋯⋯啊
(二)夏至過天暖　日上長哩　蟲飛外久啊　著天光啊也
保稻倒好捱去放　放喫暑閒眠眠床啊也　芒種毒日嚄
梅雨陀蚸蚊蟲哥啊　一直生哩也　蜻蜓去來罩生去
肚八仔嗄土黏草枝　伊⋯⋯⋯⋯⋯⋯⋯啊

㈢乾乾閂閂啊　師師叫哩　吱吱吹吹啊　叫無休啊也
半暝仔蟲聲嗄嗄叫　蠅神蚊仔聲啊眞歪腰啊也
田蛤仔水蛙囉　聲袂煩哩蚯蚓仔聲大啊　又擱高啊也
高聲低聲和聲亂　眞像一陣失調的交響樂團
伊……………啊

五月之 2　水果季節

㈠一月凸柑甲金桔　二月鳳梨金龑現　三月桃仔枇杷眞新鮮
四月李仔哥哥輪　五月芒果西瓜甜　六月荔枝滿路邊
七月龍眼滿街市　八月柚仔木瓜甲紅柿　伊……………
㈡九月釋迦囉甲香焦　十月甘蔗啊甲楊桃啊也
柭仔四季免驚無　十二月年柑啊連帶葉啊也
較早的土柭仔囉　看袂著科學發達下下叫
進口改良接種黑白門的　一年四季攏總有出產期亂亂
人無照天理　天無照甲子　無照節氣煞番番哩
伊…………啊

六月　阿扁與土伯

㈠小暑無雨囉眞悶熱哩　花扇那脫啊　驚著沙啊也鹼仔粿
米苔目清水挫粉圓　八寶冰啊棄燒熱啊也　六月的風囉
拉潤熱　仙草梅仔啊加愛玉啊也　驚熱簷前腳治塊休
不免出門像火燒　伊…………伊……………啊

㈡阿扁仔一生撞獅鼓　兼做掃手加尿壺　給人招著愛倚查某
晚時廟口塊講話　土伯仔無後生心會糟
查某子嫁出抽豬母稅　祖先的香煙著顧乎好
不免不孝有三後祠無
㈢大暑農作物啊上快大　西北雨落袂啊過田岸啊也
手岸碌毒目矚看　曝蓆曝衫啊　曝被單啊也　天頂日頭曬
晒大路頂煎下迫無變步　脆雷一聲天變黑
收衫淋甲濕糊糊　黑壞天氣落大雨　爛草會生火金姑
伊……………伊……………啊

六月之2　遺失的過去　　劉福助詞曲

㈠農家飼雞鳥鴨鵝　飼狗顧家驚人偷　豬飼大隻驚無種
請人專門牽豬哥　擔擔過嶺翻過山　祖傳會曉補碗盤
嗎兼會曉補雨傘　工夫上好是啊是補鼎
㈡較早有人塊打鐵羅　紅龜粿印兼做打竹器
少年的治塊做軋童　廟公會曉看佛字　老仙的專門打綿被
兼擱會曉教子弟　叱玲瓏賣雜貨　拜拜鬧熱啊有人演佳禮
㈢師父專門會鋸栫　啊婆仔挽面產婆兼媒人　有人賣布
有人做烘爐　有做茶籠有收鴨毛　鉸刀剃頭刀菜刀皮鞋刀
做粽簑嗎有做草蓆　以前有人塊扛轎　虔誠的人塊顧廟

如須歌譜請附回郵20元寄台北市民權
東路三段13號二樓・麗歌唱片公司收

發行：麗歌唱片廠股份有限公司
作曲/編曲：曾仲影
詞・曲：劉福助
演唱：劉福助
特別客串：李亞萍
女聲：黃倩如
宣傳企劃：胡亦雄
攝影：東港浪情婚紗
錄音：捷奏錄音公司
製作：劉福助
統籌：福助工作室
設計：林淑如

■ 掌與千人好，笑與一人俏
七月中元大普渡
(一)立秋無雨呷上難憂古早人講農物啊 一半牧啊也水稻仔刈了種雜糧
查某人做甲啊發嘴腦啊也風颱李節嘟 做水淹大路 水火無情啊
無愛步啊也中元節氣大普渡大家燒墵來渣孤伊－伊－啊
(二)七月普渡啊放水燈甲水底交替啊 相來情啊也誦經咒真好用
大家無氣啊頌清神也天地水帝薄稱三元
正月十五七月十五甲十月十五地水三官大帝誕辰
七月初一開鬼門關 七月半鴨不知溜
比賽的豬公歸拼腎義高 伊－啊
(三)拜好兄弟來殺生加忝遊塊的罪嗟 殺生的那除烏因種
好兄弟仔請神未超生祭拜義好用素果台歸山坪
夢擱學因果道理會相報業結完化 大家龍總好伊………

■ 百年成之不正，一日緣之省脩
七月之二先帝教養流傳千萬年
詞曲：劉福助
(一)古早風颱愛來無人知這嗎 有設彼羅天文台
無情水災上介街闊淹歷內產甲過肚臍 春分陽盛擱雷聲
秋分陰強雷無影 四季變化明如鏡(天地造化真在奇怪驚)
(二)先人教養知義理有分大小甲男女父母兄弟姐妹組老母是地父是天上
古時代人較少落霜需凍穿樹葉遮人氏起火敲擊石
(敲莫吃青煮熟知吃燒)
(三)較早袂曉通起磨樹頂石洞四界區
山巔海邊達碩有曾碖咱人的身腦 天上創造萬物起發明
八卦是伏羲 伊的小妺女媧氏(陳石補天人講有玄機)
(四)神農帝敢呷種五穀試百草盡百穀毒幹幹
黃帝設甲子三六五日做一年 敬咱會曉通熟字體繪儀敲育敬
穿衣古人就知天地理(貢獻世間流傳千萬年)

■ 一年動刀石，十年本未幸
八月中秋月餅賞月娘
(一)鴻雁向南來家藏哩燕子返來啊 過秋冬啊也白露霧
水有時降做田人風鼓啊一直拚啊也農家牧成哩穿穿轉哩
日日無閒啊田中央啊哩車艚奔墵腳脹讓
希望子孫羞穴醫成物伊－啊
(二)秋分鬆蟲哩做巢歷般做好啊才十本啊
也中秋月餅文旦柚全家歷外啊賞月娘啊也嫦娥住沿喃
月娘視利擱受發達啊實在真利害啊也直飛太空去看兄
空無一物靜靜的月娘內伊………啊

■ 但將冷眼看螃蟹，看你橫行到幾時
十二月尾牙、送神、推做堆
(一)小寒鵲鳥來做巢 路頂的人鬚縮縮穿衫穿袍穿棉襖
穿甲變形無人樣 十二月十六日做尾牙愛請新羅是舊例
雞頭向對都一個咄伊栓咎的明年換頭家伊
(二)二四送神薦祭拜好詁報玉皇上帝知阮這家仔都袂歹
保庇阮田甲會發財賺神返了大拚掃壁厨桿欄拼床頭
拼內拼外甲拼灶雞狗年鴨豬鵡甲牛楜伊
(三)門連缸灶啊春聯襟石磨仔清洗妻A糅籠床箱樣仔
不免找甜粿過年 發粿發糕包仔包金柔甜糅粿吃點心
這代的少年仔誠巧不捌做粿啊攏袂曉啊也廿九彼暗伊…
真古錐哩後生總婦仔啊坐對開啊也
按呢作簡單擱袂浪費帶入房內推做堆伊伊啊
(四)咱的祖先嘛真才情哩一年四季嗎分甲清清清啊也
廿四節氣明明明清清楚楚啊照農曆啊也
千萬年來嘸用這代代相傳啊一直過啊也 大寒過了過年節
大寒過了過年節 盤古開天以來直輪迴伊啊
大寒過了過年節 盤古開天以來直輪迴伊－啊

■ 千碇萬碇，孝義萬光
佛日
萬事從本來由天天理流行本自然行雲流水皆如幻
百年光陰彈指間 百年光陰如流水一世浮華似行雲
不作風波在世上那有冰換在心中 人寄紅塵終如客
何處是我故家園 古來多少英雄華東南西北臥土泥
人間萬物像夢境天地遠空壯婦空 人生一世終有限
轉眼光景大不同 盤古開天至今一太輪遁物有本末
事有終始有天地有日月就有對待 天一輪地一輪
歲月也有一輪 世事無常道本是理理本是路
休自暴樂當英勇道德淪亡少
仁風實行德性以服人心當敬重華聖聖

發行⊕麗歌唱片廠股份有限公司 監製⊕張春陽
作詞、編曲⊕曾仲影、柯銅鑼、林瑞圃 唱、曲⊕劉福助
詞編⊕福助工作室 製作⊕劉福助 音古⊕捷本錄音室
宣傳企劃⊕胡赤雄 攝影⊕天使之的、劉朱 柴地提供⊕古中作芳坊
服裝造型⊕韓益年 平面設計⊕林文鳳 P&C⊕1994年6月

■ 理字不多量，惹人動不動
六道輪迴
詞曲：劉福助
日月如梭似水流人生接守十萬秋 人在世間無照早
吉凶無邊事事憂 芝芝劫劫無邊遠迷信修教接命休
名利英雄萬象名利關 勤去迷道撥塵路
不可迷失空一過 六道輪迴路
放兩頭會賣又何求 兩頭合賣又何求

■ 三十三萬成天，不論一暝太水
外口曾慘歷內豔
詞曲：劉福助（女）黃佛祥
欠酒又外口慘慢酒內便覽 酒家酒店較多錢嗎喜
（女）若是講要直某人賣直 清夕齲 要一工家債慘
（男）清朱 原內要用某愛討吃伊三硏
（女）若是講要直某人賣直真了 （男）歡朱 每日要吃甲飯啊當要罵
（男）費用你的逃遺無吃過你若能吃某擱做人嗎
想無私慢活給慢慢行給你一張直過仔呀喝
（女）慣錢慣著家誠識逃慢外口慢慢逃內暫
真正有夠累短某這 我若錢賢頭嗎會減我很良足
冉秋久慣無 慷情起危啊
（男）若是講你某著直某食某某人嗎
梁朱來腦呵你俗假哩 小費偷返歸只噸最面的抓塊否

■ 萬物萬事甲一體，三位和合甲天意
十月多音樂

■ 彩雲動返，寂寞看夕陽
九月天下的爸母心上真
詞曲：劉福助
所講嬰仔啊投胎十個月在生活里 老母身才變越五無想挩拑看鑛地
爸母有機呀也生產山坳那地腹血流成河來出世
五臟六腑嗚墵散去
以前重男輕女甲捷送生 一直生熟賣某的無什
四月裡無大夢來探伊 馬路擱擱發發送達 陌惡仔啊東門三工
陳過腦油落去春熟的可憐啊四塊板 爸
紅扭扭咖幼哪扶抱無挩不知溜 馬惡幼仔返哪罔甲飼
日夕早晚不把母留望子成啊龍會上義 爸母的心無時盡
希望子孫的孝伊 天下每許人人照看計較額

■ 含血噴天，毛上無光
九月之二九九重陽長壽節
詞曲：劉福助
九月暫深啊 菊黃啊楓根面的輝變啊甲照五啊也
秋天人講有和老君 農人呷甲粟勤黃爽啊也
九月風到風妥啊了探深伏水一月當金金省
拊過燈牛山 有的那走華飄踏仔日頭處絡肴
九月初九重陽節踏嘉提遊屈的一伊 的一屋
深冷甲天氣普雖落 農人米寒現過某
秋深甲愛要登塊啊肉行人心酸啊
憂伏秋到地未知 孔子公九二六甲生落來過了這時鳳腳挂裡來伊

■ 人情替一暝，天良好相看
十月之二農語補冬
詞曲：劉福助
（女）早晨早好天慢落朝年頂（晨了南午後陰轉晴
午後才下雨紅霞下到午來）
（男）霜降出黑色米半架（霜降呷稻穗長不賣收穫慢要重新再牛耕地）
（女）十月日生綿絲綢直某甲做落去（十月白天短大陽下山兮懶收工作啥不定）
（男）晚暗問收天晴有可來（夕暮志羅景就慢日天晴有望）
（女）送落月內後月無乾土（月底下雨占下月雨多）
（男）落霜白日照烏黑盡無著（陌冬天氣驚落霜如有日照可遍喋但只是較天就冷了）
（男）大寒不表人忌不安（大寒天氣爛跤冬不 不然人忌多雨）
（男）初三四月眉某十三六月當真十五月九月月暗冥
（女）檍看西北落牛啊起風（愛晴天地向若牛啊落兮天上有烏雲半夜有風雨）
（男）十二月初三黑晶流直甲廿十大晴
十二月三日鳥森棒的三日當天（
若了月初三日到甲十五月冬夕）
（女）冬節在月頭（男）要寒在年兮
（女）冬節在月中央（男）無雪也無霜
（女）冬節在月尾
（男）要寒在後兮（冬至如在月初年底波寒冷兮節在月中當年的冬天就少有霜兮節在月尾當年冬天無冷）
十月專霉啊立冬多題的曲唧 吟入扎啊也
春耕秋收冬 天是生冬養兮無怨小做人好
十个久經補補冬 人講格杯啊嘟補扎啊也
敢有人講補子不多啊一個相補擱一個未成人伊
小雪地地地風東達挑茶樣這人山頂山坳挑進動動單甲用白里黑黑
小雪在若好天茶雨日若要過年一日到晚擱露溢
冬天雨水意義兮呵啥仔

■ 寒風某兮啊叫伊走，五心起寒甲肉走
要妻的三〇一
詞曲：劉福助
第一愛吃甲咱人嘛吃手路啊天工舖盧 五湖四海香的用盡
天南地北醫甲來吃去吃呷有毛毛劍接截無毛甲刮呷
親後天頂鳥的水魚的的土腳黑的土虫
腳的立的蹲的甲挲甲撐（手捧仔陽唧啊嘟啊吞吞喜落腹內

十月之二農諺補多

（女）早春早冬天慢落到半暝（雲下雨午後會轉暗晴）
　　　午後才下雨就會下到半暝
（男）霜降出無犁牽手犁（霜降時粘穆長不賣收穫壞要童新拖牛耕地）
（女）十月日生捬慎盡某碩袂盡（十月白天迌太陽下山兮）
　　　懶女人工作做不完）
（男）南霜即時反天晴有可來（夕暮清霜易散整日天晴有望）
（女）送月雨後月無乾土（月底下雨占下月雨勢）
（男）霜露有日照兔惠害無賴（陰冷天氣難落霜如有日照可溫暖
　　　但月是壓陰天就冷了）
（女）大寒不寒人最不安（大寒天氣應該要冷　不然人畜多病）
（男）初三月屆看十五六月當圓廿三四月唬唭
　　　（月初月中月底的月之圓缺明暗）
（女）晚暝西北黑半夜起風雨（傍晚西北天上有烏雲半夜有風雨）
（男）十二月初三黑露沐落雨三甲廿九唬
　　　十二月三日焦精的生日當天
　　　若下雨會一直下到廿十九日除夕）
（女）冬節在月頭（男）要賣在年尾
（女）冬節在中央（男）無雪也無霜
（女）冬節在月尾
（男）要賣正二月（冬節在月初年底很賣冷冬節在月中
　　　當年的冬天很少有霜露冬節在月底當年冬天不會當冷
　　　會冷在次年一二月）

十月寒霜啊來立冬冬眠的虫唬

春耕秋收冬　天藏生活惠憂無無鬱的人啊也
十分八抒補來補多　人講補冬啊補雙扎啊也
唸有人用鍋仔有人用蕉花一個相補雙一個不成人一啊也
小雷來冷地氣寒塞霞茶種種人山頂山脚地振動惠甲面仔白惠惠
小雷過日若好天落雨落到會過年一日到晚雞雜涂
冬天雨水浚寒冷哎哎伊

媒婆的三O一

詞曲：劉福助
一郎一愛呢是呢人做吃手路怎天工厚畫　五湖四海青的用盡
天南地北饗吃來吃去吃吃有毛吃剁棕篆無毛吃剁枰益
親像天頂界的水底沼的土胭界的土底
藏的立的蹲的半鑄仔鼬喝嘩甲吃吞吞落腹內

二虎豹獅象來制皮發皮腦膏清血　鬥剁頭諜會比的來摻皮皮來穿會娘
羽羽的來扁衫角好爛粉骨精腱鞭觀爛鰲九來給阿給
小尾放塊蟬仔肉漿摻沺　大尾落西嗚紅燒惠油
三給人抓著哀聲僅保咪剁返抗涼崧袂崧啃咱人偆啊咪來聲戴
你軟有要給伊干崧涼聲耽惠伊有寒来崧伊寒甲來来僅啊的代誌
嗂暴甲蒙訕崧摘無西嗚獅僅鮮有咱住甲啊喝三O一
四唬著口氣惠咦害伊啦健康哦嶺仔肉�
下回伊吃去寬飯仇仇永遠拔袂觟　做人若是皮皮来嬈齒賣信不信
輪迴隨在你隨忍儂摘摘你剁伊　伊咱甲平瑙嗎同款是各自生

十一月放伊隴寒先不通

一黑寒寒冷嗤万天氣喔　十一月魔凍咻落雪時咻也
　　　天蒙地陳的日子眉肉老人咻如被枋喔也
　　　多數的人過寒冬唬是小凍僅咻恔火鐵咻也
　　　各母辛苦來崧吃飯伊隴寒先不通伊——伊——咻
二按摻的節仔聲嘟嘟嘟噤鸞茶汝水咻如無休咻也賣米糕砠嘓嘓叫
　　　賣肉粥的　著包經篆實糖米香嘟沺賣糕籠筐富篆糕火飯車應
　　　甲花花太白粉粿甲炸糕米乳豆乳杏仁茶粉粿甪糛鮑糕仔潤
　　　豆干炒米粉　厝口店仔吃摻搝發伴一唬——伊
三多宦晚長日時短剁豬剁鴨剁羊顧顧羊甲賴顧顧齊齊六盡興旺哈全家
　　　獨身仔惠甲圓憂憂惥恓仔土底粗鮮鴦多都又近新年
　　　意鴦如一成不吮蛗食圓咻伊

十一月之二四歌唱

詞曲：劉福助
一漢漢全席某有百外個數赤的人塊塚田螺
　　　有的人金王鍍錬鮭顧茶的人長襦金一軟
　　　有的人出門自家用的錄無錄人出門著管
　　　有的人一鬢咽鬢多錢後的鍍後的的鰲錢人賣赢某吃半年
二農業社會兄妹仔多生產袂嗚通惻外一家外十個
　　　少開�喈豰嗚喈炮塊掉烹塊懷仔的火咿嗚有行行也有限
　　　大漢與蓉三姐學手袂鰲斷俐外——嫁母一款賺錢地
三父母一生灾仔債螺變鷂子僬埂賺　大漢某人成了某垫某生仔
　　　大家僅隨人打儂隨人的公母一款嫁鰾地
　　　後生緞絺滿四序會晚有年的算來有發個

相招啦（太羈勝）

詞曲：劉福助（女）黃佛組
（男）陽曆二一四西洋情人節中國自古早著有追歌哦
　　　每年七夕牛牽糜要有情的成各羈鬓
　　　交友不可馬遊戲決對不是我规則
　　　青霞過我我去考屬　作孝回捬小忐去看數
　　　（女聲合）陵小苏回本著不八看數
（女）陳某寬約恑設不理　恑雖諫他也不去
　　　童埋要延捬不可以　江棄工派埋他必
　　　曹顰瀾漢牙大小不可恑　伊彫緛戲心蕊我無也不為
　　　張秀頭恑梳剁滿是按恑　種亞闖満原則到賣永恒
　　　（女聲合）因吃的蠱某人讓要永恒
（男）鳳剁報娇香惠生一唬　鱼苦再自己鬭甲惠好歚
　　　我讀偏緛隴觟恑袂蕊　白嘉莉咪印尼鄁趄顏家
　　　你愛男朋友我介剁給你　齊豋可能是高低互
　　　成糬生蓯誌喝豐某　謝霞尼加垃瓜有桑朝豊羶
　　　（女聲合）謝霞瓜瓜吳愛受垄某主
（女）文坟規誌篆亲裊某剁甫　影伶伶惠賞僅袂賴伴朴意
　　　福笨篆篆曇是黎巴娜　巴叉甲酆歉一二個靿交罷
　　　模恑的目腈兮緛赸　買一紙藐代緛緛蕊掂
　　　類茶嗚肥仔器腍腍堅閒　（女聲合）肉參開緛某甲平大踭勝
（男）日本冰暴老公有載性　惠可放的緛鐉喜僎信
　　　篆子植枍林惠照是吹篆香兮　困緛的情人攉是阿共茶
　　　兮小元模林篆綍頭鰲篆　曹篆緛篆一緛繼吊玉根
　　　青霞抵挑瞺你接拉　整个蓋砠甲嶺芎有
　　　惠現仔是賬僅篆刘捷篆　有人吃收衫有人讓火化
　　　（女聲合）落市收衫剁霞斯火化
（女）人無十金十兼　生偷更丑惠摻比
　　　有摻上蕊兮代誌　生兜生兮又不能代替
（男）若是惠蕊上仔好　生兮可愛也不錯
　　　長壽壽良安舍兮甲蕊　情人唬中出西疨
（女）金部龍是大聲　唬不賣
（男）只賤你惠歚下圓趤去
（女）蘚讓這緛歚兮惡有趤妹
（男）心獷相點某某篆誌
（合）祝各世幸福快樂大家大踭勝

秋（音樂）曼羅

詞曲：劉福助
（樂六一一個雷九醖（六月一日咂雷醖年翰風少）
（男）七一一個九翰某（七月一日咂雷醖年翰風多）
（女）五月粿醇籴翰（五月尼隹已過五月娟唬彼比較採不到花粉）
（男）六月龍奈巧十月娟頭鮀（六月節篆少瓜翰吃）
　　　七月仔篆翰非手　吃的糙籠也多）
（女）風慝滾了惠回晦　十日九日晴
　　　（慝風過後　亂兩不穚會吹　兩亦有多日下兩）
（男）雷坟滿山坟透峭雨風剁（鳥雲近坟滿山一定風雨交加）
（女）雷打秋晚冬一半收（立秋日如有雷
　　　晚冬（二期稻）穀減少不到一半收）
（男）秋盏露多嶺雨自露某慝土（秋天嘉露水冬天賣雨水
　　　白露逢天不可嬲慝土讓以免損害農作物）
（女）紅柿若出頭赤臉剁仔日臬泉吃（紅柿出已是秋天
　　　天氣轉涼兮粒仔日子難过
（男）八月大露禾剁出外（八月大（卅一日）氣候不唬
　　　陸茅收試不仔　不剁實出）
（男）八月八落雨　八月用無乾土（八月八日下兩占長雨）
（男）七篆八価九寒十篆（金牛篆的初七篆
　　　天氣晚每月兮天　七月篆八月俐九月斜十月落）
（女）九月起風蕊　奠僅扪甲稻
　　　（九月秋天惠乾燥　某頭篆會搦了才止霣）
（男）黑篆秋上山（女）粽篆撰來按
（男）黑篆奔落海（合）坟籠緛慝霞（滿山烏雲亥有雨
　　　出門帶雨具　滿天烏篆奔兮海篆轉喇不頂雨具）

燒酒愈啉負債愈深
Sio tsiú lú lim hū tsè lú tshim

有緣相逢在酒晏中	Ū iân siong hông tī tsiú iàn tiong
場面強著予人灌甲大家沖	Tiûnn bīn tshiâng tiòh hōo lâng kuàn kah tảk ê tshiong
毋驚酒醉彼個第一勇	M kiann tsiú tsuì hit ê tē it ióng
天下有誰人比伊較強	Thian hā ū siánn pí I khah ióng
『好久不見』	『好久不見』
請咱三兩攤講零散	Tshiánn lán sann nñg thuann kóng lân san
好友感覺『很讚』	Hó iú kám kak 『很讚』
鬥陣的盤 nuá 啉酒會芳	Tàu tīn ê puânn nuá tsiú ē phang
請客醉甲袂震動	Tshiánn keh tsuì kah bē tín tāng
我是啉甲烘烘烘	Guá sī lim kah hang hang hang
東倒西歪無成人	Tang tó sai uai bô sing lâng
吊猴煞無人『買單』	Tiàu kâu suah bô lâng 『買單』
我閣憨憨啉	Guá koh gōng gōng lim
憨憨仔醉	Gāng gāng á tsuì
口白：	Káu pẻh：
最近『卡債』來纏身	Tsuē kīn 『卡債』lâi tînn sin
較無出來啉	Khah bô tshut lâi lim
朋友交情彼爾深	Pîng iú kau tsîng hiah nî tshim
無啉袂仝心	Bô lim bē kâng sim
世界五路看透透	Sè kài ngóo lōo khuànn thàu thàu
場面若 mài 作甲夠	Tiûnn bīn nā mài tsò kah kàu
厝內無鼎甲無灶	Tshù lāi bô tiánn kah bô tsàu
咱 mài 續攤黑白舞	Lán mài suà thaunn oo pẻh bú
儉儉阿擋較久	Khiām khiām ê tòng kah kú
無你會	Bô lí ē

燒酒越啉負債越深	Sio tsiú lú lim hū tsè lú tshim
親友呀！你敢會放心	Tshin iú á lí kám ē hòng sim
燒酒越啉負債越深	Sio tsiú lú lim hū tsè lú tshim
債務纏身 hàinn 頭菜脯根	Tsè bū tînn sin hàinn thâu tshài póo kin

口白：	Káu pėh：
五湖四海皆兄弟	Ngóo ôo sù hái kai hiann tī
南北拼酒溜溜去	Lâm pak piànn tsiú liù liù khì
啉焦八窟游泳池	Lim ta peh khut iû íng tî
搪我無倒的算福氣	Tīg guá bô tó ê sìg hok khì
懸倒落低	Kuân tò lôh kē
喉龍借過	Nâu âu tsioh kuē
腹肚借貯	Pak tóo tsioh té
逐家隨意我乾杯	Tak ê suî ì guá kan pue
斟酒愛強	Thim tsiú ài kiông
啉酒愛雄	Lim tsiú ài hiông
啉乎胃潰瘍	Lim hōo uī khuì iông
才是酒國英雄	Tsiah sī tsiú kok ing iông

蛤～蛤～噁～噁	Ô~ Ô~ok~ ok~
燒酒越啉負債越深	Sio tsiú lú lim hū tsè lú tshim
債務纏身 hàinn 頭菜脯根	Tsè bū tînn sin hàinn thâu tshài póo kin

美麗的福爾摩沙──台灣
Bí lē ê Formosa---Tâi-uân

天地、夷夏、琉球、夷夏亞	Iau-thê、i-sing、liû-kiû、ih-sia-ia
台灣台灣	Tâi-uân Tâi-uân
福爾摩沙、福爾摩沙	Formosa Formosa
在茫茫的海洋中	Tsāi bong bong ê hái iûnn tiong
著好忍風湧來去無常	Tiôh hó jím hong íng lâi khì bô siông

土流山崩來勾風水衝	Thôo liû suann pang lâi kiu hong tsuí tshiong
現在閃無路	Hiān tsāi siám bô lōo
前程退無步	Tsiân ting thè bô pōo
若是前程會困苦	Nā sī tsiân ting ē kan khóo
日子也難度	Jit tsí iā lân tōo
先人開墾海落山	Sian jîn khai khún hái lóh suann
真拖磨流血流汗	Tsin thua buâ lâu hueh lâu kuānn
鹹酸苦澀辛苦病痛	Kiâm sng khóo siap sin khóo pēnn thiānn
用性命來換	Iōng sìnn miā lâi uānn
出外咱若較好趁食	Tshut guā lán nā khah hó than tsiáh
穩定食會飽	Ún tīng tsiáh ē pá
蕃薯芋仔客家原住	Han-tsî ôo-á kheh-ka guan-tsū
生活攏總佇這	Sing uáh lóng tsóng tī tsia
頭戴仝天跤踏仝地	Thâu tì kâng thinn kha tā kâng tē
咱就行相倚	Lán tióh kiânn sio uá
寒熱相娶一致向外	Kuânn juáh sio tshuā it tī hiòng guā
有你就有我	Ū lí tióh ū guá
福爾摩沙、福爾摩沙	Formosa Formosa-
恁爸母奮愛著勤	Lín pē bú hùn ài tióh kûn
若艱苦也要認份	Nā kan khóo iā tióh jīn hūn
儉食忍寒	Khiām tsiáh jún kuânn
目屎拭予焦	Bák sái tshit hōo ta
如今苦袂盡	Jû kim khóo bē tsīn
生活靠鄉親	Sing uáh khò hiong tshin
過日不斷無困難	Kuè jit put tuān bô khùn lân
忍苦也生根	Jín khóo iā senn kin
祖先艱苦幾落山	Tsóo sian kan khóo kuí lóh suann
日曝風雨來淋	Jit pák hong ú lâi lâm
疏通八達望欲會當	So thong pat tát bāng beh ē tàng

先苦後來甘　　　　　　　　　　Sing khóo āu lâi kam

出外咱若較好趁食　　　　　　　Tshut guā lán nā khah hó thàn tsiáh

跤路會順踏　　　　　　　　　　Kha lōo ē sūn táh

祈後落土向好後代　　　　　　　Kî hiō lóh thôo ǹg hó hiō tāi

責任較苦嘛擔　　　　　　　　　Tsik jīm khah khóo mā tann

祈求上天國泰民安　　　　　　　Kî kiû siōng thian kok thài bîn an

風調雨順　　　　　　　　　　　Hong tiâu ú sūn

和合相娶　　　　　　　　　　　Hô háp sio tshuā

咱就快活　　　　　　　　　　　Lán tióh khuìnn uáh

有你就有我　　　　　　　　　　Ū lí tióh ū guá

福爾摩沙、福爾摩沙　　　　　　Formosa Formosa

福爾摩沙（台灣）福爾摩沙（台　Formosa（Tâi-uân）Formosa（Tâi-uân）
灣）

福爾摩沙　　　　　　　　　　　Formosa~

觀音佛祖來保庇（目睭坱沙）
Kuan-im-pút-tsóo lâi pó-pì（Bák-tsiu ing sua）

目睭坱著沙　　　　　　　　　　Bák-tsiu ing tióh sua

乎我歕著化　　　　　　　　　　Hōo guá pûn tióh huà

目睭公目睭婆　　　　　　　　　Bák-tsiu kong Bák-tsiu pô

歕歕咧沙著無　　　　　　　　　Pûn pûn leh sua tióh bô

觀音佛祖來保庇（目睭皮掣）
Kuan-im-pút-tsóo lâi pó-pì（Bák-tsiu phuê tshuah）

目睭皮佇披披掣　　　　　　　　Bák-tsiu phuê tī phî phî tshuah

毋知欲刣抑欲割　　　　　　　　M̄ tsai beh thâi iáh beh kuah

好事來歹事煞　　　　　　　　　hó sū lî pháinn sū suah

觀音佛祖來排撥　　　　　　　　Kuan-im-pút-tsóo lâi pâi puah

隨時唸唸的隨時好　　　　　　　Suî sî lāim lāim--ê suî sî hó

觀音佛祖來保庇（落水咒）
Kuan-im-pu̍t-tsóo lâi pó-pì（lo̍h-tsuí-tsiù）

一二三四	Tsi̍t nn̄g sann sì
囝仔落水無代誌	Gín-á lo̍h tsuí bô-tāi-tsì
好事來歹事去	Hó sū lâi pháinn sū khì
觀音佛祖來保庇	Kuan-im-pu̍t-tsóo lâi pó-pì

驚驚
Guá ē kiann kiann

『我怕你，你怕誰？烏龜怕鐵鎚』	『我怕你，你怕誰　烏龜怕鐵鎚』
You『怕』me，me『怕』who	You『怕』me，me『怕』who
老爸驚老母	Lāu pē kiann lāu
辛勞驚頭家	Sin-lô kiannthâu-ke
『蟑螂怕拖鞋』	『蟑螂怕拖鞋』
人驚老	lâng kiann lāu
侷驚包	kiáu kiann pau
契兄驚抓猴	khè-hiann kiann lia̍h-kâu
人緣投無蓋敖	lâng iân-tâu bô kài-gâu
契兄嘛會老	khè-hiann mā ē lāu
人是驚鬼鬼驚人	lâng sī kiann kuí kuí kiann lâng
囝仔驚蚵蟲	gín-á kiann bîn-thâng
贏侷氣好驚吃飯	Iânn-kiáu khuì hó kiann tsia̍h-pn̄g
輸侷驚天光	su kiáu kiann thinn kng
醫生討厭治乾嗽	I sing thó-ià tī ta-sàu
土水驚掠漏	thôo-tsuí kiann lia̍h-lāu
無頭毛的驚洗頭	bô thâu moo--e kiann sé-thâu
總鋪驚食晝	tsóng-phòo kiann tsia̍h-tàu
透早起來動刀灶	thàu-tsá khì-lâi tāng to tsàu
拼甲赴食中晝	Piànn kah hù tsia̍h tiong-tàu

袂曉駛船驚溪灣	bē hiáu sái-tsûn kiann khe uan
駛車亂亂漩	sái-tshia luān-luān-suan
毋曾剃頭驚捋鬍	m̄-bat thì-thâu kiann luàh hôo
麵線驚沃雨	mī-suànn kiann ak-hōo
肥人愛食肥	puî-lâng ài tsiàh puî
運將驚酒醉	ùn-tsiàng kiann tsiú-tsuì
『卡債』害人貧	『卡債』hāi lâng pîn
食飯驚胡蠅	tsiàh-pn̄g kiann hōo-sîn
胡蠅胡蠅揚揚飛	hōo-sîn hōo-sîn iānn-iānn pue
哥哥纏咯咯綴	ko-ko tînn khòk-khòk-tuè
下司攏嘛驚頂司	ē-si lóng mā kiann tíng si
豬頭管畚箕	ti-thâu kuán pùn-ki
大舌生成愛興啼	tuā-tsìh senn tsiann ài hìng thî
學生驚寫字	hàh sing kiann siá jī
『先生』驚無錢	『先生』kiann bô tsînn
『太太』驚無米	『太太』kiann bô bí
存害毋驚痛	tshûn hāi m̄ kiann thiànn
存歹攏毋驚	tshûn pháinn lóng m̄ kiann
人驚艱苦歹生活	lâng kiann kan khóo pháinn sing uàh
無米醬醋茶	bô bí tsiù tshòo tê
人若著驚瑟瑟顫	lâng nā tiòh kiann sih sih tsùn
豬仔著驚毋食潘	ti-á tiòh-kiann m̄ tsiàh phun
牛若著驚烏白撞	gû nā tiòh kiann oo-pèh lòng
狗若著驚淨墓礦	káu nā tiòh kiann tsing bōng-khòng
貓仔著驚咪 mà 吼	niau-á tiòh kiann mih-mà háu
老鼠仔著驚車糞斗	niáu-tshí-á tiòh kiann tshia pùn táu

敗腎驚食鹹	pāi sīn kiann tsiáh kiâm
喉痛驚食薟	âu thiànn kiann tsiáh hiam
病毒驚傳染	pēnn tȯk kiann thuân liâm
感冒驚搵針	Kám-mōo kiann ui tsiam
驚食鹹	kiann tsiáh kiâm
驚食薟	kiann tsiáh hiam
驚傳染	kiann thuân liâm
驚搵針	kiann ui tsiam

劉福助落下頦
Lâu Hok-tsōo làu ē-hâi

我即馬欲來落下頦,	Guá tsit-má beh lâi làu-ē-hâi
唱一寡歌星ē笑話予恁知,	tshiùnn tsı̍t-kuá kua-tshinn ē tshiò-uē hōo lín tsai
聽這款的歌袂敗害,	thiann tsit-khuán ē kua bē pāi-hāi
麗歌唱片欲買著緊來,	Lē-ko tshiùnn-phìnn beh bé tiȯh kín lâi
啊著緊來,	ah tiȯh kín lâi

| 『鮑立』外國香港佇溜, | 『鮑立』guā-kok Hiang-káng tī--liù |
| 行路動作是真幼秀, | kiânn-lōo tōng-tsoh sī tsin iù-siù |

謝雷恬恬是假忠厚.	Siā-luî tiām-tiām sī kénn tiong-hōo
伊做代誌閣袂糊塗.	i tsò tāi-tsì kok bô hôo-tôo
人緣thiāu仔籽是無半攑,	lâng ian thiāu-á-tsí sī bô puànn-khian

| 夏心本名是叫陳洋. | Hā-sim pún miâ sī Tân-iông |
| 細漢大舌閣愛啼伀, | sì-hàn tuā-tsı̍h koh ài thî-siông |

『提起青山』穿插大方,	『提起青山』tshīng-tshah tāi-hong
印度話會通,	Ìn-tōo uē ē-thong
番仔話愛講,	huan-á-uē ài-kóng

做人無爽又閣小氣，　　　　　　　tsò lâng bô sóng iū-koh sió-khì

細漢愛看彼號歌仔戲，　　　　　　sè-hàn ài khuànn hit-lōo kua-á-hì

『張帝』唱歌是敖編排，　　　　　『張帝』tshiùnn-kua sī gâu pian-pâi

常常唉甲欲無下頦，　　　　　　　tiānn-tiānn ai-kah　beh bô-ē-hâi

『康弘』二齒飆飆，　　　　　　　『康弘』nñg-khí pio-pio

見著小姐著真囉嗦，　　　　　　　kìnn-tiòh sió-tsiá tiòh tsin loo-so

一個甘那親像豬哥，　　　　　　　tsit-lê kánn-ná tshin-tshiūnn ti-ko

『姚蘇蓉』彼聰明憨憨，　　　　　『姚蘇蓉』he tshong-bîng gōng-gōng

伊佇東南亞大轟動，　　　　　　　i–tī Tang–lâm–a tuā-hong-tōng

『陳蘭麗眼咪咪』，　　　　　　　『陳蘭麗眼咪咪』

頭畸畸，　　　　　　　　　　　　thâu-khikhi

唱歌閣 DO、RE、MI，　　　　　　tshiùnn-kua koh *DO、RE、MI*

唱完閣 SO、LA、SI，　　　　　　 tshiùnn-uân koh *SO、LA、SI*

『白嘉莉』台風無底比，　　　　　『白嘉莉』tâi-hong bô-tè-pí

生做可愛，　　　　　　　　　　　senn tsò khó-ài

可惜到現在猶閣無翁婿，　　　　　khó-sioh kàu hiān-tsāi iáu-koh bô ang-sài

『劉冠霖』尪仔面，　　　　　　　『劉冠霖』ang-á-bīn

隨合是好鬥陣，　　　　　　　　　suî-hàp sī hó tàu-tīn

通人攏咧呵，　　　　　　　　　　thong-lâng lóng leh o

毋過呵咾稍寡什念是真囉嗦，　　　m̄-koh o-ló sio-khuá tsàp-liām sī tsin loo-so

『紫蘭』做人有照步，　　　　　　『紫蘭』tsò-lâng ū tsiàu-pōo

毋過愛哭閣愛綴路，　　　　　　　m̄-koh ài-khàu koh ài tuè-lōo

愛哭愛哭是真慣習，　　　　　　　ài-khàu ài-khàu sī tsin kuàn-sì

細漢看彼號布袋戲，　　　　　　　sè-hàn khuànn hit lōo pòo-tē-hì

『崔苔菁』妖嬌愛媠， 　　　　　　『崔苔菁』iau-kiau ài-suí
寒天走去游泳池佇玩冷水。 　　　kuânn-thinn tsáu-khì iû-íng-tî tê sńg líng-tsuí

『張琪、張琴』是兩姊妹， 　　　『張琪、張琴』sī nn̄g tsí-muē
自細漢就赤耙耙， 　　　　　　　tsū sè-hàn tiòh tshiah-pê-pê
赤甲強欲爬上壁， 　　　　　　　tshiah-kah kiông-beh peh-tsiūnn-piah
壁爬袂起， 　　　　　　　　　　piah peh bē khí
摔一下險險á落嘴齒， 　　　　　siak-tsit-lê hiám-hiám-á lak tshuì-khí

『楊小萍』妖豔大方， 　　　　　『楊小萍』iau-iām tāi-hong
英語會通講話漏風， 　　　　　　Ing-gí ē-thong kóng-uē làu-hong
伊欲找一個老人做阿公， 　　　　i beh tshuē tsit-lê lāu-lâng tsò á-kong

『林松義』唱歌跳舞做戲 　　　　『林松義』tshiùnn-kua thiàu-bú tsò-hì
真 gâu 真 gâu， 　　　　　　　tsin-gâu tsin-gâu
毋過一個甘若親像瘦皮猴， 　　　m̄-koh tsit-lê kánn-ná tshin-tshiūnn sán-phuê-kâu

『林文隆』古早佇賣布， 　　　　『林文隆』kóo-tsá tê-bē-pòo
一個恟恟 　　　　　　　　　　　tsit-lê khòo-khòo
又閣肥肥 　　　　　　　　　　　iū-koh puî-puî
一箍槌槌， 　　　　　　　　　　tsit-koo thuî-thuî

『孫情』韓國華僑， 　　　　　　『孫情』Hân-kok huâ-kiâu
一個燒燒， 　　　　　　　　　　tsit-lê hiâu-hiâu
喙鬚兩撇現現， 　　　　　　　　tshuì-tshiu nn̄g-pheh hiān-hāin
一個癮癮， 　　　　　　　　　　tsit-lê giàn-giàn

石松大箍又閣近視， 　　　　　　Tsiòh-siông tuā-khoo iū-koh kīn-sī
無衛生閣毋識字， 　　　　　　　bô-uē-sing koh m̄ pat-jī

『余天』外表是真緣投，　　　『余天』guā-piáu sī tsin iân-tâu
做落腳上勢，　　　　　　　tsò làu-kha-á siōng-gâu
一個戇戇，　　　　　　　　tsit-lê khàm-khàm
見到查某囡仔著欲攬，　　　kìnn-tiȯh tsa-bóo gín-á tiȯh beh lám

『劉兆宏』是阮小弟，　　　『劉兆宏』sī gún sió-tī
較早佇賣鹹魚，　　　　　　khah-tsá tê bē kiâm-hî
鹹魚賣了了，　　　　　　　kiâm-hî bē liáu-liáu
即馬在飼粉鳥，　　　　　　tsit-má tê tshī hún-tsiáu
粉鳥愛比賽，　　　　　　　hún-tsiáu ài pí-sài
比賽贏錢提轉來，　　　　　pí-sài iânn-tsînn tē-tǹg-lâi
通好買韭菜。　　　　　　　thang-hó bé ku-tshài

我名叫做劉福助，　　　　　guá miâ kiò tsò Lâu Hok-tsōo
自細漢著真糊塗，　　　　　tsū sè-hàn tiȯh tsin hôo-tôo
毋過我，我人材普通，　　　m̄-koh guá，guá jîn-tsâi phóo-thong
學問相當，　　　　　　　　hȧh-būn phóo-thong
算盤會摸，　　　　　　　　Sǹg-puânn ē bong
稍寡悾悾，　　　　　　　　sió-khuá khong khong

拄才佇唱是好笑代，　　　　tú-tsiah tê tshiùnn sī hó-tshiò-tāi
當做我佇落下頦，　　　　　tòng-tsò guá tī làu-ē-hâi
我佇亂唱你嘛知，　　　　　guá teh luān-tshiunn lí mā-tsai
唱完『再見』後擺才閣來。　tshiùnn-uân『再見』āu-pái tsiah koh lâi

十八拐
Tsȧp-peh-kuái

茫的〜茫〜的〜　　　　　　Bông ē〜〜bông〜ē
精神哦！　　　　　　　　　Tsing–sîn-loo〜
了的了哩　　　　　　　　　Láui--ē liáu lī〜
精神阿囉！　　　　　　　　Tsing–sîn-a--loo〜

咿啊囉啊哩　　　　　　　lī-a-loo-a-lî
Ínn-ínn á ônn-ônn~　　　Ínn-ínn á ônn-ônn~

人我即馬塗塗　　　　　　Lâng guá tsit-má thôo-thôo
我福助要講囉，　　　　　Guá Hok-tsōo beh kóng lôo~
彼個十八拐哩，　　　　　Hit lōo Tsáp-peh-kuái li~
這款上屬害喔，　　　　　Tsit-khuán siōng lī-hāi ōo~
才會害死人啊唉，　　　　Tsiah ē hāi-sí-lâng a i~

講我的田園哩，　　　　　Kóng guá ê tshân-hn̂g li~
有二甲二，　　　　　　　Ū nn̄g-kah-jī
予人拐去喔，　　　　　　Hōo-lâng kuái-khì ōo~
隨伊攘潦啊唉，　　　　　tsuè-i láng liâu ā-ē~
彼个七阿真 gâu 哩，　　　Hit-lê tshit-á tsin gâu lī~
也會笑也會哭，　　　　　iā-ē-tshiò koh iā-ē-khàu
我予伊變一个吭跤翹　　　guá hōo i pìnn tsit ê khōng-kha-khiàu
煞予伊笑我憨憨頭唉，　　Suah hōo I tshiò guá gōng giàn-thâu e~

我較早當咧好空囉，　　　guá khah-tsá tng-lê hó-khang lôo
伊盡量款，　　　　　　　I tsīn-liōng khuán
大張的佇 khîng 阿，　　　tuā-tiunn-e tī-khîng a~
才予我想著會起凝啊唉，　Tsiah hōo guá siūnn-tióh ē khí-gîng a-e-

錢甘單若 mài 講囉，　　　Tsînn kan-ta mài-kóng lôo
閣佇甲阮蓋喔，　　　　　Koh tī kā gún kài òo
物仔-pà 歸大堆，　　　　Mih-ā-pà kui-tāu-tui
丈人欲張，　　　　　　　Tiūnn-lâng beh tiunn
丈姆欲食哩，　　　　　　Tiūnn-ḿ beh tsiáh li~
講厝欲蹛西門町，　　　　Kóng tshù beh tuà Se-mn̂g-ting
利用全家就按爾　　　　　lī-īng tsuân-ke tióh án-nē
欲來予我好驚人唉　　　　Beh lâi hōo-guá hó-kiann-lâng ē-

講到彼个破猫哩，　　　　　Kóng kàu hit-lê phuà-bâ li-

就生氣喔，　　　　　　　　Tiȯh siūnn-khì òo

對我僥雄哩，　　　　　　　tuì-guá hiau-hiông li-

後擺無好尾，　　　　　　　Āu-pái bô-hó-bué

咱人傷憨啊，　　　　　　　Lán-lâng siunn-gōng a-

煞給人笑衰，　　　　　　　Suah hōo-lâng tshiò sue

講到第一憨，　　　　　　　Kóng kàu tē-i̍t-gōng

那我排先鋒，　　　　　　　nā guá pâi sian-hong

第二憨賺錢予人用，　　　　tē-jī-gōng thàn-tsînn hōo-lâng-iōng

第三憨予人當做契兄公，　　tē-sann-gōng　hōo-lâng　tòng-tsuè　khè-hiann-kong

我實在有影莽撞囉，　　　　guá si̍t-tsāi ū-iánn bóng-tóng lôo~

予伊款，　　　　　　　　　Hōo-i khuán，

甲我攘去蹺腳，　　　　　　Kah guá láng-khì kiau-kha

我佇咧予人笑倯啊，　　　　guá tī--lê hōo lâng tshiò-sông a-

勸咱各位聽友囉，　　　　　Khǹg-lán koh-uī thiann-iú lôo~

若是像我的人著克虧喔，　　nā-sī tshiūnn-guá ê-lâng tiȯh kik-khui òo

拍拼才有好尾囉，　　　　　Phah-piànn tsiah-ū hó-bué lôo~

就愛加減趁，　　　　　　　Tiȯh ài ke-kiám thàn

風騷對咱沒較長，　　　　　Hong-so tuì lán bô khah tshâng

這途永遠就毋通，　　　　　Tsit tôo íng-uán tiȯh m̄-thang

無採工，　　　　　　　　　Bô-tshái-kang

食飽閒閒較輕鬆，　　　　　Tsia̍h-pá îng-îng khah khin-sang

趁寡濟免怨嘆，　　　　　　Thàn guā-tsē bián uàn-thàn

祝咱逐家事業囉，　　　　　Tsiok lán ta̍k-ke sū-gia̍p lôo~

免趕緊，　　　　　　　　　Bián-kuánn-kín

勻勻趁啊唉，咿啊　　　　　Ûn-ûn thàn a-è-，i-a-

宜蘭調
Gî-lâng tiāu

阮厝裡攏姓黃	nguí tshù--lih lóng sìnn uînn
我名叫阿糖	guá miâ kiò a-thuînn
自早踮佇宜蘭後竹圍	tsū tsá tuā-tī Gî-lân āu-tik-uî
阮查某人姓阮	nguí tsa-bóo lâng sénn nuí
正名叫阿阮	Tsiànn-miâ kiò A-nuí
『娘家』踮佇桃仔園縣	『娘家』tiàm-tī thô-á-huînn kuînn
阮阿爸食飯配滷蛋	nguí a-pa tsiàh-puînn phuè lóo-nuī
滷大腸鹹菜湯	Lóo tuā-tuînn kiâm-tshài-thuinn
參卵仁炒小捲	Tsham nñg-jîn tshá sió-kuínn
阿母好料捧去园	A-bú hó-liāu phâng khì kuìnn
食清飯攏無燉	Tsiàh tshìn-puînn lóng bô thuīnn
也無燙	Iàh bô thuìnn
食光光	Tsiàh kuinn kuinn
我無叫阿公來食飯	guá bô kiò a-kong lâi tsiàh-puīnn
伊煞受氣張欲轉	I suah suīnn-khì tiunn beh tuínn
阿媽趕緊去甲勸	A-má kuánn-kín khì kah khuìnn
了後阿公心落軟	Liáu āu A-kong sim lòh nuí
阿公面橫橫	A-kong bīn huînn-huînn
阿媽大展威	A-má tuā tián-ui
欲出門無食飯	Beh tshut muî bô tsiàh-puînn
路這遠	Lōo tsiah huīnn
無打算	Bô phah-suìnn
著過田中央	tioh kuè tshân tiong-uinn
也閣菝仔園	Iah koh pàt-á-huînn
一庄過一庄	Tsit tsuinn kuè tsit tsuinn

艱苦無人問　　　　　　　　Kan-khóo bô-lâng-muīnn

阿公姓方　　　　　　　　　A-kong sènn puinn
彼 leh 會撇手袖腳蹄蹬　　　Hit leh ē pih tshiú uínn kha tê tuìnn
公仔心頭真酸　　　　　　　Kong-á sim-thâu tsín suinn

口白：　　　　　　　　　　口白：
柑仔黃黃　　　　　　　　　Kam-á huînn-huînn
桔仔酸酸　　　　　　　　　Kiat-á suinn-suinn
紅柿軟軟　　　　　　　　　Âng-khī nuí-nuí
食飽欲來轉　　　　　　　　Tsiȧh-pá beh lâi-tuínn

阿媽蹛永靖
A-má tuā Ian- tsiān

我的阿媽蹛王宮　　　　　　guá ê a-má tuā Ông-kiān
阿公蹛永靖　　　　　　　　A-kong tuā Ian- tsiān
阿爸佇賣冰　　　　　　　　A-pa tī bē pian
一日幾若千　　　　　　　　Tsit jȧt kú lȯh tshian
阮兜半壁掛時鐘　　　　　　Gún tau puānn piah kuā sî tsian
阿母佇睏無翻爿　　　　　　A-bú tī khùn bô pián piân
昨暝去予蠓仔叮　　　　　　Tsâng-mê khì hōo bang-á tiàn
叮甲一烌腫腫腫　　　　　　Tián kah tsit phok tsián tsián tsián
實在真僥倖啊　　　　　　　Sȧt tsāi tsin hiau hiān　（ah）
實在真不明　　　　　　　　Sȧt tsāi tsin put biân
阿母心袂清　　　　　　　　A-bú sim bē tshian
氣嘛無路用　　　　　　　　khì mā bô lōo-iān
咱兜平時著愛顧衛生　　　　Lán tau piân-sî tiȯh ài kòo uī-sian
講究衛生才會較康健　　　　Káng kiù uē-sian tsiah ē khah khong kiān

口白：　　　　　　　　　　kháu-pȧh：
想以前真可憐　　　　　　　siūnn í tsiân tsin khó-liân

－307－

有賺守無成　　　　　　ū thàn siú bô siân

越想心越凝　　　　　　jú siūnn sim jú giân

天頂烏一爿　　　　　　thinn-tián oo tsit piân

銀行寄固定　　　　　　gîn-hâng　kià kòo-tiān

若欲好額有可能　　　　nā beh hó-giàh ū khó liân

頭興興尾冷冷　　　　　thâu-hiàn-hiàn bué lián-lián

僥倖失德孤毛絕種　　　hiau-hiān sit-tik koo-moo tsuàt-tsián

　　　　　　　　祖媽的話
　　　　　　　Tsóo-má ê uē

做人的新婦著知道理　　Tsò lâng ê sin-pū tiòh tsai tō-lí

晚晚去睏早早起　　　　Uànn-uànn khì khùn tsá tsá khí

又閣煩惱天未光　　　　iū koh huân-ló thinn bē kng

又閣煩惱鴨無卵　　　　iū koh huân-ló ah bô nn̄g

煩惱小姑欲嫁無嫁粧　　huân-ló sió-koo beh kè bô kè-tsng

煩惱小叔欲娶無眠床　　huân-ló sió-tsik beh tshuā bô bîn-tshn̂g

做人的新婦著知道理　　Tsò lâng ê sin-pū tiòh tsai tō-lí

晚晚去睏早早起　　　　Uànn-uànn khì khùn tsá tsá khí

起來梳頭抹粉點胭脂　　khì-lâi se-thâu buà-hún tiám ian-tsi

入大廳拭桌椅　　　　　Jip tuā-thiann tshit toh-í

踏入灶腳洗碗著　　　　tā jip tsàu-kha sé uánn-tī

踏入繡房繡針黹　　　　tā jip siù-pâng siù tsiam-tsí

做人的新婦閣也艱苦　　Tsò lâng ê sin-pū koh iā kan-khóo

五更早起人嫌晚　　　　Gōo-kinn tsá-khí lâng hiâm uànn

燒水洗面人嫌熱　　　　Sio-tsuí sé-bīn lâng hiâm juàh

白米煮飯人嫌烏　　　　Pèh bí tsú-pn̄g lâng hiâm oo

氣著剃頭做尼姑　　　　khì tiòh thih-thâu tsò nî-koo

若是娶著彼號歹新婦　　nā-sī tshuā tiòh hit loh phái sin-pū

早早著去睏　　　　　　　　tsá tsá tiȯh khì khùn

晚晚閣不起床　　　　　　　Uànn uànn koh m̄ khí tshn̂g

透早若是佮伊叫起　　　　　Thàu-tsá nā sī kah I kiò khí

面臭臭　　　　　　　　　　Tiȯh bīn-á tshàu-tshàu

頭髮又閣揹佇肩胛頭　　　　Thâu-tsang iū koh phāinn tī king-kah-thâu

柴屐又閣拖佇胛脊後　　　　Tshâ-kiȧh iū koh thuā tī kȧh-tsiah āu

著 ki-ki kȯk-kȯk　ki-ki kȯk-kȯk　Tiȯh ki-ki kȯk-kȯk　ki-ki kȯk-kȯk

起來罵大家官是老柴頭　　　khí lâi mā tā-ke-kuann sī lāu-tshâ-thâu

歹歹翁食袂空

bái-bái-ang tsiȧh bē khang

大家閒閒就來聽我唱　　　　Tā ka îng îng tiȯh lâi thiann guá tshiùnn

毋是要佮咱來相比　　　　　M-sī beh kah lán lâi sio pí

人講嫁著歹尪莫怨嘆　　　　Lâng kóng kè tiȯh pháinn ang mài uàn- thàn

好歹同款嘛是一世人　　　　hó pháinn kâng khuán mā sī tsı̍t sì lâng

嫁著讀書的翁　　　　　　　kè tiȯh thȧk-tsheh ê ang

床頭睏床尾會香　　　　　　Tshn̂g thâu khùn tshn̂g bé ē phang

三日無吃擱也輕鬆　　　　　Sann jı̍t bô tsiȧh koh iȧh khin sang

嫁著做田翁　　　　　　　　kè tiȯh tsò tshân ang

每日無閒來梳頭鬃　　　　　muí jı̍t bô îng lâi se thâu tsang

嫁著總舖翁　　　　　　　　kè tiȯh tsóng phòo ang

身軀油油看著抹輕鬆　　　　Sin khu iû iû khuànn tiȯh bē khin sang

嫁著做衫翁　　　　　　　　kè tiȯh tsò sann ang

看人身軀是嬌噹噹　　　　　Khuànn lâng sin khu sī suí tang tang

嫁著賣菜翁　　　　　　　　kè tiȯh bē tshài ang

三餐毋是菜閣就是蔥　　　　Sann tn̄g m̄ sī tshài koh tiȯh sī tshang

嫁著刣豬的翁　　　　　　kè tiȯh thâi ti ê ang
煮菜無油閣也會香　　　　tsú tshài bô iû koh iā ē phang

嫁著賭博翁　　　　　　　kè tiȯh puȧh kiáu ang
博贏食肉博輸食蔥　　　　Puȧh iânn tsiȧh bah puȧh su tsiȧh tshang

嫁著酒鬼的翁　　　　　　kè tiȯh tsiú kuí ê ang
酒醉相拍是扭頭鬃　　　　tsiú tsuì sio phah sī khiú thâu tsang
我定定心頭閣袂輕鬆　　　guá tiānn tiānn sim thâu koh bē khin sang

嫁著戇憨的翁　　　　　　kè tiȯh khong khám ê ang
憨憨仔是憨叮噹　　　　　Khám khám á sī khám tin tang
閣 lān 面又閣激輕鬆　　　Koh lān bīn iū koh kik khin sang
你若氣死嘛無採工　　　　lí nā khì sí mā bô tshái kang

嫁著風流翁　　　　　　　kè tiȯh hong liû ang
山珍海味食袂香　　　　　San tin hái bī tsiȧh bē phang

嫁著散赤翁　　　　　　　kè tiȯh sàn tshiah ang
米定定空　　　　　　　　bí tiānn tiānn khang
毋過精神比較較輕鬆　　　M koh tsing sîn pí kàu khah khin sang

嫁著貧惰翁　　　　　　　kè tiȯh pîn tuānn ang
khiû khiû 儉儉閣無採工　　Khiû khiû khiām khiām koh bô tshái kang

若是嫁著彼個臭頭仔翁　　nā sī kè tiȯh hit ê tshàu thâu á ang
捻棉被塞鼻口　　　　　　Liàm mî phuē that phīnn khang

講會做翁某是相欠債　　　Kóng ē tsò ang bó sī sio khiàm tsè
毋是干焦咱一個　　　　　M sī kan-nā　lán tsit ê
大家心肝放較輕鬆　　　　Tȧk-ke sim kuann pàng khah khin sang

好尪歹尪總是翁　　　　　　　hó ang pháinn ang tsóng sī ang

人講歹尪食袂空　　　　　　　Lâng kóng bái bái ang tsiảh bē khang

啊咿‧‧歐夷羅夷　　　　　　　A i~~ oo I loo i~

尪親某親老婆仔拋車轔
Ang tshinbóo tshin lāu pô á pha-tshia-lin

少年痟娶某　　　　　　　　　Siáu-liân siáu tshuā-bóo

無某真艱苦　　　　　　　　　Bô-bóo tsin kan-khóo

請請裁裁娶一個某　　　　　　Tshìn-tshìn-tshái-tshái tshuā tsi̍t lê bóo

人講一個某　　　　　　　　　Lâng kóng tsi̍t lê bóo

較好三個天公祖　　　　　　　Khah hó sann ê thinn-kong-tsóo

啊呀～愛某媠　　　　　　　　Aih-iả̍h ài bóo suí

佮某捧面桶水　　　　　　　　Kah bóo phâng bīn tháng tsuí

愛某白佮某洗腳腿　　　　　　ài bóo pe̍h Kah bóo sé kha thuí

人講驚某是大丈夫　　　　　　Lâng kóng kiann bóo sī tāi-tiōng-hu

拍某是豬狗牛　　　　　　　　Phah-bóo sī ti káu gû

聽某嘴會大富貴　　　　　　　Thiann bóo tshuì ē tuā hù-kuì

看某媠無酒嘛天天醉　　　　　Khuànn bóo suí bô tsiú mā thian thian tsuì

愛某驚某苦　　　　　　　　　Ài bóo kiann bóo khóo

三頓雞鴨佮某補　　　　　　　Sann tǹg ke ah kā bóo póo

毋驚老母勞　　　　　　　　　M kiann lāu bú lô

放老母做老婆　　　　　　　　Pàng lāu bú tsò lāu pô

啊呀～尪親某親老婆仔拋車轔　Aih-iả̍h~ang tshin bóo tshin lāu pô á pha-tshia-lin

人講飼某無論飯　　　　　　　Lâng ling tshī bóo bô lūn pn̄g

飼爸母著算頓　　　　　　　　tshī pē bú tio̍h sǹg tǹg

好魚好肉是捧去囥　　　　　　hó hî hó bah sī phâng khì khǹg

菜脯根仔來囥過頓　　　　　　Tshài póo kin-á lâi bóng kuè tǹg

飼某飼甲肥滋滋	tshī bóo tshī kah puî tsut tsut
飼爸母飼甲賰一支骨	tshī pē bú tshī kah tshun tsı̍t ki kut
毋通細漢爸母生	M thang sè hàn pē bú senn
大漢變某生	tuā hàn piàn bóo senn
毋通細漢母仔囝	M thang sè hàn bú-á-kiánn
大漢變成某的囝	tuā hàn piàn sîng bóo ê kiánn
我勸莽懂少年家	guá khǹg bóng tóng siàu liân ke
至親爸母是咱的	tsì tshin pē bú sī lán ê
尪親某親	ang tshin bóo tshin
是爸母應該閣較親	sī pē bú ìng kai koh khah tsahin
毋通放老公婆仔佇拋車轔	M thang pang lāu kong pô á tê pha tshia lin

講著薰火就著
Kóng tiȯh hun hé tiȯh tȯh

講到薰火就著啊	Kóng tiȯh hun hé tiȯh tȯh.ah
若無薰啊欲如何	nā bô hun ah beh lû hô
哈 hih 目油旋旋倒	Hah-hih bák iû sėh sėh tò
世間作人無倚靠	sè kan tsò lâng bô uá khò
伴唱：下命睏，下命吸，無薰工課袂曉做	Phuānn-tshiùnn：hē miā khùn，hē miā suh，bô hun khang khuè bē hiáu tsò
食薰顧肺部呢	Tsiȧh hun kòo hì pōo neh
管伊好天抑落雨	Kuán i hó-thinn iȧh lȯh hōo
噴予伊歸間 phōng phōng 揚	Pûn hōo i kui king phōng phōng ing
茫茫過一生	Bâng bâng kuè it sing
伴唱：phōng phōng 揚，顧肺部，茫茫過一生	Phuānn-tshiùnn：phōng phōng ing，kòo hì pōo，Bâng bâng kuè it sing
『老闆抽煙斗』	『老闆抽煙斗』
紳士佇比 top	Sin sū tī pí top
大哥食 kent	Tuā ko tsiȧh kent

小弟食 *marlbro*　　　　　　　Sio tī tsiáh *marlbro*

哈著的人薰橛仔撿起　　　　　　Hah tióh ê lâng hun-kueh-á khioh khì

嘛是一直吸啊！　　　　　　　　mā sī it tit suh a~

失戀操煩鬱卒傷惱　　　　　　　Sit-luân tshiau-huân ut-tsut siong-náu

食薰上蓋好　　　　　　　　　　Tsiáh hun siōng kài hó

一日到晚薰不離　　　　　　　　Tsit jit kàu àm hun put lî

將薰當作寶　　　　　　　　　　Tsiong hun tòng tsò pó

X 光照著肺部　　　　　　　　　X『光』tsiò tióh hì pōo

兩片烏 sô-sô 呢　　　　　　　　Nñg phìnn oo sô-sô neh

伴唱：『一手菸』佇享受，『二手　　Phuānn-tshiùnn：『一手菸』tī hiáng siū，『二

菸』面憂憂，即馬食薰無自由，　　手菸』bīn iu iu，tsit-má tsiáh hun bô tsū iû，

做薰的上夭壽　　　　　　　　　tsò hun--ê siōng iáu-siū

※以上重複唱一次

『老闆抽煙斗』　　　　　　　　　『老闆抽煙斗』

紳士佇比 *top*　　　　　　　　Sin sū tī pí *top*

大哥食 *kent*　　　　　　　　　Tuā ko tsiáh *kent*

小弟食 *marlbro*　　　　　　　Sió tī tsiáh *marlbro*

哈著的人煙橛仔撿起　　　　　　Hah tióh ê lâng hun-kueh-á khioh khì

嘛是一直吸啊！　　　　　　　　mā sī it tit suh a~

失戀操煩鬱卒傷惱　　　　　　　Sit-luân tshiau-huân ut-tsut siong-náu

食薰上蓋好　　　　　　　　　　Tsiáh hun siōng kài hó

一日到晚薰不離　　　　　　　　Tsit jit kàu àm hun put lî

將燻當作寶　　　　　　　　　　Tsiong hun tòng tsò pó

X 光照著肺部　　　　　　　　　X『光』tsiò tióh hì pōo

兩片烏 sô-sô 呢　　　　　　　　Nñg phìnn oo sô-sô neh

伴唱：『一手菸』佇享受，『二手　　Phuānn-tshiùnn：『一手菸』tī hiáng siū，『二

菸』面憂憂，即馬食薰無自由，　　手菸』bīn iu iu，tsit-má tsiáh hun bô tsū iû，

做薰的上夭壽　　　　　　　　　tsò hun--ê siōng iáu-siū

　　　『一手菸』佇享受，『二手　　　　　『一手菸』tī hiáng sū，『二手菸』bīn iu

菸』面憂憂，即馬食薰無自由，　　iu，tsit-má tsiáh hun bô tsū iû，tsò hun--ê siōng

做薰的上夭壽　　　　　　　　　iáu-siū

啉酒人

Lim tsiú lâng

食酒的人	Tsiàh tsiú ê lâng
無啉燒酒皮皮煞	Bô lim sio tsiú phî pî tshuah
拄到燒酒是啉袂 suah	tú tiòh sio tsiú sī lim bē suah
無啉人戇戇	Bô lim lang gōng gōng
酒啉人悾悾	tsiú lim lâng khong khong
講話煞大舌	Kóng uē suah tuā tsîh
又閣直直啼	iū koh tı̍t tı̍t thī
目睭煞起花	Bàk tsiu suah khí hue
行路佇咧飛	Kiânn lōo tī lê pue
瓠仔看做是菜瓜	Pû-á khuànn tsò sī thài kue
行路腳軟軟	Kiânn lōo kha nńg nńg
厝內袂曉返	tshù lāi bē hiáu tńg
倒佇半路睏	tó tī puànn lōo khùn
寒甲 sih sih 顫	Kuânn kah sih sih tsùn
有的倒佇大廳頭	Ū ê tó tī tuā thiann thâu
有的酒醉若著猴	ū ê tsiú tsuì ná tiòh kâu
有的酒醉目瞇瞇	Ū ê tsiú tsuì bàk bui bui
看到朋友喙開開	Khuànn tiòh pîng iú tshuì khui khui
酒醉講話煞漏風	tsiú tsuì kóng uē suah làu hong
老父看做是阿公	Lāu pē khuànn tsò sī a-kong
有的酒醉哺塗沙	Ū ê tsiú tsuì bō thôo sua
駛彼個牛車來甲伊拖	Sái hit lòh gû tshia lâi kā i thua
有的艱苦一直吐	Ū ê kan khóo it tı̍t thòo
朋友歸陣來照顧	Pîng iú kui tīn lâi tsiàu kòo
酒醉浮浮跤輕輕	tsiú tsuì phû phû kha khin khin

喙瀾水是漖漖津　　　　　　　tshuì nuā tsuí sī tshảp tshảp tin

酒醉嚕嗉厚話屎　　　　　　　tsiú tsuì lo soo kāu uē sái

一句話講幾落擺　　　　　　　Tsit kù uē kóng kui lỏh pái

燒酒是啉甲空空空　　　　　　Sio tsiú sī lim kah khang khang khang

講話目睭煞脫窗　　　　　　　Kóng uē bảk tsiu suah thuah thang

有的飲酒真敖花　　　　　　　Ū ê lim tsiú tsin gâu hue

酒醉的亂著較袂衰　　　　　　tsiú tsuì ê luān tiỏh khah bē sue

有的啉酒真敖盧　　　　　　　Ū ê lim tsiú tsin gâu lû

一個坎坎若像牛　　　　　　　Tsit lê khàm khàm ná tshiūnn gû

有的啉酒會起狂　　　　　　　Ū ê lim tsiú ē khí kông

相打 lin long khỏk khỏk tsông　　Sio phah lin long khỏk khỏk tsông

有的飲酒真正猛　　　　　　　Ū ê lim tsiú tsin tsiànn bíng

椅仔桌仔閣亂亂翻　　　　　　í-á toh-á koh luān luān píng

有的飲酒失理智　　　　　　　Ū ê lim tsiú sit lí tì

亂作事情閣直直去　　　　　　Luān tsò sū tsîng koh tit tit khì

後果實在要考慮　　　　　　　hiō kó sit tsāi ài khó lī

拄到一擺就袂飼　　　　　　　tú tiỏh tsit pái tiỏh bē tshī

啉就盡量是毋通激　　　　　　Lim tiỏh tsīn liōng sī m̄ thang kik

強激啉酒是面綠色　　　　　　Kiông kik lim tsiú sī bīn lik sik

啉乎伊爽是較拄好　　　　　　lim hōo i song sī khah tú hó

酒醉艱苦是會煩惱　　　　　　Tsiú tsuì kan khóo sī ē huân ló

兄弟朋友佇迌 thô　　　　　　Hiann tī pîng iú tī tshit thô

最後添杯不如無　　　　　　　tsuè āu thiam pue put jû bô

侷毋通博

Kiáu m̄ thang puảh

侷是毋通博	Kiáu sī m̄ thang puảh
侷仔那欲博	Kiáu-á nā beh puảh
是會艱苦	sī ē kan khóo
侷毋通博	Kiáu m̄ thang puảh
侷仔毋通博	Kiáu-á m̄ thang puảh
侷那要博	Kiáu nā beh puảh
仙趁著袂快活	Sian thàn tiỏh bē khuìnn uảh
做人閣著實在	tsò lâng koh tiỏh sit thāi
就愛照步來	Tiỏh ài tsiàu pōo lâi
毋通欲小貪	m̄ thang beh siáu tham
小貪就蹌雞籠	siáu tham tiỏh nǹg ke lang
人說十一支博久無夠	Lâng kóng tsảp it ki puảh kú bô kàu
坐久人很虛	tsē kú lâng tsin hi
你嘛毋通博牌九，	lí mā m̄ thang puảh pâi-káu
輸著你會哮，	Su tiỏh lí ē háu
五張叫拍批	Gōo tiunn kiò phah-phe
輸著你會袂摳雞	Su tiỏh lí ē bē khoo ke
十三張佮搖豆仔乾	Tsảp-sann tiunn kah iô -tāu-á-kuann
輸著你會袂收山	Su tiỏh lí ē bē siu suann
二一點佮十點半	jī-it-tiám kah tsảp tiám puànn
輸著傢伙了一半	Su tiỏh ke hué liáu tsit puànn
毋通博十胡	m̄ thang puảh tsảp-ôo

侷輸傢伙爛猢猢	Kiáu su ke hué nuā kôo-kôo
傾家當產起糊塗	Khing ke tōng sán khí hôo-tôo
毋通博麻將	m̄ thang puảh bâ-tshiok
輸侷欠錢走予追	Su Kiáu khiàm tsînn tsáu hōo liok
抓到會予人摃	Liảh tiỏh ē hōo lâng kòng
後擺我毋敢碰	Āu pái guá m̄ kánn phòng
十八就要東	Sit-pat tiỏh ài tong
無東博碗公	Bô tong puảh uánn kong
無東博三公	bô tong puảh sam-kong
啊三公贏袂落	A sam-kong iânn bē lỏh
侷輸某子賣丟掉	Kiáu su bóo-kiánn bē hìnn-tiāu
無錢起臉回	Bô tsînn khí liân huê
侷輸人扒皮	Kiáu su lâng pak phuê
毋通閣博毋通閣博	m̄ thang koh puảh m̄ thang koh puảh
毋通閣博毋通閣博啦	m̄ thang koh puảh m̄ thang koh puảh
你那欲佮博	lí nā beh koh puảh
恁厝父母袂快活	Lín tshù pē bú bē khuìnn uảh
你那欲閣博	lí nā beh koh puảh
恁囝四散無人 tshuā	Lín kiánn sì suànn bô lâng tshuā
啊你那要閣博	lí nā beh koh puảh
恁某怨嘆無愛活	Lín bóo uàn than bô ài uảh
怨嘆嫁到博侷翁	uàn than kè tiỏh puảh kiáu ang
侷輸米缸哪叮噹	Kiáu su bí àng lang-tin-tang
有時褲底穿到破一空	Ū sî khòo té tshīng káu phuah tsỉt khang
啊欲哭也無采工	A beh khàu iā bô tshái kang
勸恁小姐哪要嫁翁	Khǹg lín sió tsiá nā beh kè ang

目睭扒予金噹噹　　　　　　　Bak tsiu peh hōo kim-tang-tang

毋通嫁了怨嘆就毋通　　　　　m̄ thang kè liáu uàn than tioh m̄ thang

爸勸囝博輸就知影　　　　　　pē kǹg kiánn puah su tioh tsai iánn

囝勸爸佋輸田厝攏總賣　　　　Kiánn kǹg pē kiáu su tshân tshù lóng tsóng bē

某囝艱苦做奴隸　　　　　　　Bóo kiánn kan khóo tsò lô-lē

某勸翁博佋咱毋通　　　　　　Bóo khǹg ang puah Kiáu lán m̄ thang

翁勸某博輸會艱苦　　　　　　ang khǹg bóo puah su ē kan khóo

苦勸社會親戚朋友佮五十　　　Khóo khǹg siā huē tshin tsiânn ping iú kah gōo tsap

博佋真毋通　　　　　　　　　puah Kiáu tsin m̄ thang

佋輸無錢會起戇　　　　　　　Kiáu su bô tsînn ē khí khong

起戇起憨捨祖公　　　　　　　khí khong khí gōng sià tsóo-kong

起戇起憨捨丟祖公　　　　　　khí khong khí gōng sià tsóo-kong

捨祖公喔　　　　　　　　　　sià tsóo-kong

食頭路人
Tsiah thâu lōo lâng

食人的頭路　　　　　　　　　Tsiah lâng ê thâu lōo

真正艱苦　　　　　　　　　　tsin tsiànn kan khóo

一月日攏總趁　　　　　　　　Tsit gueh jit lóng tsóng thàn

才有幾拾箍　　　　　　　　　Tsiah ū kuí tsap khoo

也著飼某囝　　　　　　　　　Iah tioh tshī bóo kiánn

也著還厝租　　　　　　　　　Iah tioh hîng tshù tsoo

若搪著辛苦病痛　　　　　　　nā tú tioh sin khóo pīnn thiànn

真真無法度　　　　　　　　　Tsin tsin bô huat tōo

頭家喔～頭家娘～　　　　　　Thâu-ke oo~ thâu-ke niû~

考慮看覓　　　　　　　　　　khó lū khuànn māi

拜託你好心　　　　　　　　　Pài thok lí hó sim

佮我升淡薄　　　　　　　　　Kah guá sing tām poh

你若是按呢好額　　　　　　lí nā sī án ni hó giảh

毋通來鹹澀　　　　　　　　M thang lâi kiâm siap

活踮佇世間也是無外久　　　Uảh tiàm tī sè kan iảh sī bô guā kú

你若是學較慷慨　　　　　　lí nā sī ỏh khah kóng khài

名聲會較好　　　　　　　　Miâ siann ē khah hó

食人的頭路　　　　　　　　Tsiảh lâng ê thâu lōo

真正艱苦　　　　　　　　　tsin tsiànn kan khó

一月日攏總長　　　　　　　Tsit guẻh jit lóng tsóng tiông

歇睏無幾擺　　　　　　　　Hioh khùn bô kuí pái

予頭家講阮　　　　　　　　Hōo thâu ke kóng gún

若月給欲升　　　　　　　　nā guẻh kip beh sing

愛認真毋通歇睏　　　　　　Ài jīn tsin m̄ thang hioh khùn

暝工加減做　　　　　　　　mê kang ke kiám tsò

頭家喔～頭家娘～　　　　　Thâu-ke oo~ thâu-ke niû

歇睏免啦　　　　　　　　　Hioh khùn bián là~

多謝你好心　　　　　　　　To siā lí hó sim

佮我升淡薄　　　　　　　　Kah guá sing tām pỏh

將來我若成功　　　　　　　Tsionglâi guá nā sîng kong

你若來失敗　　　　　　　　lí nā lâi sit pāi

換我作頭家　　　　　　　　Uānn guá tsò thâu ke

換你食頭路　　　　　　　　Uānn lí tsiảh thâu lōo

彼時陣月給加倍　　　　　　Hit sî tsūn guẻh kip ka puē

謝你的好意　　　　　　　　siā lí ê hó ì

行行出狀元

Hâng hâng tshut tsiōng guân

近來事業滿滿是　　　　　　Kīn lâi sū giảp muá muá sī

人人心肝攏想趁錢　　　　　Lâng lâng sim kuann lóng siūnn thàn
　　　　　　　　　　　　　tsînn

工業社會大家敖反變	Kang kiáp siā huē ta̍k ê gâu píng pìnn
目睭扒金就想趁錢	Ba̍k tsiu peh kim tio̍h siūnn than tsînn
我的祖公踮唐山	guá ê tsóo kong tiam tn̂g suann
過來新加坡燒火炭	kuè lâi sin ka phoo sio hué thuànn
嘛佇碗店口佇賣碗盤	mā tī uánn tiàm kháu tī bē uánn puânn
了後改佇賣豆干	Liáu āu kái tī buē tāu kuann
豆干毋食閣愛食豆腐	Tāu kuann m̄ tsia̍h koh ài tsia̍h tāu hū
家己食倒煞佇咧予人情看牛	Ka kī tsia̍h tó suah tī lê hōo lâng tsàhia khuànn gû
若欲講起著阮外公	nā beh kóng khí tio̍h gún guā kong
出名童乩亂亂 tsông	Tshut miâ tang ki luān luān tsông
tsông 一咧稍雄半小死	Tsông tsi̍t lê siūnn hiông puànn sió sí
事後改牽尪姨	sū āu kái lê khan ang î
嘛有佇做布袋戲	mā ū tī tsò pòo tē hì
順紲兼佇做西醫	Sūn suah kiam tī tsò se i
透早佇咧賣豆奶	Thàu tsá tī lê bē tāu ni
暗時暝市仔佇咧賣大麵	Àm sî mê tshī á tī lê bē tuā mī
大廳開店佇補喙齒	tuā thiann khui tiàm tī póo tshuì khí
厝後佇咧飼大豬	tshù āu tī lê tshī tuā ti
飼大豬大趁錢	tshī tuā ti tuā thàn tsînn
發達現在佇賣番薯	Huat ta̍t hiān tsāi tī bē han tsî
上界骨力阮外媽	Siōng kài kut la̍t gún guā má
伊佇咧牛車水賣仙楂	I tī lê gû-tshia-tsuí bē sian tsa
嘛有佇賣米粉炒	mā ū tī bē bí hún tshá
嘛有佇咧炕熬膠	mā ū tī lê khòng gô ka
大囝佇鐵路部食頭路	tuā kiánn tī thih lōo pōo tsia̍h thâu lōo
修理火車真大箍	Siu lí hué tshia tsin tuā khoo

了後升佇機關庫　　　　　　　　Liáu āu sing tī ki kuan khòo
專門佇咧顧火爐　　　　　　　　Tsuan bûn tī lê kòo hué lôo

細漢板橋食頭路　　　　　　　　sè hàn pang kiô tsiảh thâu lōo
佇顧痟人面烏烏　　　　　　　　tī kòo siáu lâng bīn oo oo
兼佇刻柴賣香爐　　　　　　　　Kiam tī khik tshâ bē hiunn lôo
專門佇咧賣尼姑　　　　　　　　Tsuan bûn tī lê bē nî-koo

後生上濟是阮叔公　　　　　　　Hāu senn siōng tsē sī gún tsik kong
伊佇咧內山做番王　　　　　　　I tī lê lāi suann tsò huan ông

大叔佇咧賣水蛙　　　　　　　　tuā tsik tī lê bē tsuí ke
二叔佇咧撿田螺　　　　　　　　jī tsik tī lê khioh tshân lê
三叔佇咧做土水　　　　　　　　Sann tsik tī lê tsò thôo tsuí
四叔會曉看風水　　　　　　　　sì tsik ē hiáu khuànn hong suí
五叔佇咧噴雞管　　　　　　　　Gōo tsik tī lê pûn ke kui
六叔專門佇舀肥　　　　　　　　Lȧk tsik tsuan bûn tī iúnn puî
七叔佇咧顧墓仔埔　　　　　　　Tshit tsik tī lê kòo bōng á poo
八叔佇咧賣麵線糊　　　　　　　Peh tsik tī lê bē mī suànn gôo
九叔佇賣酸醋　　　　　　　　　Káu tsik tī lê bē sng tshòo
屘叔欠錢咧走路　　　　　　　　Ban tsik khiam tsînn tī tsáu lōo

大姑佇咧賣麻糍　　　　　　　　tuā koo tī lê bē muâ tsî
二姑五金拍鎖匙　　　　　　　　jī koo ngóo kim phah só sî
三姑雜貨賣茶米　　　　　　　　Sann koo tsȧp huè bē tê bí
四姑掠龍噴嗒笛　　　　　　　　sì koo liȧh lîng pûn tȧh ti
五姑尹厝賣電視　　　　　　　　Gōo koo īn tshù bē tiān sī
六姑市場賣鹹魚　　　　　　　　Lȧk koo tshī tiûnn bē kiâm hî
七姑粗勇佇咧做苦力　　　　　　Tshit koo tshoo íong tī lê tsò ku-lí
八姑伊厝佇車螺絲　　　　　　　Peh koo in tshù tī tshia lôo si
九姑佇咧賣雞管　　　　　　　　Káu koo tī lê bē ke kńg

十姑佇咧賣圓仔湯	Tsåp koo tī lê bē înn á thng
十一佇咧賣滷肉飯	Tsåp it koo tī lê bē lóo bah pñg
屘姑佇咧著猴損	Ban koo tī lê tiòh kâu sńg

上界有錢是阮阿伯	Siōng kài ū tsînn sī gún a-peh
日時開店剌皮鞋	Jit sî khui tiam tshiah phuê ê
暗時仔佇咧掠水雞	àm sî á tī lê liåh tsuí ke
嘛有佇賣肉骨茶	mā ū tī bē bah kut tê

姆婆仔尹厝佇賣碗糕粿	ḿ pô á īn tshù tī bē uánn ko kué
尹大囝佇咧酒店噴鼓吹	In tuā kiánn tī lê tsiú tiàm pûn kóo tshue
二子佇做番仔火	jī kiánn tī lê tsò huan á hué
上界出名是七仔麘	Siōng kài tshut miâ sī tshit á khue

世界頭路是百百款	sè kài thâu lōo sī pah pah khuán
安份守己頭一層	An hūn siú kí thâu tsit tsân
毋通這山看彼山懸	M thang tsit suann khuàn hit suann kuân
拍拼行行出狀元	Phah piànn hâng hang tshut tsiōng guân
行行出狀元	Hâng hang tshut tsiōng guân

一年換二十四個頭家
Tsit nî uānn jī-tsåp-sì ê thâu ke

人說哩	Lâng kóng li~
福無雙至禍不單行	Hok bû siang tsì hō put tan hîng
想著心肝凝	Siūnn tiòh sim kuann gîng
啊心肝凝	Ah sim kuann gîng
那欲講我人壞運	nā beh kóng guá lâng pháinn ūn
無人比我較齊勻	Bô lâng pí guá khah tsiâu ûn

| 初出洞門賭意志（啊） | Tshoo tshut tōng mńg tóo ì tsì （ah） |
| 那無成功毋轉去 | nā bô sîng kong m̄ tńg khì |

堂堂踏入台北市	Tông tong tȧh jıp Tâi-pak tshī
料做頭路滿滿是	Liāu tsuè thâu lōo muá muá sī
誰知一揣十外工	Siàng tsai tsıt tshuē tsȧp guā kang
白白浪費揣無康喔	Pėh Pėh lōng huì tshuē bô kang （oh）
佳哉搪著阮阿姨尹叔公的丈人	Ka tsài tng tiȯh gún a-î īn tsik kong ê tiūnn lâng
佮我用	Kah guá ìang
介紹我去運送店	Kài siàu guá khì ūn sàng tiàm
薪水寡濟我無嫌	Sim suí guā tsē guá bô hiâm
毋過頭家人傷鹹	M kok thâu ke lâng siūnn kiâm
又閣歸日碎碎念	iū koh kui jıt sėh sėh liām
啊碎碎念	Ah sėh sėh liām
透早呀唸到一半暝	Thàu tsá iah liām kàu tsıt puànn mî
干焦氣嘛氣半死	Kan ta khì mā khì puànn sí
一時惱到袂忍耐	Tsıt sî lóo tiȯh bē jím nāi
殘殘跳出來	Tshân tshân thiàu tshut lâi
然後呀！走去做小工	Jiân āu iah tsáu khì tsò sió kang
甘願屈守做粗重	Kham guān khut siú tsò tshoo tāng
無疑做無一禮拜	Bô gî tsò bô tsıt lé pài
頭家看我漢草壞	Thâu ke khuànn guá hàn tháu bái
叫我『明天不要來』	kiò guá『明天不要來』
這款工課真無保	Tsıt khuán khang khuè tsin bô pó
紲落餐廳做走桌	Suah lȯh tshan thiann tsò tsáu toh
拄到一個龜龜鱉鱉	tú tiȯh tsıt lê ku ku pih pih
攏毋講欲愛什物	Lóng m̄ kóng beh ài siánn mih
干焦予我一直徛	Kan ta hōo guá ıt tıt khia
我徛半天毋出聲	guá khiā puànn kang m̄ tshut siann

看著怨嘆起怨慼	Khuànn tiȯh uàn than khí uàn tsheh
人客敢是啞口	Lâng kheh kám sī é-káu
佮伊比手佮畫刀	Kah ī pí tshiú kuà uē to
他煞佮我撟佮我 tshoh	Ī suah kā guá kiāu kā guá tshoh
講我無禮貌	Kóng guá bô lé māu
去佮頭家投佮投	khì kā thâu ke tâu kā tâu
害我頭路煞烏有	Hāi guá thâu lōo suah oo iú
看破工廠做烏手	Khuànn phuà kang tiûnn tsò oo tshiú
烏手師傅人蓋好	oo tshiú sai hū lâng kài hó
聲聲句句佮我呵咾	Siann siann kù kù kā guá o ló
講我 ê～人老實又認真	Kóng guá ê～ lâng láu sit iū jīn tsin
聽著心頭輕	Thiann tiȯh sim thâu khin
按算這擺讚	Àn sǹg tsit pái tsán
頭路一定安	Thâu lōo it tīng an
無疑工廠煞破產	Bô gî kang tiûnn suah phò sán
煞破產	suah phò sán
想著人齊懶	Siūnn tiȯh lâng tsiâu lán
甜的無食心先酸	Tinn--ê bô tsiȧh sim sing sng
甘願走去摸油湯	Kam guān tsáu khì bong iû thng
油湯頭路真歹食	iû thng thâu lōo tsin pháinn tsiȧh
透早到晚一直徛	Thàu tsá kàu àm it tit khiā
徛到跤酸腫跤 tâng	khiā làu kha sng tsíng kha tâng
透早到晚心茫茫	Thàu tsá kàu àm sim bâng bâng
坐落椅子要歇睏	tsē lȯh í-á beh hioh khùn
頭──ê 罵我這歹款	Thâu--ê mā guá tsiah pháinn khuán
一聲頭路佮我辭	Tsit siann thâu lōo kā guá sî
叫我轉去食家己	kiò guá tńg khì tsiȧh ka kī

紲落去佮伊學司公	Suah lȯh kah ī ȯh sai kong
師公帽著佮戴	sai kong bō tiȯh kā tì
鞋子衫褲著佮穿	ê-á sann khòo tiȯh kā tshīng
鈴鐺啊著鈴鈴弄弄	Lîng tang á tiȯh ling ling long long
咒語唸袂通	tsiù gí liām bē thong
牛角噴無風	Gû kak pûn bô hong
咒語唸袂來	tsiù gí liām bē lâi
歸去唱彼條劉福助的落下骸	Kui khì tshuìnn hit tiâu Lâu Hok-tsōo ê làu ê hâi
無疑廟公氣到嘴歪歪	Bô gî biō kong khì kàu tshuì uai uai
目眉倒頭栽	Bȧk bâi tò thâu tsai
掃手甲我舂出來	Sàu tshiú kā guá put tshut lâi
做來做來攏吃虧	tsò lâi tsò khì lóng tsiȧh khui
煞落去剃頭做斜 lui	Suah lȯh khì thì thâu tsò tshiâ lui
斜 lui 叫我燒山兼 làu lîng	tshiâ lui kiò guá sio suann kiam làu lîng
làu lîng 無 làu lîng	làu lîng bô làu lîng
目眉佮人剃一爿	Bȧk bâi kā lâng thih tsȧt pîng
人客啊罵我這酷刑	Lâng khehah mā guá tsiah khok hîng
我著好喙佮求情	guá tiȯh hó tshuì kā kiû tsîng
叫我頭鬃吹予伊焦	kiò guá thâsu tsang tshue hōo ta
我佮伊吹到臭火焦	guá kah ī tshue kàu tshàu hué ta
人客受氣請閣辭	Lâng kheh siū khì tshiánn koh sî
我就存了無欲佮提錢	guá tiȯh tshûn liáu bô beh kah thê tsînn
人客笑嘻嘻	Lâng kheh tshiò bi bi
頭殼摸摸行出去	Thâu khak bong bong kiânn tshut khì
才知頭鬃剃到偆兩支	Tsiah tsai thâu tsang thih kàu tshun nn̄g ki
理髮廳長直搖頭	lí huat thiann tiúnn tȧt iô thâu
講我人無效	Kóng guá lâng bô hāu
一聲叫我走	Tsȧt siann kiò guá tsáu

想著強欲號　　　　　　　　Siūnn tiȯh kiông beh háu

強欲號　　　　　　　　　　kiông beh háu

逐項我著做袂成　　　　　　Tak hāng guá tiȯh tsò bē sîng

氣著走去駛計程　　　　　　khì tiȯh tsáu khì sái kheh thîng

駛計程欲識路草　　　　　　sái kheh thing ài pat lōo tsháu

人客講欲去大橋頭　　　　　Lâng kheh kóng beh khù Tuā-kiô-thâu

我佮駛去到北投　　　　　　guá kah sái khì kàu Pak-tâu

人叫我欲去迪化街　　　　　Lâng kiò guá beh khì Tik-huà-ke

我佮伊駛去外雙溪　　　　　guá kah ī sái khì Guā-siang-khe

想著駛車也無軟　　　　　　Siūnn tiȯh sái tshia iā bô nńg

看破敢著來去轉　　　　　　Khuànn phuà kánn tiȯh lâi khì tńg

越想越會憂愁　　　　　　　jú siūnn jú ē iu tshiû

就綴人學拍手　　　　　　　Tiȯh tuè lâng ȯh phah tshiú

是欲演彼個電視劇　　　　　sī beh ián hit loh tiān sī kiok

欲做拍手人軟弱　　　　　　Beh tsò phah tshiú lâng luán jiȯk

錄影開始　　　　　　　　　Lok iánn khái si

拍倒 peh 袂起　　　　　　　Phah tó peh bē khí

昏倒半小時　　　　　　　　Hun tó puiànn sió sî

公司著了彼落醫藥錢　　　　Kong si tiȯh liáu hit loh i iȯh tsînn

導演仙算閣算袂合台　　　　Tō ián sian sǹg koh sǹg bē hȧh tâi

叫我轉去保養才閣來　　　　kiò guá tńg khì pó ióng tsiah koh lâi

想著——ê 面著烏　　　　　　Siūnn tiȯh--ê bīn tiȯh oo

看破轉來去　　　　　　　　Khuànn phuà tńg lâi khì

食彼落蕃薯箍　　　　　　　Tsiȧh hit loh han tsî khoo

轉來去食彼落蕃薯箍　　　　tńg lâi khì tsiȧh hit loh han tsî khoo

樂！樂！樂！（大家樂）
『樂！樂！樂！』『（大家樂）』

三六九問神	Sann lak káu mn̄g sîn
00 到九九百面開	Khòng-khòng kàu kiú-kiú pah-bīn khui
信徒跪佇塗跤一直拜	Sìn-tôo kuī tī thôo-kha it tit pài
神杯那博是汗那流	Sîn-pue ná puáh sī kuā ná lâu
這擺一定會出五頭	Tsit pái it tīng ē thut ngóo thau
所有組頭叫伊攏總留	Sóo ū tsoo-thâu kiò i lóng tsóng lâu
開獎了後伊煞共人吊猴	Khui tsíong liáu āu i suah kāng lâng tiàu kâu
明明是 88 是一條路	Bîng bîng sī pat-pat sī it tiâu lōo
答謝香香插落爐	Tap siā phang hiunn tshah lóh lôo
開獎那會來變 55	Khui tsióng ná ē lâi piàn ngóo ngóo
予我傷心來面齊烏	Hōo guá siong sim lâi bīn tsiâu oo
外位教徒嘛來拜童乩	guā uī kàu tôo mā lâi pài tâng -ki
伊的號碼是買 31	I ê hō-má sī bué sam-it
毋知佛教是有天機	M tsai pút-kàu sī ū thian ki
輸到無皮才『回巴西』	Su kàu bô phuê tsiah『回巴西』
這期號碼得地利好天出 22	Tsit kî hō-má tit tē lī hó thinn tshut jī-jī
初六、十四攏無代誌	Tshue lák tsáp-sì lóng bô tāi tsì
探牌溜溜去	Thàm pâi liù liù khì
到甲十五彼下晡	Kàu kah tsáp-gōo hit ē poo
天頂煞落雨	Thinn ting suah lóh hōo
朋友講我無照步	Pîng-iú kóng guá bô tsiàu pōo
摃龜土土土	kòng-ku thôo-thôo-thôo
濟公活佛這擺若有順	Tsè-kong uáh-pút tsit pái ná ū sūn
雞腿、hàinn 頭隨在你食	Ke-thuí hàinn-thâu suî-tsāi lí sút
哪吒太子爺	Lí-lōo-tshia thài tsú iânn

這擺我若贏	Tsit pái guá ná iânn
你免騎風火輪,風吹日曝	lí bián khiânn hong-hué-lián hong tshue jit pák
我買一台四輪的予你駛佇行	guá bué tsit tâi sì lián--ê hōo lí sái tī kiânn
釋迦佛、眾眾大佛	Sik-ka-pùt、tsiòng tsiòng tuā pùt
觀世音佛祖	Kuan-sè-im pùt tsóo
我無錢真艱苦	guá bô tsînn tsin kan khóo
眾仙姑眾先祖	Tsiòng sian-koo tsiòng sian-tsóo
若予我獨得	ná hōo guá tòk tit
金身甲你粧	Kim sin kā lí tsng
破廟甲你補	Phuà biō kā lí póo
祖公祖媽	Tsóo kong tsóo má
我即馬真乏	guá tsit-má tsin hàt
我是你的囝孫仔	guá sī lí ê kiánn-sun-á
保庇我中獎	Póo-pì guá tiòng-tsióng
號碼我總簽	hō-má guá tsóng tshiam
走去山頂悟號碼浮佇土	Tsáu khì suann tíng ngōo hō-má phû tī thôo
香煙颺颺飛	Hiunn-ian iānn-iānn pue
浮字浮字飛來飛去	Phû-jī Phû-jī pue lâi pue khì
寫字寫字香點袂通化	siá-jī siá jī hiunn tiám bē thong huà
香麩落落沙浮字浮字	Hiunn-hu lak lòh sua phû jī phû jī
正爿看倒爿看	Tsiànn pîng khuànn tò pîng khuànn
懸看低看	Kuân khuànn kē khuànn
橫看直看	Huâinn khuànn tit khuànn
82、82 毋是	Pat-ji Pat-ji m̄ sī
毋是 02、02	m̄ sī kòng-jī kòng-jī
拜託恁遮眾神指示指示	Pài thok lín tsia tsiòng sîn tsí sī tsí sī
萬一若無準著害來害去	Bān it nā bô tsún Tióh hāi lâi hāi khì

阮厝的傢伙著總去總去　　　　　Gún tshù ê ke-hué tiòh tsóng khì tsóng khì

毋通閣糊塗　　　　　　　　　　M̄ thang koh hôo-tôo
執迷閣不悟　　　　　　　　　　Tsit-bê koh put ngōo
趕緊來退步　　　　　　　　　　Kuánn kín lâi thè pōo
拍拼做頭路　　　　　　　　　　Phah piànn tsuè thâu lōo
田園某囝才是咱永遠的前途　　　Tshân hn̂g bóo kiánn tsiah sī lán íng uán ê tsiân-tôo

股市大趁錢
Kóo-tshī tuā thàn tsînn

『每天』透早　　　　　　　　　『每天』thàu tsá
『股市同胞大家一條心』　　　　『股市同胞大家一條心』
『匆匆忙忙』真拍拼　　　　　　『匆匆忙忙』tsin phah piànn
『都是為了金』　　　　　　　　『都是為了金』
『狂飆漲停開香檳』　　　　　　『狂飆漲停開香檳』
『重挫人抽筋』　　　　　　　　『重挫人抽筋』
『跌停下滑』膏膏輪　　　　　　『跌停下滑』kô-kô-liàn
『散戶』予人食點心　　　　　　『散戶』hōo lâng tsiàh tiám sim

看人股市大趁錢　　　　　　　　Khuànn lâng kóo tshī tuā thàn tsînn
這途我嘛有趣味　　　　　　　　Tsit tôo guá mā ū tshù bī
厝內現金攏總 khîng　　　　　　　tshù lāi hiān kim lóng tsóng khîng
舞無寡久減一粒『零』　　　　　bú bô guā kú kiám tsit liàp『零』

想欲包贏毋包輸　　　　　　　　Siūnn beh pau iânn m̄ pau su
『買那個資優股』　　　　　　　『買那個資優股』
一擺著欲予大富　　　　　　　　Tsit pái tiòh beh hōo tuā pù
田厝做一拄　　　　　　　　　　Tshân tshù tsò tsit tù

昨日歸片紅吱吱　　　　　　　　Tsòh--jit kui phīnn âng ki ki
我著雄雄跳落去　　　　　　　　guá tiòh hiông hiông thiàu lòh khì

實在予我真無疑	Sit tsāi si hōo guá tsin bô gî
逐家攏紅我的青	Tak ê lóng âng guá ê tshinn
贏是贏田嬰	Iânn--ê sī iânn tshân inn
輸的輸飛機	Su--ê sī su hue ki

『飆高』你著『搶先機』	『飆高』lí tióh 『搶先機』
『股災下滑打點滴』	『股災下滑打點滴』
國際游資 AA 去	Kok tsè iû tsu AA khì
祝您逐家會趁錢	Tsiok lín tak ê ē thàn tsînn

口白：	Káu pèh：
『號子』出入玲瓏 gô	『號子』tshut jip lin long gô
輸贏遐大真煩惱	Su iânn hiah tuā tsin huân ló
掠龜走鱉真歹做	Liah ku tsáu pih tsin pháinn tsò
換來換去花膏膏	Uānn lâi uānn khì hue gô gô
溢來溢去溢不休	Ik lâi ik khì ik put hiu
踅來踅去皮那餾	Sèh lâi sèh khì phuê ná liù

若欲會準閣會贏	ná beh ē tsún koh ē iânn
溜溜啾啾吃目睭	Liu liu tshiu tshiu tsiàh bàk tsiu
欲知股市這條路	Beh tsai kóo tshī tsit tiâu lōo
天落紅雨	Thinn lóh âng hōo
鯽仔翻肚	Tsit á píng tōo
雞母相咬	Ke bú sio kā
鴨母相踏	Ah bú sio tàh
股市嘛會大崩盤	Kóo tshī mā ē tuā pang puânn

股海無邊沐沐泅	Kóo hái bû pian bók bók siû
投佇股中無人救	Tâu tī kóo tiong bô lâng kiù
起落輸贏靠跤手	khí lóh su iânn khò kha tshiú
會曉落著會曉收	Ē hiáu lóh tióh ē hiáu siu

想欲大趁做大跤　　　　　　　Siūnn beh tuā thàn tsò tuā kha

家己造業家己擔　　　　　　　Ka kī tsō giȧp ka kī tann

股市車拼快見利　　　　　　　Kóo tshī tshia piànn khuài kiàn lī

祝您逐家大趁錢　　　　　　　Tsiok lín tȧk ê tuā thàn tsînn

兩岸兩家艱苦 A
Lióng huānn nn̄g ke kan khóo--ê

兩岸三地　　　　　　　　　　Lióng huānn sann tē

自由市場大家拼經濟　　　　　tsū iû tshī tiûnn tȧk ê piànn king tsè

咱的台商佇拍拼認真做頭家　　Lán ê tâi-siong tī phah piànn jīn tsin tsò thâu ke

天時地利國際商機機會無外濟　Thian sî tē lī kok tsè siong ki ki huē bô guā tsē

世界財團拼第一上大是咱的　　sè kài tsâi thuân piànn tē ȧt siōng tuā sī lán ê

交際應酬幼齒的『辣妹』　　　Kau tsè ìng siû iù khí ê『辣妹』

歸陣合倚來　　　　　　　　　Kui tīn hȧh uá lâi

出外俺某有交待　　　　　　　Tshut guā án bóo ū kau tài

『外面不要買』　　　　　　　『外面不要買』

『悶燒鍋裡跑出來』　　　　　『悶燒鍋裡跑出來』

零散的也欲愛　　　　　　　　Lân san--ê iā beh ài

歸隻牽去無人知　　　　　　　Kui tsiah khan khì bô lâng tsai

『談情又說愛』　　　　　　　『談情又說愛』

你無去伊著走　　　　　　　　lí bô khì I tiȯh tsáu

你若去『她就到』　　　　　　lí nā khì『她就到』

有時笑有時哭　　　　　　　　Ū sî tshiò ū sî khàu

有時奶有時鬧　　　　　　　　Ū sî nai ū sî nāu

台胞想袂曉　　　　　　　　　Tâi pau siūnn bē hiáu

那會攏著吊　　　　　　　　　nà--ê long tiȯh tiàu

一半個仔無著吊　　　　　　　Tsȧt puànn ê á bô tiȯh tiàu

有某跟牢牢（啊）	Ū bóo tuè tiâu tiâu（ah）
兩岸兩地二個家	Lióng huānn nn̄g tē nn̄g ê ke
亂亂也花花	Luān luān iā hue hue
為著幼齒走千里空中飛啊飛	Ū tiȯh iù khí tsáu tshian lí khong tiong pue ah pue
你若無來飛咧飛咧～	lí nā bô lâi pue--lê pue--lê
緊緊換人──e	Kuánn kín uānn lâng--ê
飛過來飛過去瓠仔換菜瓜	Pue kuè lâi pue kuè khì pû-á uānn tshài-kue
hàinn 過來 hàinn 過去瓠仔換菜瓜	Hàinn kuè lâi hàinn kuè khì pû-á uānn tshài-kue

<h3 style="text-align:center">烏面祖師公
Oo-bīn tsóo-su-kong</h3>

烏面祖師公	Oo-bīn tsóo-su-kong
白目眉	Pėh bȧk bâi
無人共你請	Bô lâng kā lí tshiánn
自己來，嘿！自己來	Ka kī lâi heh！Ka kī lâi

烏面祖師公	Oo-bīn tsóo-su-kong
白目眉	Pėh bȧk bâi
無人共你請	Bô lâng kā lí tshiánn
自己來，嘿！自己來	Ka kī lâi heh！Ka kī lâi

一個面閣笑哈哈	Tsit ê bīn-á koh tshiò hai hai
笑佮一個喙仔離 sai sai	tshiò kah tsit ê tshuì á lî sai sai
到底為啥代	Tàu té uī siánn tāi
為啥代	uī siánn tāi

夯椅頭仔看目眉	Giâ í thâu á khuànn bȧk bâi
椅頭踏無好	í thâu tȧh bô hó
摔落來	Siak lȯh lâi

摔一個有嘴無下頦	Siak tsi̍t ê ū tshuī bô ē hâi
真厲害	Tsin lī hāi
大聲細聲哎	tuā siann sè siann ai
無講無人知	Bô kóng bô lâng tsai
無講無人知	Bô kóng bô lâng tsai
無人知（哈哈哈）	bô lâng tsai
烏面祖師公	Oo-bīn tsóo-su-kong
白目眉	Pe̍h ba̍k bâi
無人共你請	Bô lâng kā lí tshiánn
自己來，嘿！自己來	Ka kī lâi heh！Ka kī lâi

安童哥辦酒菜
An-tông-ko pàn tsiú tshài

安童哥仔囉	An-tông-ko-á lô~
閣一仔心真跳踏	Koh tsi̍t-á sim tsin thiàu ta̍h
領頸仔揹魚閣甲揹肉	Ām kún á phāinn hî koh phāinn bah
雙跤踏出市場口	Siang kha ta̍h tshut tshī tiûnn kháu
蹌蹌行又閣蹌蹌走	Tshiáng tshiáng kiânn iū koh tshiáng tshiáng tsáu
走過一條橋	Tsáu kuè tsi̍t tiâu kiô
跳過一條溝	Thiàu kuè tsi̍t tiâu kau
跤步踏無好	Kha pōo ta̍h bô hó
唉喲喂！	Ai ioh ueh！
險險仔跌一倒	Hiám hiám á pua̍h tsi̍t tó
（eh hennh！）咳一咧嗽	（eh hennh！）ka tsi̍t lê sàu
起跤閣再走	khí kha koh tsài tsáu
真猛 táu	Tsin mé táu
已經走到彼囉咱厝彼囉大門口	í king tsáu kàu hit lôo tuā mn̂g kháu
安童哥仔囉	An-tông-ko-á lô~
心內閣有仔拍意	Sim lāi koh ū á phah ī

敨出料理閣燉魚刺	Tháu tshut liāu lí koh tūn hî tshì
看日頭猶未落山去	Khuànn jit thâu iáu bē lóh suann khì
彼囉菜頭菜跤下落去煮	Hit lôo tshài thâu tshài kha hē lóh khì kûn
煮予伊爛糊糊	Kûn hōo i nuā kô kô
無喙齒嘛毋免哺	Bô tshuì khí mā m̄ bián pōo
煞落去辦炸路	Suah lóh khì pān tsìnn lōo
彼囉金錢餅	Hit lôo kim tsînn piánn
彼囉鳳尾牙	Hit lôo hōng bué gê
彼囉卜肉、菜丸	Hit lôo phoh bah tshài uân
閣紅燒雞仔伊	Koh âng sio ke á i~
安童哥仔囉	An-tông-ko-á lô~
罐頭歸大堆	Kuàn thâu kui tuā tui
攏總共伊提起來開	Lóng tsóng kā i thê khí lâi khui
人客欲請閣愛媠氣	Lâng kheh beh tshiánn koh ài suí khuì
毋通來漏氣	M̄ thang lâi làu khuì
酒菜辦到黃昏後	tsiú tshài pān kàu hông hun āu
看人客猶未踏跤到	Khuànn lâng kheh iáu bē tảh kha kàu
我安童心頭閣亂啊糟糟	guá An-tông sim thâu koh luān á tsau tsau
人客猶未來阮兜	Lâng kheh iau bē lâi gún tau
千想想攏無	Tshian siūnn siūnn lóng bô
踮在灶跤玲瓏邀	Tiàm tī tsàu kha ling long gô
忽然聽一聲	Hut jiân thiann tsit siann
心頭閣著一驚	Sim thâu koh tiȯh tsit kiann
原來人客兄來到遮	Guân lâi lâng kheh hiann lâi kàu tsia
喂！二手啊！（人客的叫聲）	Ueh！jī tshiú ah
咱愛疼，毋通驚	Lán ài thiànn m̄ bián kiann
愛拼名聲	Ài piànn miâ siann
安童哥仔囉	An-tông-ko-á lô~
彼囉四色冷盤捧去請	Hit lôo sì sik ling puânn phâng khì tshiánn

彼囉繼落去太陽餅　　　　　　　Hit lôo suā lóh khì thài iông piánn

彼囉封雞、豬頭試鹹洘　　　　　Hit lôo hong ke ti thâu tshì kiâm tsiánn

彼囉燙到喙舌閣唉唷喂　　　　　Hit lôo thǹg káu tsuì tsih koh ai ioh ueh

險險 kau tiânn 閣無性命　　　　　Hiám hiám kau tiânn koh bô sènn miā

無關係稍寡大代誌　　　　　　　Bô kuan hē sió khuá tuā tāi tsì

繼落去水雞來牽羹　　　　　　　suà lóh khì tsuí ke lâi khan kinn

豬肚焄蓮子　　　　　　　　　　Ti tōo kûn liân tsí

彼囉鱔魚炒薑絲　　　　　　　　Hit lôo siān hî tshá kiunn si

彼囉伍柳枝　　　　　　　　　　Hit lôo ngóo liú ki

彼囉紅燒魚　　　　　　　　　　Hit lôo âng sio hî

彼囉最後一碗閣慢請序　　　　　Hit lôo tsuè āu tsit uánn koh bān tshiánn sī

彼囉甜湯捧出去　　　　　　　　Hit lôo tinn thng phâng tshut khì

人客煞走走去　　　　　　　　　Lâng kheh suah tsáu tsáu khì

安童哥仔囉　　　　　　　　　　An-tông-ko-á lô~

唉喲！真無面　　　　　　　　　Ai ioh！tsin bô bīn

二月頭牙
Jī gue̍h thâu gê

春雷一響囉驚蟄起哩　　　　　　Tshun luî tsit hiáng lôo~ kenn ti̍t khí li~

冬眠的蟲啊總叫醒啊也　　　　　Tong biân ê thâng ah！Tsóng kiò tshínn a~e~

萬物逢春重出世　　　　　　　　Bān bu̍t hông tshun tîng tshut sì

龜囉鱉趖啊土地起啊 e　　　　　Ku lo~ pit sô a~ thóo tē khí a~e~

二月初二囉做頭牙哩　　　　　　jī gue̍h tshue jī lo~tsò thâu gê li~

拜土地公啊每一宅啊 e　　　　　Pài thóo tī kong a~muí tsit the̍h a~e~

雞鴨魚肉做牲禮　　　　　　　　Ke ah hî bah tsò sing lé

土地公佮牲禮結冤家哩　　　　　thóo tī kong kah sing lé kiat uan ke li~

大地閃電會彈雷　　　　　　　　Tāi tē siám tiān ē tân luî

蟄蟲這時門拍開　　　　　　　　ti̍t thâng tsit sî mn̂g phah khui

挫草澆肥稻草青翠　　　　　So tsháu ak puî tsháu tshenn tshuì

稻草人顧園手開開　　　　　tiū tsháu lâng kòo hn̂g tshiú khui khui

荒郊野外綠綿綿　　　　　　Hong kau iá guā lik mî mî

春花當開的時期　　　　　　Tshun hue tng khui ê sî kî

春分這日太陽正東起　　　　Tshun hun tsit jit tài iâng tsiànn tang khí

日夜平長的日子　　　　　　Jit iā pênn tn̂g ê jit tsí

咿～啊～　　　　　　　　　i~a~

三月掃墓節
Sann géh sàu bōng tseh

三月清明掃墓節哩　　　　　Sann géh tshing bîng sàu bōng tseh li~

懷念親人啊祭祖先啊也　　　Huâi liām tshin lâng ah tsè tsóo sian a~e~

鼠麴做粿佮做乾　　　　　　tshù khak tsò khué kah tsò khian

想到傷心啊淚漣漣啊哩　　　Siūnn tióh siong sim ah luī liân liân a~li~

雜草除掃囉墓出現哩　　　　Tsáp tsháu tî sàu lo~ bōng tshut hiān li~

看著親人啊在眼前啊也　　　Kuànn tióh tshin lâng ah tsāi gán tsiân a~e~

感恩教誨腦裡現　　　　　　Kám un kàu huè náu lī hiàn

不甘親人已做仙　　　　　　M kam tshin lâng í tsò sian

咿～咿～啊～　　　　　　　I~i~a~

每年三月想清明　　　　　　Mui nî sann guéh siūnn tshing bîng

全家合齊到墓陵　　　　　　Tsuân ke háp tsê kàu bōng lîng

保庇家族平安靈　　　　　　pó pì ka tsók ping an lîng

序小順利事業成　　　　　　sī sè sūn lī sū giáp sîng

子孫有孝拜祖先　　　　　　Kiánn sun ú hàu pài tsóo sian

一代一代相牽連　　　　　　Tsit tāi tsit tāi sio khan liân

挹墓粿的囝仔二三層　　　　Ip bōng kué ê kín á nn̄g sann iân

細漢的愛粿　　　　　　　　sè hàn ê ài kué

大的愛錢　　　　　　　　　tuā ê ài tsînn

五月端午節
Gōo gueh Tuan ngóo tseh

五月肉粽囉端午節哩	Gōo gueh bah tsàng lo~ Tuan ngóo tseh li~
艾草香蒲啊門斗塞啊	hiānn tsháu hiong pôo ah mn̂g táu seh ah
鑼聲鼓聲龍船划	Lô siann kóo siann liông tsûn kò
紀念屈原啊	kì liām Khut-guân ah
伊一個啊喂	I tsit ê a~ueh！
人山人海囉若街市哩	Jîn san jîn hái lo~ na ke tshī li~
看 pe5 龍船啊到河邊啊也	Khuànn pê liông tsûn ah kàu hô pinn a~e~
划龍船為著冠軍旗	pê liông tsûn uī tióh kuān kun kî
肉粽代替屈原死	Bah tsàng tāi thè Khut-guân sí
咿～咿～啊～	I~i~a~
夏至這工囉	Hā-tsì tsit kang lo~
日上長哩	Jit siōng tn̂g li~
睏無寡久啊著天光啊也	Khùn bô guā kú ah tióh thinn kng ah e
尿桶倒好提去园	jiō tháng tò hó thê khì khǹg
园佇房間啊倚眠床啊也	Khǹg tī pâng king ah uá bîn tshn̂g ah e~
芒種毒月	Bông-tsìng tók gueh
梅雨期蟑螂蠓蟲一直生啊也	Muî ú khî ka tsuā bang thâng it tit sing ah e~
田嬰去來閣飛去	Tshân enn khì lâi koh pue khì
杜伯仔噴土跳草枝	Tōo peh á bùn thôo thiàu tsháu ki
咿～咿～啊～	I~i~a~
庚庚閂閂啊 suāinn-suāinn 叫哩	Kinn-kinn kuāinn-kuāinn ah suāinn-suāinn kiò li~
吱吱糾糾啊叫無歇啊	Ki-ki kiū-kiū ah kiò bô hioh ah
半暝仔蟲聲嗄嗄叫	Puàn-mê á thâng-siann sà sà kiò
胡蠅蠓仔聲啊真歪腰啊	Hôo sîn báng-á iann ah tsinuai io ah
田蛙仔水雞囉聲袂煩哩	Tshân kap á tsuí ke lo~ Siann bē huân li~

杜蚓啊聲大啊又閣懸啊也　　　　Tōo kún ah siann tuā a~ iū koh kuân ah e~

懸聲低聲和聲亂　　　　　　　　Kuân siannkē sainn hảp siann luān

真像一陣失調的交響樂團　　　　Tsin tshiūnn tsit tīn sit tiāu ê kau hióng gảk thuân

咿～啊～　　　　　　　　　　　I~a~

<h2 style="text-align:center">七月中元大普渡</h2>
Tshit guẻh Tiong guân tuā phóo tōo

立秋無雨哩上擔憂　　　　　　　Lip-tshiu bô hōo li~ siōng tam iu

古早人講農物啊一半收啊也　　　Kóo tsá lâng kóng lông bút ah tsit puànn siu a~e~

水稻仔割了種雜糧　　　　　　　tsuí tiū á kuah liáu tsìng tsảp niû

查某人啊做甲啊發喙鬚啊也　　　Tsa bóo lâng ah tsò kah ah huat tshuì tshiu a~e~

風颱季節囉　　　　　　　　　　Hong thai kuì tseh lo~

做水淹大路　　　　　　　　　　tsò tsuí im tuā lōo

水火無情啊無變步啊　　　　　　tsuí hué bô tsîng ah bô piàn pōo ah

中元節氣大普渡　　　　　　　　Tiong guân tseh khuì tuā phóo tōo

大家搭蓬來搶孤　　　　　　　　Tảk ke tah pênn lâi tshiú koo

咿～咿～啊～　　　　　　　　　I~i~a~

七月普渡啊放水燈　　　　　　　Tshit guẻh phóo tōo ah pàng tsuí ting

佮水底交替啊相求情啊也　　　　Kah tsuí té kau thè ah siong kiû tsîng a~e~

誦經唸咒真好用　　　　　　　　Siōng king liām tsiù tsin hó iōng

大家無事啊心頭清啊也　　　　　Tảk ke bô sū ah sim thâu tshing a~e~

天地水帝囉稱三元　　　　　　　Thian tē tsuí tè lo~ tshing sam guân

正月十五七月十五十月十五　　　Tsiann guẻh tsảp gōo tshit guẻh tsảp gōo tsảp guẻh tsảp gōo

天地水三官大帝誕辰　　　　　　Thian tē tsuí sam kuan tāi tè tàn sîn

七月初一開鬼門關　　　　　　　tshit guẻh tshue it khui kuí mn̂g kuan

七月半鴨仔毋知漩　　　　　　　tshit gueh puànn ah á m̄ tsai suan

比賽的豬公歸排豎懸懸　　　　　pí sài ê ti kong kui pâi khiā kuân kuân

咿～啊～　　　　　　　　　　　i~a~

拜好兄弟來殺生　　　　　　　　Pài hó hiann tī lâi sat sing

加添遊魂的罪孽　　　　　　　　Ka thiam iû hûn ê tsuē gik

殺生的罪障為尹種　　　　　　　sat sing ê tsuē tsiòng uī i tsìng

好兄弟啊袂當去超生　　　　　　hó hiann tī ah bē tàng khì tshiau sing

祭拜最好用素果　　　　　　　　tsè pài tsuè hó iōng sòo kó

刣歸山坪　　　　　　　　　　　Thâi kui suann phiânn

麥閣予因果循環　　　　　　　　Mài koh hōo in kó sûn khuân

會相報莫閣結冤仇　　　　　　　Ē sio pò mài koh kiat uan siû

大家攏總好咿～　　　　　　　　tā ke lóng tsóng hó i~

八月中秋賞月
Peh gueh Tiong tshiu siúnn gueh

鴻雁向南飛來藏哩　　　　　　　Hông gān hiòng lâm pue lâi tshàng li~

燕子返來啊　　　　　　　　　　Iàn tsú tńg lâi ah

過秋冬啊也　　　　　　　　　　kuè tshiu tang a~e~

白露露水有時降　　　　　　　　Peh-lōo lōo tsuí ū sî kàng

做田人啊風鼓啊一直拌 pháng 啊　tsò tshân lâng ah hong kóo ah it tit pháng ah

農家收成哩穿穿轉哩　　　　　　Lông ka siu sîng li~ tshiâng tshiâng tńg li~

日日無閒啊田中央啊哩　　　　　Jit jit bô îng ah tshân tiong ng a~li~

車龜弄甕跤跤鑽　　　　　　　　Tshia ku lāng àng khā khā tsǹg

希望囝孫乖巧會成物　　　　　　Hi bāng kiánn sun kuai khá ē tsiânn mih

咿～啊～　　　　　　　　　　　I~a~

秋分蟄蟲會做巢　　　　　　　　Tshiu hun tit thâng ē tsò siū

厝殼做好啊才干休啊也　　　　　tshù khak tsò hó ah tsiah kan hiu a~e~

中秋月餅文旦柚	Tiong tshiu guéh piánn bûn tàn iū
全家出外啊賞月娘啊也	Tsuân ke tshut guā ah siúnn guéh niû a~e~
嫦娥蹛佇囉月娘內	Siông ngôo tuà tī lo~ guéh niû lāi
科學發達囉實在真屬害啊也	Ko hák huat tát lo~ sit tsāi tsin lī hāi a~e~
直飛太空去看覓	Tit pue thài khong khì khuànn māi
空無一物靜靜的月娘內	Khong bû it but tsīng tsīng ê guéh niû lāi
咿〜啊〜	I~a~

九九重陽長壽節
Kiú kiú tiông-iông tiông siū tseh

九月漸涼囉是寒露哩	Káu guéh tsiām liâng lo~sī hân lōo li~
樹頂的蟬聲啊叫艱苦哩也	tshiū tíng ê siâm siann ah kiò kan khóo li~e~
秋天人講有秋老虎	Tshiu thinn lâng kóng ū tshiu lāu hóo
農人晒甲黑黑黑啊也	Lông jîn phák kah oo oo oo a~e~
九月風吹囉滿天飛	Káu guéh hong tshue lo~muá thinn pue
風吹斷了線	Hong tshue tñg liáu suānn
傢伙去一半	Ke hué khì tsit puānn
目睭金金看	Bák tsiu kim kim khuànn
飛過彼爿山	Pue kuè hit ping suann
有的飛去牽電線	Ū ê pue khì khan tiān suànn
囝仔目睭眨眨看	Gín á bák tsiu nih nih khuànn
九月初九重陽節	Káu guéh tshue káu tiông-iông-tseh
福祿壽攏總是咱的	Hok lók siū long tsóng sī lán ê
咿〜啊〜	I~a~
涼涼仔天氣會降霜	Liâng liâng á thinn khì ē kàng sng
農人米粟蕈滿倉	Lông jîn bí tshik tún muá tshng
秋風落葉草欲黃	Tshiu hong lóh hióh tsháu beh ńg
吹向行 hîng 人心酸酸	Tshue hiòng hîng jîn sim sng sng

蟄蟲準備勼曆內　　Tit thâng tsún pī kiu tshù lāi

寒冷袂到牠先知　　Kuânn líng bē kàu I sing tsai

孔子公九二八生落來　Kóng-tsú-kong kiú jī pat senn lóh lâi

過了這時風颱袂閣來　kuè liáu tsit sî hong thai bē koh lâi

咿～啊～　　　　　I~a~

十二月尾牙、送神、推做堆
Tsàp jī gueh bué gê、sàng sîn、sak tsò tui

小寒雀鳥來做巢　　sió hân tshik tsiáu lâi tsò siū

路頂的人煞勼勼　　Lōo ting ê lâng suah kiu kiu

穿衫穿袍穿棉襖　　Tshīng sann tshīng phâu tshīng mî hiû

穿甲變形無人樣　　Tshīng kah piàn hîng bô lâng iūnn

十二月十六日做尾牙　Tsàp jī gueh tsàp làk jit tsò bué gê

欲請辛勞是舊例　　Beh tshiánn sin lô sī kū lē

雞頭向對叨一個　　Ke thâu hiòng tuì tó tsit ê

叫伊攢攢明年換頭家咿～　kiò i tshuân tshuân mua nî uān thâu ke i~

二四送神就祭拜　　jī sì sang sîn tióh tsè pài

好話報玉皇上帝知　hó uē pò kiok hông siōng tè tsai

阮這家仔攏袂歹　　Gún tsit ke á lóng bē pháinn

保庇阮明年會發財　pó pì gún mê nî ē huat tsâi

眾神返了大拚掃　　Tsiòng sînTńg liáu tuā piànn sàu

壁櫥桌櫃拚床頭　　pià tû toh kuī piànn tshn̄g thâu

拚內拚外佮拚灶　　piànn lāi piànn guā kah piànn tsàu

雞狗羊鴨豬鵝佮牛稠咿～　Ke káu iûnn ah ti gô kah gû tiâu i~

門甕缸灶啊春聯 kuè　Mn̂g àng kng tsàu a~ tshun liân kuè

石磨仔清洗愛挨粿　Tsióh bô á tshing sé ài e kué

籠床柑膜仔毋免揣　Lâng sn̂g kám bô á m̄ bián tshuē

甜粿過年	Tinn kué kuè nî
發粿發錢	Huat kué huat tsînn
包仔包金	Pau á pau kim
菜頭粿食點心	Tshài thâu kué tsiàh tiám sim
這代的少年仔攏真巧	Tsit tāi ê siàu liân á lóng tsin khiáu
毋過做粿啊攏袂曉啊也	M̄ kò tsò kué ah lóng bē hiáu a~e~
廿九彼暝～真古錐哩	jī káu hit mê tsin kóo tsui li~
後生新婦仔坐對腳啊	Hāu senn sin pū á tsē tuì kha a~
按爾做簡單佮袂浪費	Án ne tsò kán tan kah bē lōng huì
tshuā 入房內推做堆	Tshuā jit pâng lāi sak tsò tui
咿～咿～啊～	i~ i~a~
咱的祖先囉真知情哩	Lán ê tsóo sian lô tsin tsai tsîng li~
一年四季啊分甲清清清哩也	Tsit nî sù kuì ah hun kah tshing tshing tshing li~ e~
廿四節氣明明明	jī sì tseh khuì bîng bîng bîng
清清楚楚啊照農曆啊也	tshing tshing tshóo tshóo ah tsiàu lông lik a~e~
千萬年來攏用這	Tshian bān nî lâi lóng iōng tse
代代相傳啊一直趄啊也	Tāi tāi siong thuân ah it tit sèh a~e~
大寒過了過年節	Tāi hân kuè liáu kuè nî tseh
盤古開天以來直輪迴咿～啊	Phuân kóo khai thian í lâi tit lûn huê i~a~
大寒過了過年節	Tāi hân kuè liáu kuè nî tseh
盤古開天以來直輪迴咿～啊	Phuân kóo khai thian í lâi tit lûn huê i~a~

念念少年——中和市
Liām liām siàu liân---Tiong-hô tshī

走遍若欲中和內底玲瓏趄	Tsáu phiàn nā beh tiong hô lāi té ling long sèh
車龜弄甕跋懸跋低	Tshia ku lāng àng peh kuân peh kē
無得定閣兼厚話	Bô tik tiānn koh kiam kāu uā

一日到晚四界去	Tsi̍t jit kàu àm sì kè khì
東西南北無定時	Tang sai lâm pak bô tīng sî
世事毋識兼好奇	sè sū m̄ pat kiam hò kî
無衛生閣毋識字	Bô uē sing koh m̄ pat jī
講到讀冊走若飛	Kóng tio̍h tha̍k tsheh tsáu ná pue
偷挽果子做狗爬	Thau bán kué tsí tsò káu pê
功課無寫老師慼	Kong khò bô siá lāu su tsheh
光陰似箭頭毛白	Kong im sū tsìnn thâu môo pe̍h

枋寮內底是舊街	Pang-liâu lāi té sī kū ke
潭漧倚邊保健館	Tâm kînn uá pinn pó-kiān kuán
公所隔壁湳仔橋	Kong sóo keh piah lām-á-kiô
華中橋下磚仔窯	Huâ tiong kiô kha tsng á iô
民享路頭廟仔尾	Bîn hióng lōo thâu biō á bué
福德神相烘爐地	Hok tik sîn siòng Hang-lôo-tē
景平路尾尖山跤	Kíng pîng lōo bué tsiam-suann-kha
秀山古早是番社	siù suann kóo tsá sī huan siā
南勢角有虎頭厝	Lâm sì kak ū hóo thâu tshù
景平路有崎仔頭	Kíng pîng lōo ū kia-á-thâu
水源這位瓦窯仔	tsuí guân tsit uī hiā iô á
雷公爺廟弓蕉跤	Luî kong iâ biō king tsio kha

彎弓路是叫山跤	Uan kong lōo sī kiò Suann-kha
山跤入去是牛埔	Suann-kha ji̍p khì sī Gû-poo
牛埔內底有灰窯	Gû-poo lāi té ū Hue-iô
中山路有青仔堤橋	Tiong-san lōo ū Tshenn-á-thê -kiô
民享路中二八張	Bîn hióng lōo tiong Jī-pat-tiunn
穗禾舊名李弦仔	suī hô kū miâ Lí hiân á
這位上早叫員山	Tsit uī siōng tsá kiò Înn-suann
秀朗橋頭尖山跤	siú-lóng kiô thâu Tsiam-suann-kha
海山神社嘛佇這	Hái san sîn siā mā tī tsia

口白：	Káu pe̍h：

炸彈會社爆炸紀念曆	Tsà tuânn huē siā pók tsà kì liām kuán
佇南勢角的鹿寮	tī lâm sì kak ê Lók-liâu
永和路透過中和	Íng-hô lōo thàu kuè Tiong-hô
一條烏橋仔頭	Tsit tiâu oo-kiô-á thâu
興南路透埤仔尾	Hing-lâm lōo thàu Pi-á-bué
佮北二高勾做伙	Kah pak-jī ko kau tsò huế
中和國小過百年	Tiong-hô-kok-sió kuè pah nî
圓通寺景大佛字	Uân-thong-sī kíng tuā pùt jī
廣濟宮舊廟	Kóng tsè kiong kū biō
福和宮新廟	Hok-hô-kiong sin biō
竟南宮、仙公廟	Kìng-lâm-kiong Sian-kong-biō
玉皇宮、樂天宮、	Kiók-hông kiong Lok-thian-kiong
慈雲寺、雷公爺廟、土地公廟	Tsû-hûn-sī　Luî-kong-iâ-biō　Thóo-tē-kong-biō
是『小劉』細漢拜過的廟	sī『小劉』sè hàn pài kuè ê biō
磚仔窯煙筒變地標	Tsng á iô ian tâng piàn tē pio
枋寮老街真趣味	Pang-liâu lāu ke tsin tshù bī
細漢赤跤走遍中和市	sè hàn tshiah kha tsáu phiàn Tiong-hô tshī
看著溪、河、魚池、水溝仔	Khuànn tióh khe hô hî tî tsuí kau á
著共跳下去	Tióh kā thiàu lóh khì
內底真濟攏是我的魚	Lāi té tsin tsē lóng sī guá ê hî
華中橋跤、中正橋跤	Huâ-tiong-kiô kha Tiong-tsìng-kiô kha
到處野生的果子	tò tshù iá sing ê kué tsí
人種的我嘛重重去訪問伊	Lâng tsìng ê guá mā tiānn tiānn khì hóng mñg i
秀朗橋跤攏是我的游泳池	Siù-lóng-kiô kha lóng sī guá ê iû íng tî
廟口聽講古	biō kháu thiann kóng kóo
拜拜看歌仔戲亂彈戲	Pài pài khuànn kua-á-hì lān-tân-hì
徛佇戲臺門口	khiā tī hì tâi mñg kháu
拜託人共我娶入去看戲	Pài thok lâng kā guá tshuā jip khì khuànn hī
講起來我真費氣閣兼觸纏	Kóng khì lâi guá tsin huì khì koh kiam tak tînn

二次世界大戰	Jī tshù sè kài tāi tsiàn
艋舺初開去中和的青仔堤	Báng-kah tshoo khai khì Tiong-hô ê Tshenn-á-thê
閣搬去廟仔尾	Koh puann khì biō á bué
廟仔尾輕便車頭	biō á bué khin piān tshia thâu
較早就是阮兜	Khah tsá tiỏh sī gún tau

美麗海岸──宜蘭
Bí-lē hái huānn---Gî-lân

口白：	kháu-pẻh：
清.嘉慶年初	Tshing . Ka-khìng nî tshue
吳沙出嶺	Gôo-sua tshut niá
漢人入開蘭第一城頭圍	hàn jîn jip kai-lân tē it siânn---Thâu-uî
嘉慶 15 年改號噶瑪蘭	Ka-khìng 15 nî kái hō Kap-má-lán
光緒元年改稱宜蘭縣	Kong-sū guân nî kái tshing GÎ-lân-kuān
宜蘭名產有溫泉蔬菜	GÎ-lân bîng sán ū un tsuânn soo tshài
金棗鴨賞膽干	Kim-tsó、ah-tsiúnn、tánn-kuann
南方澳仔漁港	Lâm-hong-oh-á hî káng
礁溪出溫泉	Ta-khe tshut un tsuânn
羅東出冷泉	Lôo-tong tshut líng tsuânn
冬山河親水公園	Tang-saunn hô tshin tsuí kong hn̄g
七月國際童玩節	Tshit gueh kok tsè tông uán tseh
五結國立傳統藝術中心	Gōo-kiat kok lip thuân thóng gē sut tiong sim
元宵節利澤簡看走尪	Guân siau tseh lī tiat kán khuànn tsáu ang
東北港大自然的山海景色	Tang-pak-káng tuā tsū jîng ê suann hái kíng sik
畚箕型的噶瑪蘭平原-蘭陽	Pùn-ki hîng ê Kap-má-lán pn̄g guan---Lân-iông
唱詞：	Tshiù sû
新店向北二公路若開車	Sin- tiàm hiòng pak jī kong lōo nā khui tshia

起起落落彎幹咱就順順仔行　　khí khí lòh lòh uanuat lán tiòh sūn sūn á kiânn
有時爬嵙或落嶺　　　　　　　Ū sî peh kiā iàh lòh niá

翡翠水庫佇溪內徛跤　　　　　Huí-tshuì-tsuí-khòo tī ke lāi kiā kha
坪林歇睏哈茶嘛有小食　　　　Pênn-nâ hioh khùn hah lāi mā ū sió tsiàh
過了坪林咱會經過縣界的山　　kuè liáu Pênn-nâ lán ē king kuè kuān kài ê suann

九彎十八拐沿路嬌　　　　　　Káu-uan-tsàp-peh-uat iân lōo suí
『金氏紀錄』敢是即位　　　　『金氏紀錄』kám sī tsît-uī

東北角的山線有濱海公路　　　Tang-pak-kak ê suann suànn ū Pin-hái-kong-lōo
東海岸會看到彼座龜山島　　　Tang-hái huānn ē khuànn tioh hit tsō Ku-suann-tó
龜山干若門神咧徛衛兵　　　　Ku-suann kan án mn̂g-sîn lê kiā uē ping
保護葛瑪蘭永太平　　　　　　pó hōo Kap-má-lán íng thài phîng

口白：　　　　　　　　　　　kháu-pèh：
宜蘭號做葛瑪蘭　　　　　　　Gî-lân hō tsò Kap-má-lán
三星號做 Á-lí-sái　　　　　　　Sam-tshinn hō tsò Á-lí-sái
蘇澳蘇厝尾　　　　　　　　　Soo-oh Soo-tshù-bué
冬山冬瓜山　　　　　　　　　Tang-suann tang-kue-suann
礁溪叫 Thńg-uî　　　　　　　　Ta-ke kiò Thńg-uî
南澳叫 Oh-bue　　　　　　　　Lâm-oh kiò Oh-bue
羅東叫 Láu-tóng　　　　　　　Lô-tong kiò Láu-tóng
大同濁水鄉　　　　　　　　　Tāi-tông Lōo-tsuí-hiong
頭城號頭圍　　　　　　　　　Thâu-siânn hō Thâu-uî
壯圍民眾圍　　　　　　　　　Tsòng-uî Bîn-tsiòng-uî
員山仔有溪州果　　　　　　　Înn-suann-á ū Ke-tsiu-kó
五結開拓的團體　　　　　　　Gōo-kiat khai thok ê thuân thé
釣魚台是宜蘭的地　　　　　　Tiò-hî-tâi sī Gî-lân ê tē
到如今毋知是誰的　　　　　　kàu ju kim m̄ tsai sī siánn--ê
製表人：賴明澄

附錄六　劉福助得獎紀錄一覽表

項次	時間	獲獎名稱	內　　容	頒獎單位
01	1986 民 75	表現傑出獎	台北市立國樂團「傳統藝術之夜——南腔北調民歌揚」	台北市立國樂團團長陳澄雄
02	1987 民 76	金鼎獎	《十憨》中華民國七十六年唱片演唱金鼎獎	行政院新聞局局長邵玉銘
03	1988 民.77	傑出貢獻獎	劉福助於台灣電視台開播後，即因其優異的台語演唱才華被延聘簽約，透過電視台的傳播力量，台語歌謠之美更被廣為傳唱。	台灣電視公司總經理王家祥
04	1988 民.77	年度優良男歌唱演員	中華民國七十七年優良廣播電視節目金鐘獎	行政院新聞局局長邵玉銘
05	1988 民.77	表現傑出獎	「台北市傳統藝術季」	台北市市長許水德
06	1990 民.79	表現傑出獎	「台北市傳統藝術季」	台北市市長吳伯雄
07	1994 民 83	金鼎獎	《二十四節氣》中華民國八十三年唱片演唱金鼎獎	行政院新聞局局長胡志強
08	1994 民 83	最佳作曲人獎	中華民國八十三年第六屆金曲獎「最佳作曲人獎」	行政院新聞局局長胡志強
09	2002 民 91	電視金鐘獎	八大電視股份有限公司，劉福助先生、洪榮宏先生，擔任「台灣紅歌星」歌唱音樂綜藝節目主持人。經評定為九十一年電視金鐘獎之「歌唱音樂綜藝節目主持人獎」。	財團法人廣播電視事業發展基金董事長鄭瑞娥、執行長盛建南九十一年電視金鐘獎評審團主任委員李建興
10	2002 民 92	電視金鐘獎	八大電視股份有限公司，劉福助先生、洪榮宏先生，擔任「台灣紅歌星」歌唱音樂綜藝節目主持人。經評定為九十一年電視金鐘獎之「歌唱音樂綜藝節目主持人獎」。	財團法人廣播電視事業發展基金董事長鄭瑞娥、執行長盛建南九十一年電視金鐘獎評審團主任委員李建興
11	2004 民 93	本土文化貢獻金音獎	中華文藝獎章	行政院文建會

製表人：賴明澄

附錄七　俗諺語索引

予人賣去，閣替人算錢 Hōo lâng bē-khì，koh thè-lâng sǹg-tsînn	100
予伊食，予伊穿，予伊用，予伊大漢無路用 hōo i tsiàh，hōo i tshīng，hōo i tuā hàn bô lōo īng	157
午時水飲一嘴，較好補藥吃三年 gōo-sî-tsuí lim tsit-tshuì，khah-hó póo-ióh tsiàh sann-nî	184
午時洗目睭，金較若烏鶖 gōo-sî sé bàk-tsiu，kim khah ná oo-tshiu	184
天公疼憨人 thinn-kong thiànn gōng-lâng	54
少年若無一擺憨，路邊哪有有應公 Siàu-liân nā-bô　tsit-pái gōng，Lōo-pinn ná-ū Iú-ìng-kong	16
少年袂曉想，食老著毋成樣 Siàu-liân bē-hiáu siūnn，Tsiàh-lāu m̄-tsiânn-iūnn	16
少年袂曉想，食老著毋像樣 Siàu-liân buē-hiáu siūnn，tsiàh lāu tiòh m̄-tsiānn-iūnn	102
手攑孝杖，才知苦衷 Tshiú giàh hà-thng，tsiah tsai khóo thiong	127
文無成童生，武無成鐵兵 bûn bô sîng tông sing，bú bô sîng thih ping	151
月內若陳雷，豬牛飼袂肥 guèh lāi nā tân-luî，ti gû tshī bē puî	62
歹歹翁食袂空 bái bái ang tsiàh bē khang	124
毋曾剃頭驚掠鬍 m̄-bat thì-thâu kiann liàh hôo	83
毋驚人毋倩，只驚藝無精 m̄ kiann lâng m̄ tshiànn，tsí kiann gē bô tsing	143
毛蟹，教囝坦橫行 môo hē，kà kiánn thán huâinn kiânn	135
冬至佇月中，無雪也無霜 tang-tsueh tī guèh-tiong，bô seh iā bô song	62

立冬收成期，雞鳥較會啼 li̍p-tang siu-sîng kî，ke tsiáu khah ē thî	61
立冬補冬，補喙空 li̍p-tang póo-tang，póo tshuì-khang	61
立春天氣晴，百物好收成 li̍p-tshun thinn-khì tsîng，pah-but hó siu-sîng	56
在生食一粒土豆，較贏死了拜一個豬頭 Tsāi senn tshia̍h tsi̍t lia̍p thôo-tāu，khah iânn sí liáu pài tsi̍t lia̍p ti-thâu	127
多藝多師多不精，專精一藝可成名 to gē to su to put tsing，tsuan tsing i̍t gē khó sîng bîng	151
好囝事父母，好女順翁姑 Hó kiánn sū hū-bió，hó lú sūn ong-koo	117
好漢袂拍某，好狗袂咬雞 Hó hàn bē phah bóo，hó káu bē kā ke	126
有一個某，較好三個天公祖 Ū tsi̍t lê bóo，khah hó sann lê thinn-kong-tsóo	125
有一个某，較贏三个天公祖 Ū tsi̍t lê bóo，khah iânn sann lê thinn-kong-tsóo	102
有毛的，食到棕蓑；無毛的，食到秤鉈 Ū-môo--ê，tsia̍h kàu tsang-sui；bô-môo--ê，tsia̍h kàu tshìn-thuî	101
有時星光，有時月光 Ū sî tshinn kng，Ū sî gue̍h kng	159
有跤的，食到樓梯；無跤的，食到桌櫃 ū-kha--ê，tsia̍h kàu lâu-thui；bô-kha--ê，tsia̍h kàu toh-kuī	101
有錢就三頓，無錢就當衫 ū tsînn tio̍h sann tǹg，bô tsînn tio̍h tǹg sann	157
有錢就三頓，無錢就當衫 ū tsînn tio̍h sann tǹg，bô tsînn tio̍h tǹg sann	160
百般武藝，毋值鋤頭落地 pah puann bú gē，m̄ ta̍t tī thâu lo̍h tē	151
自己袂生，牽拖厝邊 Kai-kī bē sinn，khan-thua tshù-pinn	83

穀雨前三日無茶挽，穀雨後三日挽袂赴 kok-ú tsîng sann-ji̍t bô tê bán，kok-ú āu sann-ji̍t bán bē hù	57
總舖驚食晝 Tsóng-phòo kiann tsia̍h-tàu	82
講到薰火就著 Kóng tio̍h hun hé tio̍h to̍h	128
霜降風颱走去藏 sng-kàng hong-thai tsáu khì tshàng	60
醫生討厭治乾咳 I-sinn thó-ià tī ta-sàu	82
寵豬攑灶，寵囝不孝，寵某吵鬧 sīng ti gia̍h tsàu，sīng kiánn put hàu，sīng bóo tsá nāu	127
藥會醫假病，酒袂解真愁 io̍h ē i kénn pīnn，tsiú bē kái tsin tshiû	135
麵線摻鹽你也罵 mī-suà tsham iâm lí iā mā	118
聽某令較贏敬神明 Thiann bóo līng khah iânn kìng sîn-bîng	126
驚蟄鳥仔曝翅 kenn-ti̍t tsiáu-á phak si̍t	57
驚蟄聞雷，米麵如泥 kenn-ti̍t bûn luî，bí mī jû nî	176

製表人：賴明澄

參考書目

一、專　書

1. 大衛‧克里斯托著，《語言的死亡》，貓頭鷹出版社，台北市，2001 年。

2. 王士元，《語言與語音》，文鶴出版有限出版，臺灣台北，1988 年 9 月初版。

3. 王鼎鈞，《文藝與傳播》，三民書局，台北，1974 年 2 月。

4. 史惟亮，《論民歌》，幼獅文化出版社，台北市，1967 年。

5. 何穎怡，《女人在唱歌：部落與流行音樂裡的女性生命史 Her Musize, Her Life》，萬象圖書，台北市，1997 年。

6. 吳守禮，《台語正字》，林榮三文化公益基金會，2005 年。

7. 吳瀛濤，《臺灣諺語》，臺灣英文出版十版，1992 年。

8. 吳瀛濤，《臺灣風俗誌》，大立出版社，台北，1982 年 1 月。

9. 呂訴上，《台灣電影戲劇史》，銀華出版部，台北，1961 年。

10. 李乾龍，三重唱片業、戲院、影歌星史，台北縣三重市公所，三重市，2007 年。

11. 李喬，《文化‧台灣文化‧新國家》，春暉出版社初版第一刷，2001 年 3 月。

12. 李筱峰，《台灣史 100 件大事（上）》，玉山社，1999 年。

13. 李筱峰，《台灣史 100 件大事（下）》，玉山社，1999 年。

14. 李獻章，《台灣民間文學集》，龍文出版社股份有限公司，台北市，1989 年 2 月。

15. 杜文靖，《說唱台灣歌謠》，台中發展研究所，1995 年。

16. 阮剛猛著，胡萬川編，〈親切而質樸的聲音〉，《謎語‧諺語篇〔一〕》，彰化縣立文化中心編印出版，1995 年。

17. 周蔚譯，《音樂百科手冊》，全音樂譜出版，台北市，2002 年。

18. 林金池，台灣早期懷念老歌，宗易出版社，台南，2005 年。

19. 林婉君編，《懷念名歌三百首》，大夏出版社，1992 年。

20. 林淑慧，《台灣清治時期散文的文化軌跡》，國立編譯館‧台灣學生書局有限公司，2007 年 11 月初版。

21. 邵義強，《音樂與女性，1984 再版》，志文出版社，台北市，1977 年。

22. 施福珍，《台灣囡仔歌一百年》，晨星出版有限公司，台中市，2003 年 11 月。

23. 洪惟仁，〈語調與曲調的關係〉，《台灣河佬語聲調研究》，自立晚報社，台北，1985（1990）年。

24. 洪惟仁，《台灣方言之旅》，前衛出版社，臺灣台北，1992 年。

25. 洪醒夫，《黑面慶仔》，爾雅出版社，台北，1982 年 9 月五版。

26. 胡萬川，《民間文學的理論與實際》，國立清華大學出版社，新竹，2004 年初版。

27. 胡萬川，《謎語‧諺語篇〔一〕》，彰化縣立文化中心編印出版，1995 年。

28. 班納迪克‧安德森，譯：吳叡人，《想像的共同體—民族主義的起源與散布》，近代思想圖書館，1999 年 3 月譯。

29. 翁嘉銘，《迷迷知音——蛻變中的台灣流行歌曲》，萬象圖書，1996 年 5 月。

30. 高廣孚，《教學原理》，國立編譯館，台北市，1999 年。

31. 張永鐘，20 年代台語老歌曲，立誼出版社，台中，2006 年。

32. 張屏生，《台灣地區漢語方言的語音和辭彙（冊一）〔論述篇〕》，開朗雜誌事業，台南，2006 年 4 月。

33. 張屏生，《台灣地區漢語方言的語音和辭彙（冊二）〔語料篇〕》，開朗雜誌事業，台南，2006 年 4 月。

34. 張振興,《臺灣閩南方言記略》,文史哲出版社,台北市,1997年5月台一版。

35. 張劍維,《誰在那邊唱自己的歌》,時報文化出版社,台北,1993年。

36. 張裕宏,《白話字基本論:台語文對應&相關的議題淺說》,文鶴出版有限公司,2002年3月初版二刷。

37. 曹銘宗,〈語言的舍利子〉《什錦台灣話》,聯經出版公司出版,台北,1996年7月。

38. 莊永明,《台灣歌謠追想曲》,前衛出版,台北,1995年。

39. 莊永明,《台灣紀事(上)》,時報文化出版社,台北,1989年1月。

40. 莊永明,《台灣土話心語》,時報文化出版社初版,1991年。

41. 莊萬壽,《台灣文化論——主體性之建構》,玉山社出版事業股份有限公司,2003年11月初版。

42. 許正勳,《府城台語夢——府城台語文讀書會文集1》,國立臺南生活美學館,2008年11月初版。

43. 許俊雅,《台灣文學論——從現代到當代》,國立編譯館,1997年10初版一刷。

44. 許常惠,《1930年代絕版台語流行歌》,台北市政府文化局,台北市,2009年。

45. 許極燉,《常用漢字台語詞典》,前衛出版社,2000年9月初版第二刷。

46. 許極燉,《台灣語通論》,南天書局有限公司出版,臺灣台北,2000年5月。

47. 連橫編著陳泰然·王新枝注音,《臺灣語典》,世峰出版社,2001年7月第一版第一刷。

48. 陳主顯,《台灣俗諺語典》,前衛出版社出版,1997年。

49. 陳美如,《台灣語言教育政策之回顧與展望》,高雄復文圖書出版社,1998年。

50. 陳郁秀,《音樂臺灣》,時報文化,臺北市,1996年。

51. 陳郁秀,《台灣音樂閱覽》,玉山出版事業,台北市,1997年。

52. 陳郁秀，《台灣音樂閱覽》，玉山社，台北，1997 年。

53. 陳龍廷，《台灣布袋戲發展史》，前衛出版社，2007 年 2 月初版一刷。

54. 曾慧佳，《從流行歌曲看台灣社會》，桂冠，臺北市，1998 年。

55. 黃仁，《悲情台語片》，萬象書局，台北，1994 年。

56. 黃宣範，《語言、社會與族群意識：台灣語言社會學的研究》，文鶴，台北市，2004 年 3 月四版。

57. 黃裕元，《台灣阿歌歌：歌唱王國的心情點播》，向陽文化，台北，2005 年 8 月。

58. 楊素晴著，胡萬川編，〈為民間文學的傳承盡力〉，《謎語‧諺語篇〔一〕》，彰化縣立文化中心編印出版，1995 年。

59. 葉石濤，《台灣文學入門》，春暉出版社，1999 年 10 月初版第二刷。

60. 葉石濤，《台灣文學史綱》，文學界雜誌社，1985 年 12 月初版。

61. 葉龍彥，《台灣唱片思想起》，博揚文化，台北，2001 年。

62. 董峰政，《全鬥句的台灣俗語》，百合文化事業有限公司，台北市，2004 年 1 月。

63. 廖炳惠，《關鍵詞 200 文學與批評研究的通用辭彙編》，麥田出版社，2007 年 10 月初版九刷。

64. 臧汀生，《台語書面化研究》，前衛出版社，1996 年 4 月初版第一刷。

65. 劉國煒，《台灣思想曲》，華風文化，臺北市，1998 年。

66. 劉國煒，《老歌情未了》，華風文化出版公司，台北，1997 年。

67. 蔡文婷等，《弦歌不輟—台灣戲曲故事》，光華畫報雜誌社，2004 年 1 月初版。

68. 鄭良偉，《台語、華語的結構及動向一〔台語的語音與詞法〕》，遠流，台北市，1997 年〔民 86〕。

69. 鄭良偉，《大學台語文選》，遠流，台北，2000 年。

70. 鄭良偉，《從國語看台語的發音》，學生書局，1987 年。

71. 鄭恆隆編著，《台灣民間歌謠》，南海出版社，台北，1989 年 12 月。

72. 盧淑美，《臺灣閩南語音韻研究》，文哲史出版社，1977 年 6 月初版。

73. 謝宗榮，《神像與信仰、館藏臺灣信仰　陶瓷》，臺北縣立鶯歌陶瓷博物館，2003 年 3 月。

74. 謝易霖，《唱鄉土的歌──台灣民謠》，偉文出版社，台北，1980 年 4 月。

75. 謝國平，《語言學概論》，三民書局，2006 年 3 月增訂二版七刷。

76. 鍾榮富，《文鶴最新語言學概論》，文鶴出版有限公司，2005 年 3 月初版二刷。

77. 鍾榮富，《台語的語音基礎》，文鶴出版有限公司，2002 年 11 月初版。

78. 簡上仁，《台灣民謠》，眾文圖書，臺北市，1992 年。

79. 簡上仁，《台灣音樂之旅》，自立晚報社，台北，1988 年。

80. 魏益民，《台灣俗語集與發音語法》，南天書局出版，1998 年。

二、論　文

1. 吳奕慧，《鐵獅玉玲瓏》研究──庶民文化與媒體交流，國立臺北藝術大學戲劇學系研究所，碩士論文，2004 年。

2. 吳國禎，《論台語歌曲反殖民的精神》，私立靜宜大學中國文學系，碩士論文，2005 年。

3. 杜文靖，《台灣歌謠歌詞呈顯的台灣意識》，世新大學社會發展研究所，碩士論文，1999 年。

4. 周華斌，大眾的詩──探討 50 年代的台語歌謠，成功大學台灣文學研究所，碩士論文，2006 年。

5. 官宥秀，《臺灣閩南語移民歌謠研究》，國立花蓮師範學院民間文學研究所，碩士論文，2001 年。

6. 林寬明，《台灣諺語的語言研究》，輔仁大學語言研究所，碩士論文，1994 年。

7. 張瑞光，《台灣信仰習俗中的語言文化研究》，國立臺灣師範大學：台灣文化及語言文學研究所，碩士論文，2007 年。

8. 許蓓苓，《台灣諺語反映的婚姻文化》，東吳大學中國文學系，碩士論文，2000 年。

9. 陳慕真，《台語白話字書寫中 ê 文明觀──以《台灣府城教會報》（1885

～1942）為中心》，國立成功大學台灣文學研究所，碩士論文，2006 年。

10. 陳龍廷，台灣海洋文化的複雜性──台語歌與布袋戲角色的塑造，中山醫學大學台灣語言學系，台語文學學術研討會論文集，2006 年。

11. 陳龍廷，傳統與流行：論劉福助的歌謠創作傳統與流行：論劉福助的歌謠創作，立台灣師範大學台灣語文學系，台語流行音樂百年風格研究學術研討會 IV，2011 年。

12. 陳龍廷，臺灣人集體記憶的召喚三〇年代《台灣新民報》的歌謠採集，成功大學台灣文學系，台灣羅馬字國際研討會論文集 1、2，2004 年。

13. 黃佳蓉，《從閩南歌謠探討台灣早期的婦女婚姻生活》，國立花蓮師範學院民間文學研究所，碩士論文，2004 年。

14. 黃飛龍，《臺灣閩南諺語修辭美學研究》，南華大學文學研究所，碩士論文，2001 年。

15. 黃崑林，《將生活經驗化為故事的教學研究》，國立新竹教育大學：進修部美勞教學碩士班，碩士論文，2004 年。

16. 黃裕元，戰後台語流行歌曲的發展（1945～1971），國立中央大學歷史研究所，碩士論文，2000 年。

17. 黃寶儀，《字詞書寫在台灣閩南語羅馬字中的規範形式》，新竹師範學院台灣與語言與語文教育研究所，碩士論文，2004 年。

18. 楊克隆，台灣流行歌曲研究，台灣師大國文研究所，碩士論文，1998 年。

19. 臧汀生，台灣閩南語民間歌謠研究，政治大學中文研究所，博士論文，1989 年。

20. 廖瑞昌，《台語入聲調之現況分析》，國立新竹師範學院台灣語言與語，碩士論文，2004 年。

21. 蔡蓉芝，《從台華諺語看語言與文化》，國立臺灣師範大學華語文教學研究所，碩士論文，2002 年。

22. 鄭淑儀，台灣流行音樂與大眾文化（1982～1991），輔仁大學大眾傳播研究所，碩士論文，1992 年。

23. 鄧泰超，《鄧雨賢生平考究與史料更正》，國立台灣科技大學管理研究所，碩士論文，2009 年。

24. 盧佑俞,《臺灣閩南歌謠與民俗研究》,國立臺灣師範大學中國文學研究所,博士論文,1992 年。

三、期　刊

1. 王振義,〈語言聲調和音樂曲調的關係——台灣閩南語歌謠的「詩樂諧合」傳統研究〉《台灣風物》,第 33 卷第 4 期:43～56。

2. 向陽,〈青春與憂愁的筆記——從台語歌謠的「悲情城市」走出〉,《聯合文學》,第七卷第十期:90～94。

3. 張釗維,〈流行歌謠詞與作家大事記〉,《聯合文學》,第七卷第十期 1991 年 8 月:130～151。

4. 張清郎,〈如歌似的台灣語言——論台語語調與曲調之關係〉《中等教育》,第 46 卷第 4 期:127～136。

5. 黃石輝著,〈怎樣不提倡鄉土文學〉,《伍人報》,1930 年 8 月。

四、電子資料

1. 五年級的天空
http://tw.myblog.yahoo.com/szufu-blog/article?mid=9457&prev=|9608&next=9344&l=f&fid=5

2. 文建會台灣大百科全書　http://taiwanpedia.culture.t/

3. 台語辭典(台日大辭典台語譯本)　http://taigi.fhl.net/dict/

4. 台灣電影筆記　http://movie.cca.gov.tw/files/16-1000-2214.php

5. 台灣諺語集　http://www.ohayoo.com.tw/taiwan.htm

6. 台灣諺語賞析　http://www2.nsysu.edu.tw/chinese/taiwenese/abc.htm

7. 奇摩拍賣　http://tw.bid.yahoo.com/

8. 奇摩購物中心　http://buy.yahoo.com.tw/

9. 奇摩超級商城　http://tw.mall.yahoo.com/?.rr=433114851

10. 教育部國語會的台灣閩南語常用詞辭典試用版
http://twblg.dict.edu.tw/tw/index.htm

11. 健康樂活專業諮詢 http://pchome.uho.com.tw/qa.asp?aid=414